후회의 힘

IF ONLY

자책에 빠진 나를 건져줄 긍정 심리학

후회의 힘

로버트 L. 리히 지음 | 이영래 옮김

소울

IF ONLY

감사의 말

수년 동안 헌신적으로 문학 에이전트로 활약해주신 현명한 밥 디포리오에게 인사를 전합니다. 그의 경험과 유머 감각은 제게 항상 영감을 줍니다. 길포드 프레스의 편집자, 키티 무어와 크리스틴 벤튼에게도 고맙습니다. 두 사람은 이 책의 복잡한 의미를 정리하는 데 도움을 주었고, 두 사람의 재치는 후회라는 주제에 깊이 빠진 제게 큰 위안이 되었습니다. 연구·편집 조교, 니콜레트 몰리나, 잭 프랭크, 알라나 실버의 신중한 검토에도 찬사를 드립니다.

항상 격려해주고, 제 아이디어에 의문을 제기했던 아론 벡, 데이비드 A. 클라크, 레이 디지우세페, 윈디 드라이든, 폴 길버트 여러분은 제게 무엇보다 귀중한 보물입니다. 뉴욕 미국인지치료연구소의 동료들에게도 감사의 인사를 전합니다.

힘, 연민, 지성, 모든 것을 초월하는 사랑을 가진 내 인생의 동반자 헬렌에게 한 점의 후회 없이, 이 책을 바칩니다.

이 책에 쏟아지는 찬사

"우리는 수많은 의사 결정을 하고 산다. 때때로 그 결정에 후회해본 경험이 있을 것이다. 이 책은 우리를 무기력하게 만들거나 과거에 갇히게 만드는 후회에서 벗어나, 내가 만들어가고자 하는 삶의 방향성을 찾아가는데 도움을 준다. 우리 삶이 더욱 풍성해지는데 후회를 어떻게 활용할지 알려주는 마음의 나침반 같은 책이다."

이항심 긍정 심리학자, 건국대학교 교수, 『번아웃 리커버리 프로젝트』 저자

"이 책을 읽기 전까지는 후회의 쓸모를 깊이 생각해보지 않았다. 그런데 이 책을 읽고 나니 후회를 연료로 성장을 만들어내는 법을 알게 되었다. 당신에게도 후회가 과거의 늪에 빠져 허우적거리는 시간이 아닌, 새로운 바람의 신선한 원동력으로 쓰이길 바란다."

류재언 변호사, 협상 전문가 & 벤처캐피털리스트, 『대화의 밀도』 저자

"사회는 후회 없이 사는 사람들을 숭배하라고 말하지만, 실수를 직시하지 않고는 과거로부터 배울 수 없다. 이 현명한 책은 '했더라면, 할 수 있었다면, 하지 않았더라면'에 얽매이지 않고 실수에서 배움을 얻도록 도와줄 것이다."

스티븐 C. 헤이즈 박사, 『해방된 마음A Liberated Mind』 저자

"후회는 우리를 부정적인 생각과 감정의 악순환으로 이끌 때가 너무나 많다. 리히 박사는 이 매력적인 책에서 후회가 삶을 방해하지 않고 문제 해결과 변화를 위한 힘으로 활용할 수 있는 전략을 제시한다."

패트리샤 A. 레식 박사, 듀크대학교 정신과·행동과학과 교수

"후회는 우리를 패배시킬 수도, 용기, 지혜, 자기수용을 높이는 발판이 될 수도 있다. 세계 최고의 인지치료사로 꼽히는 리히 박사는 이 책을 통해 우리가 삶의 좌절과 실망을 받아들일 수 있도록 안내한다. 당신이 이 책을 읽는다면 후회하지 않을 것이다!"

폴 길버트 박사,『자비로운 마음The Compassionate Mind』 저자

"세계적으로 인정받는 심리학자 로버트 리히는 이 훌륭한 책에서 가장 흔하지만 잘 이해되지 않는 감정 중 하나인 후회를 통찰력 있게 분석했다. 인지행동치료 분야의 가장 영향력 있는 전문가 중 한 명인 리히 박사는 후회의 미스터리를 풀고 후회에 대한 흔한 오해에 도전한다. 이 책은 혁신적이며 통찰력 있으면서도 명쾌한 설명을 제공한다. 그의 글은 매력적이고 이해하기 쉬우며, 책 속에는 몸과 마음을 쇠약하게 하는 상태에서 생산적인 삶의 방식으로 바꿀 수 있는 수많은 사례와 실용적인 지침이 가득하다."

데이비드 A. 클라크 박사,『불안과 걱정 워크북The Anxiety and Worry Workbook』 저자

"리히 박사가 또 한 번 해냈다! 이 뛰어난 책은 중요한 질문들에 대한 답을 제시한다. 우리를 찾아와 괴롭히는 과거의 결정을 어떻게 다뤄야 할까? 후회는 언제 우리의 발목을 잡을까? 어떻게 하면 후회가 앞으로 나아가는 데 도움을 줄까? 궁금하다면, 이 책을 강력히 추천한다. 이 책은 당신의 인생을 바꿀 수도 있다."

스테판 G. 호프만 박사,『불안 기술 워크북The Anxiety Skills Workbook』 저자

이 책에 쏟아지는 찬사

"사람들은 후회를 행복을 약화시키는 문제로 지나치게 단순화하곤 한다. 대단히 가독성이 높은 이 책은 후회가 무엇인지 방대한 이야기를 담고 있다. 후회를 완전히 피할 수는 없지만 후회를 대하는 방식을 바꿀 수는 있다. 리히 박사는 후회가 어떻게 생겨나는지, 어떻게 하면 후회에 대한 통제력을 얻을 수 있는지는 물론, 어떻게 하면 후회를 학습과 성장을 위한 도구로 이용할 수 있는지도 알려준다. 누구나 후회한다. 따라서 모두가 이 책에서 유용한 내용을 발견할 수 있을 것이다."

조지 A. 보나노 박사, 『트라우마의 종말The End of Traum』 저자

"우리 모두는 한 번쯤은 후회를 경험한다. 후회는 너무 자주 우리를 파괴적인 자기혐오와 '그럴 수도 있었는데' 하는 반추의 악순환에 갇히게 만든다. 과학에 근거한 이 훌륭한 책은 어떻게 하면 후회를 개인의 성장에 유용한 도구로 만들 수 있는지 알려준다. 심리학자이자 저명한 작가인 리히 박사는 자신의 광범위한 임상 경험을 과학과 엮어 후회에서 벗어나는 방법을 우리에게 보여준다."

앨리슨 G. 하비 박사, 캘리포니아대학교 심리학과 교수

"이 책을 읽으면 리히 박사가 얼마나 노련한 임상의인지를 보여준다. 이 시대를 초월한 주제에 대한 그의 글은 계몽적인 동시에 유용하다. 이 책은 후회로 고투하는 사람들에게는 실질적인 정보이며, 일반인에게는 인생의 전반적인 문제에 대한 현명한 안내서이다."

토마스 E. 조이너 박사, 플로리다 주립대학교 로버트 O. 로튼 심리학과 석좌교수

"리히 박사는 내가 의사결정을 할 때 어려움, 망설임, 후회를 세밀히 들여다볼 수 있게 해주었다. 그는 안 좋은 감정으로부터 자신을 해방시키고 그것을 성장의 에너지로 전환하는 방법을 보여준다. 유머가 가미된 매우 유용하고 재미있는 책이다. 자주 다시 열어보고 있다."

데이비드 F. 독자, 메인주 도버-폭스크로프트 거주

"밤잠을 설치게 하는 후회에 시달리는 사람들을 위한 책이다. 리히 박사는 당신이 자책을 멈추도록 돕고, 현재에는 실수를 바로잡고 미래에는 다르게 행동하도록 격려한다. 내게 큰 도움이 되었다!"

마틴 S. 독자, 캘리포니아주 오클랜드 거주

이 책에 쏟아지는 찬사

불안과 자책에서 구원해줄 심리 기술

누구나 인생의 어느 순간에는 후회하는 마음을 품기 마련이다. 아마 당신이 이 책을 펼친 이유는 마음속으로 부정적인 결과를 그리거나 자기혐오에 빠져 후회라는 감정에 지쳤을 수도 있다. 실수를 겁내느라 놓쳐버린 기회를 계속 떠올려 괴로울 수도 있다. 당신이 내린 모든 결정이 잘못되었고, 엉망진창인 현실을 예상했어야 했다고 생각할 수도 있다.

왜 우리는 지난 결정에 매달릴까? 후회는 당신을 어떻게 행동하게 만들까? 또는 아무 행동도 못하게 만들까? 그렇게 당신이 가장 후회하는 일은 무엇인가?

인생 대부분의 일이 그렇듯, 후회에도 쓸모가 있다. 후회는 배움의 도구가 될 수도 있다. 인생의 다른 방향으로 나아가는 데 생각하지 못했던 문을 열 수도 있다. 불필요하거나 과장된 후회를 최소화한다면 후회는 우리 인생에 도움을 준다. 미래를 완벽하게 예견하는 사람은 아무도 없다. 그렇기 때문에 후회는 불가피하다. 다만 어떤 후회를 할지 선택할 수 있다.

나는 후회의 장단점과 안팎을 꼼꼼히 살펴 후회를 활용하고, 배움을 얻고, 심지어는 후회를 위한 계획까지 세울 수 있음을 보여주려 한다. 후회라는 감정이 당신을 장악하고, 덫에 가두고, 자책하게 하고, 무력하게 만들 때에도 출구가 있음을 보여줄 것이다.

우리 인생을 "만약 ~했더라면, 할 수 있었다면, 하지 않았더라면"으로 끝내서는 안 된다. 인생의 마지막 단어는 기필코 '다음에는'이 되어야 한다.

평생 후회 없이 사는 일은 상상하기 힘들다. 많은 사람들이 어떤 선택을 할 때, 후회할지도 모른다고 생각한다. 우리는 후회 때문에 과거에 갇혀 결정을 반추하며 달리 행동했더라면 삶이 훨씬 나아졌으리라 하는 환상도 품는다. 새로운 결정 앞에서는 예상대로 되지 않았을 때 후회할 것이라고 예측하면서 과거에 묶여 앞으로 나아가지 못하기도 한다.

때때로 후회에 사로잡혀 자신이 선택했던 일이나 하지 않았던 일을 곱씹는다. 현재 삶을 과소평가하고, 자신을 비난하며, 불안, 슬픔, 회한, 실망, 절망처럼 부정적인 감정에 잠식한다. 모두가 "했더라면, 할 수 있었다면, 하지 않았더라면"이라는 생각에 휩쓸려 후회에 쫓기며 정신없이 달려가는 순간이 있다. 거기에서 결코 탈출하지 못하는 사람도 있다.

30대 후반 리사가 나를 찾아왔다. 그녀는 두 번의 장기 연애에 관한 불평을 늘어놓았다. 두 연애 상대 모두 리사에게 결혼하고 싶다는 굳은 믿음을 품게 했다. 그녀는 나이가 먹어가는 데 부담을 느껴 남자 친구에게 계속 결혼이라는 압력을 넣었지만 바라는 것은 얻지 못했다. 화가 나고, 우울하고, 시간이 없다고 생각한 리사는 자신이 부당한 일을 당했다며 남자들을 탓했다. 때로는 자신이 다른 가능성을 어떻게 차단했는지 곱씹으며 자신을 탓하며 갈팡질팡했다. 리사의 후회는 행복해지려면 남편이 필요하고 아이를 갖기 위해서는 남자가 필요하다는 그녀의 믿음에서 촉발되었다. 다른 어떤 것으로도 채워지지 않는 빈자리였다.

메이는 신생 스타트업의 파트너다. 스타트업은 아직 성과를 내지 못하고 있다. 메이는 좀 더 안정적이고 책임이 덜한 전통적인 직장이었으면 어땠을까 후회한다. 젊었을 때는 스타트업이 그토록 매력적으로 보였지만, 지금 그녀는 스타트업에 뛰어들지 않았다면 꾸려갈 수 있었을 삶을 공상하며 시간을 보낸다. 그녀는 더 안정적인 직장에서 안정적인 수입을 얻는 친구들을 보면서 자신이 위험을 깨닫지 못한 어리석고 순진하고 무책임한 사람이었다고 생각한다. 이제 메이는 어떤 결정을 내리든 실패할 것이라고 생각한다. 커리어를 결코 회복할 수 없는 재앙이라고 여기기 때문이다.

케빈은 가브리엘라와 결혼한 지 12년이 되었다. 두 사람은 결혼 생활에서 싸우는 일이 전부였다. 아내는 차갑고 무관심하고 냉담해져서 애정이라곤 티끌도 보이지 않는다. 처음 만났을 때 케빈은 가브리엘라가 자신이 가진 외로움과 낮은 자존감 문제를 해결해줄 것이라고 믿었다. 그래서 "그녀는 내가 선택할 수 있는 최선이며, 나는 더이상 어리지 않다"라고 생각했다. 현재 케빈은 그녀와 결혼한 것을 후회한다. 하지만 그들에게는 다섯 살짜리 아들이 있다.

당신도 후회에 관한 나름의 이야기가 있을 것이다. 후회가 나를 따라다니는 듯한 생각이 들 수도 있다. 후회는 당신을 장악한다. 후회 때문에 괴로워하거나 변화를 앞두고 미래에 일어날 수 있는 일을 걱정할 때면 마음은 후회에 집중된다.

이 글을 읽으면서, 당신이 후회하는 일은 무엇인지(또는 미래에 후회할 일은 무엇인지) 생각해보라. 이 책에서 다루는 이야기가 당신이 지금까지 겪은 일을 어떻게 해결하고, 뇌리를 떠나지 않는 운명에 어떻게 도움이 될지 살펴보라. 후회를 어떻게 경험하고 있는지도 생각해보라. 후회는 일련의 생각인 동시에 폭넓은 감정이기도 하다. "다른 일을 할 것을 그랬어" 또는 "그런 짓을 하다니 난 바보야"라고 생각할 수 있다.

후회는 항상 우리가 한 일이나 하지 않은 일에 대해 다른 일을 했어야 했다는 느낌을 동시에 준다. 이런 생각을 뒤따르는 감정은 슬픔, 무력감, 절망, 분노, 혼란이다. 때로는 호기심이기도 하다. 후회라는 감정은 생각보다 복잡하다. 단순한 불안이나 슬픔이 아니다. "그런 관계를 맺은 것을 후회하지만 더 이상 미련이 없다"처럼 극적인 감정 없이 후회를 경험하는 사람들도 있다. 하지만 후회를 계속해서 곱씹으면서, 끝없이 자책하고 과거에 갇힌 듯한 느낌을 받는 사람들도 있다.

후회는 어떤 감정일까? 사람들이 두 번째로 흔하게 언급하는 감정이다. 가장 흔하게 언급하는 감정은 '사랑'이다. 연애관계에서 후회는 중심적으로 이뤄진다. 당신만 그런 것이 아니다. 후회하는 사람은 대단히 많다.

직장, 공부, 살 곳, 할 일, 하지 말아야 할 일에 관한 결정을 후회하기도 한다. 후회가 많은 사람은 레스토랑에서 주문하는 메뉴, 아침 식사 때 배우자에게 한 이야기, 출근할 때나 마트에 갈 때 택하는 길처럼 사소한 일에서도 걸핏하면 후회한다. 배우자, 커리어, 거주지 등 인생의 더 큰 일을 후회할 수도 있다. 하지만 이런 이야기도 큰 위안은 되지 않을 것이다. 당신이 걱정하는 것은 머릿속에서 사라지지 않는 후회일 테고, 당신은 아마 그 후회를 없애야 한다고 생각할 것이다.

그런데 후회를 없애는 일이 가능할까? 꼭 없애야만 하는 것일까? 한마디로 이야기하자면 답은 "아니오"이다.

후회는 삶을 더 낫게 만드는 데 사용할 수 있는 훌륭한 학습 도구다. 당신의 목표와 일치하는 결정, 당신을 정말 원하는 방향으로 나아갈 수 있는 결정을 내리도록 돕는다. 때때로 실망스러운 결과가 나오기도 하지만, 누구나 경험하는 불가피한 일이다. 그럴 때 후회가 우리 위에 군림하도록 내버려둘 필요는 없다.

당신이 이 책을 읽는 이유가 다음과 같은가?

- 결과를 후회할까 두려워서 결정을 내리는 데 불안을 느낀다.
- 다른 삶의 방향을 추구했다면 모든 것이 훨씬 더 나았을 것이라고 생각해 현재를 슬퍼한다.

- 과거에 일어난 일에 대한 후회를 생각하면 자신의 판단을 도무지 신뢰할 수 없다며 변화가 불가능하다고 느낀다.
- 자신이 지금 가진 것을 다른 것과 항상 비교하느라 현재를 충분히 즐기지 못해 박탈감을 느낀다.

이런 사람이라면 이 책에서 다음을 배우게 될 것이다.

- 후회를 최소화하는 방법을 배울 것이다.
- 피할 수 없는 후회라는 감정에 대처하는 법을 배울 것이다.
- 후회를 생산적으로 만드는 법을 배울 것이다.

　과거의 결정을 곱씹을 때, '사람들은 그 일을 하지 않았더라면'이라는 더 나은 삶을 머릿속에서 되뇌곤 한다. 현재를 과소평가하고 좋지 않게 생각하며, 고통을 억누르기 위해 술을 마시고, 다른 사람을 탓하고, 자신을 탓한다(가장 중요한 부분). 나는 수십 년 전에 내린 결정을 계속 곱씹어 온 70대 노인을 보았다. 그는 자신을 괴롭히는 한 가지 생각에 갇히고, 묶이고, 패배했다.

　나는 이 책에 후회에 관한 과학적 연구 결과들, 누가 어떤 것을 후회하는지, 문화, 연령, 성별에 따른 차이, 후회의 결과에 대해 설명할 것이다. 어째서 후회가 쓸모 있는지, 후회가 우리에게 어떤 가르침을 주는지, 어떻게 충동적인 행동을 막는지, 어떻게 자신이나 다른 사람의 실수로부터 배움을 얻도록 돕는지도 알아본다.

　또한 당신이 후회 그 자체를 생각하는 방식, 결정을 내릴 때 해야 하는 방식, 인생에 관한 기대, 머릿속에서 거슬리는 생각에 대응하는 방식을 탐구하도록 돕는다.

나는 이 사안에 접근할 때 현대 인지행동치료CBT의 관점을 적용했다. 인지행동치료의 가장 큰 장점은 우리 인생에 불필요한 생각과 감정을 대처하는 데 필요한 방법을 알려준다는 점이다. 항상 치료사를 옆에 두는 것과 같다.

이 책을 읽는다면, 이제 치료사는 당신이다. 후회가 어떻게 작동하는지, 후회를 어떻게 경험하는지, 어떤 다른 일을 하면 '만약에'라는 덫에서 벗어날 수 있는지 배우고 적용할 수 있다. 후회에 관한 새로운 이해는 후회를 생산적으로 만드는 전략을 얻어야 비로소 끝이 난다.

당신은 더 이상 인생에서 후회를 없애려는 헛된 노력을 그만두고, 대신 후회를 자신에게 유리하게 활용해 자기인식을 향상시킬 것이다. 그렇게 인생이 선사하는 수많은 결정을 탐색하는 새로운 기술을 얻으라.

우리 중 많은 사람들이 걱정, 강박적인 되새김, 후회에 갇혀 마치 우리에게 일어나는 모든 괴로운 생각에 통제받고, 순종하고, 주의를 기울여야 하는 것처럼 느낀다. 하지만 인지행동치료의 렌즈로 후회의 '논리'와 '힘'을 이해한다면, 다양한 자조 도구를 사용해 후회를 뒤집고, 접어두고, 현재의 순간을 제대로 인식하는 데 집중할 것이다. 행동을 취하기도 전에 패배감을 느끼는 일 없이 결정을 내릴 수 있게 될 것이다.

이런 자조 도구들은 인지행동치료사들이 우울, 불안, 걱정, 분노,

질투, 시기, 후회에 대처하는 데 도움을 주기 위해 오랫동안 사용해
왔다. 매일(단, 몇 분이라도) 사용하면 이들 도구는 우리가 '만약에'라는
덫에서 벗어나도록 도움을 줄 것이다.

웨일코넬 의과대학 정신의학과 임상심리 교수

로버트 L. 리히

이 책의 사용법

이 책의 궁극적인 목표는 후회가 당신에게 불리하게 작용하지 않고 오히려 당신에게 유리하게 쓰이는 방법을 가르치는 것이다. 이 목표에 이르려면 세 가지 단계를 밟아야 한다.

1단계: 후회가 어떻게 작동하는지 배운다.
2단계: 후회로 이어지는 선택을 어떤 식으로 하고 있는지,
  다르게 할 수 있는 것이 무엇인지 배운다.
3단계: 결과가 실망스러울 때 대처하는 방법을 배운다.

후회는 바란 대로 되지 않은 결정에 인간이 자연스럽게 반응하는 정상적인 감정이다. 누구도 미래에 일어날 일을 결정하는 모든 요

소를 통제할 수 없다. 우리의 통제를 완전히 벗어난 일이 일어날 때라면 발생한 일이 마음에 들지 않더라도 우리는 후회를 느끼지 않는다. 따라서 후회는 우리 결정에 중심이 되는 문제다.

1단계(1장과 2장)에서는 우리가 한 일이나 하지 않은 일에 대해 어떻게 후회하는지, 과거는 어떻게 후회하며 미래는 또 어떻게 예상하는지 과학이 말하는 내용을 깊이 있게 논의한다. 연구에서 나온 증거는 다양한 사람들이 후회하는 문제 종류와 지나친 후회가 가져오는 부정적 결과를 파악하는 데에도 도움을 준다. 지나친 후회가 관성적인 삶, 더 나은 방향으로 변화하지 않는 삶으로 어떻게 이어지는지, 또는 합리적이고 이성적인 의사결정에 기반을 두지 않은 위험천만한 삶으로 이어지는지도 탐구할 것이다.

이런 탐구를 거쳐 우리는 명백한 대안에 이르게 된다. 우선 위험과 보상을 가능한 정확하게 예측하는 결정을 내린다. 그러면서 우리 모두가 종종 저지르는 불가피한 실수로부터 배움을 얻는다. 나는 이를 생산적 후회Productive regret라고 부른다. 이러한 이해를 키우기 위해서는 1장을 반드시 읽어야 한다.

2장에서는 생산적 후회의 개요를 설명한다. 이 부분은 책의 나머지 부분을 활용하는 데 유용하다. 이후의 각 장은 잘못된 의사결정부터 실망스러운 결과에 대응하는 방식까지 알려준다. 비생산적 후회의 구성 요소를 학습과 성장으로 이어지는 생산적 후회로 바꾸는 법을 알 수 있다.

후회가 무엇이고 우리 마음에서 어떻게 작용하는지 이해하면, 어떤 선택을 해야 하는지 파악할 수 있다. 의사결정은 세 가지 부분으로 나뉜다. 결정을 내릴 때 우리가 끌어들이는 기본적인 가정, 결정을 고려할 때 우리가 따르는 사고의 과정, 마지막으로 선택할 때 우리가 사용하는 행동으로 구성된다. 의사결정 과정은 완전히 선형적인 경우가 드물지만 나는 일단 2단계를 네 개의 장(3~6장)으로 나누었다.

3장에서는 의사결정 방식의 기초를 다루고, 4장은 기본적 가정과 선택 사이를 연결하는 인식을 설명한다. 위험을 지나치게 예측하면 변화를 주저하고, 위험을 무시하면 매우 부정적인 결과로 이어지는 결정을 내리게 된다. 두 방식 모두 후회로 이어질 수 있다.

5장에서는 결정을 고려하는 방식, 즉 위험을 과대평가하거나 과소평가하는 경향에 따라 후회를 어떻게 예상하는지, 그것이 관성에 간힐지 여부를 다룬다.

6장에서는 최종적으로 결정을 내릴 때 어떤 행동을 취하는지 살핀다. 다른 사람이나 운에 책임을 전가하거나, 위험을 최소화하는 등의 접근법을 다룬다. 이러한 선택은 후회를 남길 수 있다. 이런 행동들을 자세히 살피고 얼마나 도움이 되는지를 파악하면 다른 결정을 하는 데 도움이 될 수도 있다.

3단계(7~10장)에서 내린 결정을 후회하고 있는가? 계속 이야기하지만 후회를 완전히 없애는 것은 불가능하다. 어떤 일을 해서 또는 하지 않아서 그 결과에 이르렀을 경우, 그 일을 했거나 하지 않은 것에 후회의 감정을 느낄 수 있다. 이런 경우에는 후회의 감정에 깊이 빠지지 않고 어떤 실수든 배움을 얻는 것을 목표로 해야 한다. 우선 과제는 그 실수를 현실적으로 확인하는 것이다.

7장은 비현실적인 기대와 자책이라는 융통성 없는 결과에 대해 생각하는 법을 배우도록 돕는다. 과도한 후회는 반추하고, 회피하고, 다른 사람을 비난하는 결과를 낳는다. 8장은 이런 덫을 피하는 방법을 이야기한다. 죄책감, 수치심, 자책에 빠지는 사람들도 있다. 9장에서는 죄책감을 적절한 수준으로 유지하고, 자신의 책임을 인정하고 경험으로 더 나은 사람이 되는 법, 앞으로 더 나은 선택을 하는 법을 배운다. 이쯤 되면 당신은 의사결정과 후회에 대처하는 측면에서, 비생산적 후회를 생산적 후회로 바꾸는 방법을 알게 될 것이다.

10장은 이러한 내용을 종합해 인생이 당신을 어디로 데려가든 올바른 결정을 내리고 실수로부터 배움을 얻도록 지침을 제시한다. 맺음말에서는 후회를 최소화하는 방법과 기대에 못 미치는 결과를 받아들이는 방법을 검토할 것이다.

후회는 인생의 일부이지만, 후회가 당신을 장악하고 억누르게 할 필요는 없다. 함께 시작해보자.

1장. "내가 도대체 왜 그랬을까?"_후회란?

2장. "후회하지 않는다는 착각"_후회의 원리

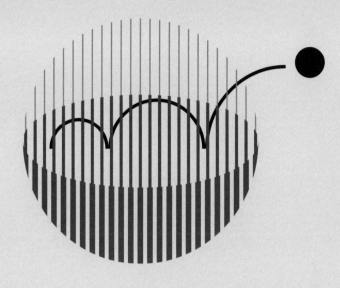

1장

"내가 도대체 왜 그랬을까?"
_후회란?

후회의 두 얼굴

인간에게서 두드러지게 나타나는 특성이 하나 있다. 장래일이 어떻게 될지, 과거일이 어떻게 되었는지 생각하는 능력이다. 다양한 가능성을 고려할 수 있는 상상력 덕분에 우리는 먼 미래를 계획하고 결국은 추구하지 않게 될 대안들까지 머릿속에서 예행연습할 수 있다.

어떤 관계나 직업을 밀고 나가기로, 어떤 것을 사기로, 어떤 디저트를 먹기로 마음먹을 수 있다. 그러나 뒤따르는 좋지 못한 결과까지 예상할 수 있기에 주저한다. 다른 관계를 좇는 것이 지금의 관계를 위험에 빠뜨릴 것이라고, 다른 것을 좇기 위해 경력을 포기하면 결국 재앙으로 끝날 것이라고, 값비싼 물건을 사면 감당할 수 없는 빚을 질 것이라고, 맛있는 초콜릿케이크를 먹으면 살이 쪄서 다이어트를 해야 한다고 상상한다.

앞으로 벌어질 일을 후회하는 것과 마찬가지로 우리는 과거에 벌어진 일을 후회하며 괴로워하곤 한다. '만약 다른 배우자, 다른 직업, 다른 가정, 다른 건강 습관을 가졌다면 어땠을까?', '지금 더 행복하고, 일에서 더 큰 성취와 성과를 거두고, 더 편안한 곳에서 살고, 옷도 몸에 잘 맞지 않을까?'와 같은 후회다. 후회는 끝이 없다.

간절히 바라는
염원의 실낱

하지만 후회는 우리가 살아온 날보다 더 나은 날을 상상하고, 다른 것을 선택했더라면 삶이 어땠을지 상상하게 한다. 후회는 가능성을 상상하는 능력이다. 후회는 간절히 바라는 가능성에 대한 감정이다. 후회는 실제로 존재할 뿐만 아니라 어떻게 될지 또는 어떻게 되었는지로 생각을 이끈다.

다음 몇 가지 관찰에 대해 생각해보자.

> 무덤에서 흘리는 가장 비통한 눈물은 하지 못한 말과 하지 못한 행동에 대한 눈물이다.
>
> 해리엇 비처 스토

> 우리가 할 수 있는 일은 그저 적절한 후회들로 마무리되기를 바라는 것뿐이다.
>
> 아서 밀러

> 상황은 이것을 하거나 저것을 하거나 두 가지다. 내가 줄 수 있는
> 솔직한 의견과 조언은 이것뿐이다. 하든 안 하든 후회는 불가피
> 하다.
>
> 쇠렌 키르케고르

어떤 것도 후회하지 말라고 말하는 사람들이 있다. 그들은 후회에는 어떤 좋은 점도 없으므로 전적으로 현재를 살아야만 한다고 주장한다. 자신이 자유롭게 선택한 일을 후회하면 어리석고 과거는 잊는 것이 합리적이라고 말이다. 반면 과거에 하거나 하지 않기로 선택한 일에 대한 후회로 그 시간에 사로잡혀 있는 사람들도 있다. 그들은 다르게 선택했더라면 더 나아졌을 삶을 상상하느라 현재 자신이 가진 것, 할 수 있는 것을 누리지 못한다. 어떤 코미디에 이런 말이 나온다.

"과거에 사는 유일한 이유는 집세가 더 저렴했기 때문이다."

둘 다 옳은 부분과 틀린 부분이 있다. 사실 후회가 매우 흔한 인간 본성의 일부라면 어떤 가치를 깨달아야 한다. '후회하는 감정은 어떻게 발달했을까? 어째서 그런 감정이 생겼을까? 어떤 쓸모가 있을까?'와 같은 생각이다.

후회에는 장점과 단점이 있다. 후회는 죄책감, 우유부단, 끊임없는 반추, 미래의 걱정, 우울증으로 이어질 수 있다. 후회란 우리가 직면하는 '양자택일', 우리가 내리지 않은 결정, 상상할 수 있되 경험해

보지는 못한 가능성이다. 그렇기에 우리는 우리 자신 안에서 싸움을 벌인다. 우리는 어떤 것이 가능했을지 상상하면서 기존의 현실을 평가 절하하곤 한다.

예측불가능한 사건까지
알았어야 했다

『옥스퍼드 언어 사전Oxford Languages Dictionary』은 후회를 '어떤 사건 또는 자신이 했거나 하지 못한 일에 대한 슬픔, 뉘우침, 실망의 감정'이라고 정의한다. 이 간단한 정의는 우리가 후회를 어떻게 가정하는지 보여준다. 더 잘 알았어야 했고, 결과에 통제력이 있었고, 그 결과가 행복에 중요하거나 필수였다는 믿음 같은 것이다. "내게 통제력이 있었다", "더 잘 알았어야 했다", "중요하다"라는 믿음은 때로는 후회를 사소하게 만들기도 하고, 오랫동안 우리를 괴롭히는 거대한 것으로 만들기도 하는 핵심적인 요소다.

후회 뒤편에는 스스로 그 결과를 통제할 수 있었다는 가정이 있다. 다시 말해 무슨 일이 일어날지 알았다는 뜻이다. 결과에 대해 슬퍼하는 것과는 차이가 있다. 예를 들어, 친구의 죽음을 슬퍼할 수는 있겠지만, 그 원인이 자신에게 없음을 알기에 후회할 수 있는 일은 아니다. 하지만 친구에게 사랑한다고 말하지 않은 일에 대해서는 후회할 수 있다. 말하는 것에는 통제력이 있기 때문이다. 빨간불을 무시하고 달려오는 차를 보지 못해 충돌 사고가 일어난 경우에도 화는 나겠지만 후회하지 않을 것이다. 예측할 수 없는 일에 대한 책임까지

질 수는 없는 노릇이다. 그렇기에 후회는 예측하고 선택할 수 있었던 부정적인 결과와만 연관된다. 이 점을 염두에 둘 필요가 있다. 후회의 감정을 느낄 때는 모든 것을 알고 모든 것을 통제할 수 있었다고 가정하는 경우가 많기 때문이다. 하지만 사실 어떤 결정을 내릴 때 우리의 지식과 통제력은 상당히 제한적이다.

"그렇게 하지 말았어야 했다"는

생각의 횡포

내게 충분한 지식과 통제력이 있었다는 가정은 "그렇게 하지 말았어야 했다"고 생각하는 사람에게 특히 중요하다. 우리는 '그렇게 하지 말았어야 했던 일'이 사실 어떻게 돌아갈지 몰랐을 수도, 결과를 통제할 능력이 없었을 수도 있다. 지식이 부족하고 통제할 수 없는 일에 "그렇게 하지 말았어야 했다"라는 말은 쓸 데가 없다. 우리는 누군가에게 "넌 갈색 눈이 아니라 파란색 눈이었어야 했다"는 식으로 말하지 않는다. 눈 색깔은 통제할 수 없는 부분이다. 알 수 없었던 것에 책임을 물을 수 없다.

그렇게 하지 말았어야 하는 일에 이와 다른 방향으로 생각할 수도 있다. 예를 들어, "세금을 제때 납부했어야 했는데 그렇게 못해서 벌금을 물었어"라면서, 지나치게 자책하고 계속 되새김질하기보다는 벌금을 내야 하는 상황을 받아들이고 내년에는 제때 세금을 납부하기로 선택하는 방법이다. "그렇게 하지 말았어야 했다"고 자책하는 후회는 자신을 괴롭힐 뿐이다. 다음처럼 말이다.

"그 말을 하지 말았어야 했는데… 난 왜 이 모양일까."

"이 직업을 택하지 말았어야 했는데… 난 루저야."

"어젯밤에 술을 너무 많이 마시지 말았어야 했는데… 난 구제 불능이야."

내가 하지 말았어야 할 일을 계속해서 곱씹고 자책하는 것이다. 우리는 후회되는 일 앞에서 선택의 기로에 선다. 자책할 수도 스스로 고쳐나갈 수도 있다. 테니스를 배운다고 상상해보자. 계속 공이 네트에 맞는다. 코치는 캐롤과 로라, 이렇게 두 명이다. 캐롤은 비판적인 코치로서 당신에게 테니스 라켓으로 머리를 열 번 내리치며 "나는 정말 바보다"라고 외치라고 말한다. 스스로에게 절대 잊지 못할 교훈을 주라고 말이다. 공은 여전히 네트에 맞는다.

로라는 교훈을 강조하는 코치로서 당신에게 테니스 라켓을 어떻게 잡고 팔을 어떻게 움직이는지 가르쳐준다. 공은 네트를 넘어간다. 당신은 공이 네트에 걸리면, "망할, 좋지 못한 서브였어"라고 혼잣말을 할 수도 있다. 그렇다면 자책과 교정 중 어느 쪽이 도움이 될까? 자신을 비난할지 아니면 스윙을 교정할지 선택할 수 있다.

우리는 어떤 일을 후회할 때 보통 그 일이 중요하다고 가정한다. 예를 들어, 바지가 낡아서 주머니에 작은 구멍을 발견했다. 그럼에도 동전을 주머니에 넣었다가 나중에 500원 동전 하나를 잃어버렸다고 가정해보자. 잠깐 후회할 수는 있겠지만 그 일을 계속 되새길까? 500원 동전은 얼마나 중요할까?

이번에는 길이 막혀 불만스럽고 심지어는 분노까지 느낀다고 생각해보자. 약속 시간보다 20분 정도 늦어진다. 당신은 "더 일찍 출발했어야 했는데…"라고 생각하며 후회한다. 불안과 분노는 점점 커지고 이제 당신은 "끔찍한 일이야. 난 정말 멍청이야"라고 생각한다. 지금 당신은 20분 늦은 일을 잠깐의 불편이 아닌 끔찍한 결과와 동일시하면서 자신을 '멍청이'라고 부른다. 스스로 길이 막힐 것을 알았다고 가정한 것이다. 타당한 생각일까? 20분은 얼마나 중요한가? 우리는 어떤 일을 후회할 때 그 일이 극히 중요하고, 그것 없이는 살 수 없는 것처럼 생각하곤 한다.

대학생 한 명이 지난 밤 술을 먹고 놀다가 시험을 망쳤다고 가정해보자. 그녀는 공부를 안 했다고 후회하다가 이내 시험을 잘 보지 못한 일을 재앙처럼 생각하게 된다. 이 시험이 대학뿐만 아니라 인생에서 성공하는 데 극히 중요하며, 다른 어떤 것도 이 문제는 극복하는 데 도움이 안 될 것이라고 말이다. 좋은 성적을 거두는 일을 지나치게 중요하게 생각하면서 불안해하고 우울해한다. 시험이 그렇게 중요할까? 나는 삶에서 중요한 일이 무엇인지 잘 알고 있다. 숨을 쉬는 일이다. 시험이 아니다.

물론 중대한 결과가 따르는 조치에 대해 후회하는 경우도 있다. 케빈은 12년 전 가브리엘라와 결혼해 아들 페드로를 낳았다. 사랑도 섹스도 없는 관계를 이어온 지 10년이 되었고, 케빈은 별거를 생각한다. 지금 그는 가브리엘라와 결혼하지 않았다면 자신의 삶이 더 나았으리라고 곱씹는다. 그의 생각이 옳을 수도 있다. 하지만 케빈의 후회는 그를 과거에 가둬둔다. 후회에 집중하고 자책하고 가브리엘라를 탓하는 일은 그의 삶을 앞으로 나아가지 못하게 할 뿐이다. 케빈에게는 두 선택지가 있다. 자책하면서 과거 결정을 후회할 수도, 지금의 삶을 변화시킬 수도 있다. 후회의 반대편에는 집중하고 긍정해야 하는 미래가 있다.

후회의 진짜 모습은
무엇일까?

친구들의 말에 귀를 기울인 뒤 다음과 같은 말이 아닌지 생각해보라.

• 그 주식을 왜 샀는지, 그 직업을 왜 택했는지,
  이 도시로 왜 이사 왔는지 후회한다.
• 왜 그 관계를 더 일찍 끝내지 못했는지 후회한다.
• 왜 그런 멍청한 소리를 했는지 후회한다.
• 왜 어젯밤 과음을 했는지 후회한다.
• 왜 공부를 더 하지 않았는지 후회한다.

앞으로 예상되는 후회를 생각해보라.

• 이 관계를 끝낸 것을 후회할 것이다.
• 그 옷들을 버린 것을 후회할 것이다.
• 그 주식을 판 것을 후회할 것이다.
• 내가 정말 어떤 감정인지 말하지 않은 것을 후회할 것이다.

후회에서 핵심이 되는 부분은 '만약'이라는 생각이다.

- '만약 공부를 더 했더라면…'
- '만약 그 관계를 진즉 끝냈더라면…'
- '만약 다른 직업을 택했더라면…'
- '만약 그런 멍청한 소리를 하지 않았더라면…'

우리는 그 대안이 삶을 훨씬 더 낫게 만든다고 생각한다. 그러고는 곱씹는다. 후회는 뭔가를 다르게 할 수 있었고, 더 나은 결과를 낼 수 있었다고 계속 상기시키는 역할을 한다. 우리는 다른 결과(우리가 경험해보지 못하거나 영영 경험하지 못할)가 우리의 행복에 극히 중요하다고 믿는다. 당신이 놓친 식사를 다시는 먹을 수 없는 마지막 식사처럼 생각한다. 하지만 식사는 다시 하면 될 일이다.

후회는 지금 가능한 것을 무시한다. 과거의 삶과 지금 삶에서 가능한 것과 대치한다. 가능할 수 있었다고 상상하며 자신을 벌준다.

- "만약 다른 직업을 택했더라면 지금 행복할 텐데."
- "아이가 있었다면 외롭지 않을 텐데."
- "캘리포니아로 이사를 갔더라면 지금은 인생을 즐기고 있을 텐데."

우리가 가지지 못한 것을 이상화하면서 현재와 미래에 가능한 것을 평가 절하한다.

무엇을 후회하는가?

당신은 지금 삶의 어떤 것에도 가치가 없다는 듯이 사는가? 정말 끔찍한 이야기다. 당신에게 후회가 어떤 의미인지 파악하려면 우선 몇 분 동안 자신의 삶을 되돌아보아야 한다. 당신은 무엇을 후회하는가? 당신이 한 일이나 하지 않은 일을 후회할 것이다.

다음 질문에 답을 적고 이 책을 읽으면서 당신이 후회하는 일을 되돌아보면 도움이 될 것이다.

- 크게 후회하는 일은 무엇인가?
- 과거에는 후회했지만 더 이상 후회하지 않는 일은 무엇인가?

후회가 생길 수 있다는 점을 인정하고 후회를 내려놓는 것이 중요하다. 마음속 대청소와 같다. 불확실한 일이라면 버려라.

　이번에는 몇 분만 시간을 내어 최근에 내리려던 결정(또는 지금 내리려는 결정)을 생각해보라. 나중에 후회할까 두려웠던 결정은 무엇이었나? 다시 말하지만, 이런 결정을 적었다가 책을 읽으면서 되돌아보는 것이 유용하다.

　후회를 생각하면, 삶의 다른 영역보다 특히 신경 쓰이는 영역(특정 사안)을 알게 될 것이다. 다음은 사람들이 걱정하는 다양한 영역의 목록이다.

> 일, 이성관계, 돈 문제, 시간 낭비, 여가, 여행, 성적 행동, 경력 발전, 교육, 교우관계 , 건강, 영성/가치관, 운동 , 개인적 성장

　했던 일을 후회하는가, 하지 않았던 일을 후회하는가? 다른 영역보다 더 후회되는 특정 영역은 무엇인가? 지금 고려하는 또는 미래에 고려할 결정 중에 후회할 만한 결정이 있는가? 다음 장에서 자세히 살펴보겠지만, 미래에 후회할 것이라는 두려움은 망설임에 갇혀 결정을 미루고 인생에서 중요한 문제를 회피하게 만들 수 있다.

가장 흔한 후회는
무엇일까?

　연구자들은 미국 전체에 걸친 설문조사에서 후회하는 가장 흔한 문제는 연애, 가족, 교육, 직업, 돈, 육아, 건강, 친구, 종교·영성, 커뮤

니티, 여가, 자신이라는 것을 발견했다.

남성은 성취에 대한 후회가 더 많았고, 여성은 연인관계나 성 경험에 대한 후회가 더 많았다. 이는 성취에 대한 남성의 문화적 압박이 반영된 결과일 수 있다. 물론 여성도 학교나 성취에 관한 과거의 결정을 후회한다. 남성도 연인이나 연애와 관련된 선택을 후회한다. 실제로 후회를 많이 하는 사람은 최근에 저녁 식사 자리에서 나눈 대화나 식당에 가기 위해 택한 길을 후회하기도 한다.

대학생부터 노인에 이르는 참가자를 대상으로 한 후회에 관한 아홉 개의 연구 결과를 요약한 리뷰에서는 가장 후회가 잦은 영역이 교육(32퍼센트), 직업(22퍼센트), 연애(15퍼센트), 육아(10퍼센트), 자신(5퍼센트), 여가(3퍼센트), 돈(3퍼센트), 가족(2퍼센트) 순으로 나타났다. 또 다른 연구에서는 대학생들에게 다른 결과가 나왔으면 하는 생생한 경험(후회)을 묘사해달라고 요청했다. 후회의 평균 기간은 2년이었고, 후회하는 영역은 ① 연애, ② 친구, ③ 교육, ④ 여가, ⑤ 자신, ⑥ 진로 순서였다. 연구진에 따르면, 어린 대학생들은 안정적이지 못한 연애를 해서 그 문제를 더 많이 후회한다고 한다.

후회와 관련된 감정의 강도를 측정한 연구는 다른 삶의 영역에 비해 인간관계(연애와 가족)에 대한 후회의 강도가 높음을 보여준다. 흥미롭게도 이러한 후회를 어떻게 처리하는지가 삶의 행복에 영향을 미친다. 이와 관련된 한 가지 연구 분야는 40세 전후에 삶을 되돌아보는 중년기 리뷰다. 한 연구는 인생 초반에 했던 일 때문에 후회하지만 그 일에 변화를 주지 않는 여성은 심리적 행복도가 낮고 후회를 곱씹을 가능성이 더 높음을 발견했다. 반대로 변화를 준 여성은 그보다 행복도가 높았다. 따라서 후회는 긍정적인 변화를 이끌어내는 데 있어 '생산적'일 수 있다.

자발적으로 아이를 갖지 않기로 한 여성은 후회가 적고, 행복 수준이 높으며, 삶에 대한 장악력을 더 크게 느낀다고 답했다. 자기 선택으로 자녀를 두지 않은 사람은 결과를 더 편안하게 받아들이는 것이 확연하게 드러난다.

자녀 출산 후 출산 휴가를 더 길게 가진 여성은 이후 후회의 표현이 더 적었다. 반대로 직장에 빨리 복귀한 여성은 조직의 근무 유연성이 낮을 경우 후회할 가능성이 높았다. 그러나 여성이 일과 가족을 바라보는 시각의 역사적 변화를 반영하는 흥미로운 '코호트(Cohort, 통계적으로 동일한 특색이나 행동 양식을 공유하는 집단 – 옮긴이)' 효과가 있다.

나이든 노년의 여성과 젊은 여성을 비교한 한 연구에서는 후회의 성격에서 반전을 보였다. 여성 운동 이전에 아이를 낳은 노년 여성들은 경력보다 가족을 우선시해서 후회할 가능성이 더 높은 반면, 젊은 여성은 가족보다 경력을 우선시해서 후회할 가능성이 더 높았다. 커리어를 가질 수 있는 권리와 기회를 인정받은 뒤에도, 일부 여성은 경력보다 가족을 선택하고 싶음이 드러난다.

후회는 어떻게 진화했나?

인생의 모든 단계에는 후회할 수 있는 기회가 있다. 인생의 각 단계마다 당신은 요구받는 일이 달라진다. 결정과 후회의 다양한 기회가 존재하는 것이다. 어린아이라면 친구와 멀어지게 한 말을 후회할 수 있다. 고등학생은 시험공부를 하지 않은 과거를 후회할 수 있다. 대학생은 잘못된 과목을 택해 시간을 낭비했다고 후회할 수 있다. 직장인들은 자신의 취향과 맞지 않는 직업을 선택했다고 후회할 수 있다. 신혼부부는 잘못된 상대와 결혼한 일을 후회할 수 있다. 자신의 삶을 되돌아보고 각 단계마다 무엇을 후회했었는지 생각해보라.

나이 든 사람들은 후회를 어떻게 다룰까? 사람들은 나이가 들면 잘못된 결정과 결과를 원상태로 되돌릴 수 있는 기회와 시간이 제한됨을 깨닫는다. 따라서 나이가 상당히 들었을 때는 일을 바로잡거나 바꿀 수 있는 기회가 낮음을 안다. 실제로 노인들은 종종 일의 밝은 면을 보는 '긍정 편향'을 가지는 경우가 많고, 미래의 감정을 예측하고 감정을 조절하는 데 젊은 사람보다 더 숙련되어 있다.

젊은이와 노인을 비교한 한 연구에서 '인생의 후회(장기적 후회)'는 노인들에서 더 흔한 반면, 일상의 후회나 '단기적인 후회'는 흔치 않음을 보여준다. 노인들은 단기적인 후회를 줄임으로써 일상에 적응한다. 즉 노인들은 하루하루 최선을 다하면서 삶을 산다.

'되돌림'이 불가능한 유형의 후회, 즉 60세 이후에는 직업을 바꾸거나 교육적 목표를 세우고 추구할 기회가 적기에, 내려놓기(신경을 쓰지 않거나 다르게 생각하기)로 상황을 대처한다. 연구가 보여주는 바도 이것이다. 대학생들이 후회한다고 답한 목표(연애나 공부)에 자신이 여전히 집중한다고 보는 반면, 노인들은 이전의 목표에서 벗어나 달성이 가능한 새로운 목표를 향해 나아가는 데 집중했다. 이전의 후회를 놓아주고 현재의 목표에 집중하는 능력은 정신적 행복의 증대, 우울증 감소, 곱씹기의 감소와 관련 있었다. 내려놓고 앞으로 나아가기. 우리 모두가 마음에 새겨야 할 교훈이다!

25세 젊은이와 65세 노인을 비교한 한 연구에서 참가자들은 우선 패배에 직면하는 게임을 했다. 그런 다음 참가자들은 게임을 계속하거나(손실을 만회하려는 기대로) 얻은 것을 받고 게임을 그만둘 수 있었다. 패배를 되돌리려던 집단은 어느 쪽일까? 젊은 참가자와 우울증이 있는 노인은 게임을 계속함으로써 앞선 패배를 되돌리려는 시도를 더 하려는 반면, 건강하고 우울증이 없는 노인 참가자는 얻은 것을 취하고 게임을 그만하려 했다. 이런 '이탈Disengagement'은 복측선조체Ventral striatum, 즉 의사결정과 감정 조절에 관여하는 뇌 영역의 활성화와 관련 있다.

뇌에서 이 부분은 보상과 쾌락, 보상에 대한 기대감을 조절하는 데 중심적인 역할을 한다. 결국 의사결정의 목표는 쾌락을 추구하고 고통을 피하는 것이다. 우울증을 겪는 노인도 추가적인 위험을 감수함으로써 후회를 되돌리려 한다는 점에서 젊은이들과 비슷했다. 그들은 포기하고, 내려놓고, 앞으로 나아가지 못했다. 후회가 그들의 생각과 행동을 장악하고 있었다.

어린아이들도 후회를 경험한다. 5~7세를 대상으로 한 연구에서 아이들도 후회한다는 것을 입증했다. 자신이 할 수 있는 능력보다 나은 결과를 달성했을 때 '안도감'은 어떨까? 이런 감정은 7세 이후에야 발달한다. 이때는 다른 사람이 결과를 후회하기도 한다는 사실을 이해하는 나이이기도 하다.

다른 연구에서는 선택을 후회한 아이는 만족 지연 능력이 더 큼을 보여준다. 즉, 후회가 아이의 충동적인 결정을 줄이는 데 도움이 된다는 말이다. 후회는 아이에게도 그 나름의 장점이 있다.

아이와 청소년은 나이가 들수록 후회를 표현하고 다른 사람들도 자신처럼 후회한다고 배운다. 인지 능력, 가능한 것과 가능하지 않은 것을 상상해 자신과 타인을 판단하는 능력이 더 정교해지기 때문이다. 유년기와 청소년기에는 자신이 할 수 있는 선택의 폭이 어느 정도인지 깨달으면서 실망할 위험도 커진다. 아이러니하게도 후회는 발달의 이정표이되, 경험하지 않기를 바라는 이정표이다.

문화와 직업에 따라
차이나는 감정

후회라는 감정은 문화적 차이가 반영된다. 예를 들어, 서양 학생들은 개인적인 상황(성취와 교육)에 후회가 더 많은 반면, 동양 학생들은 인간관계(대인관계와 가족)에 후회가 더 많았다. 후회에서 나타나는 서양인과 동양인의 이런 차이는 서구 문화가 개인의 정체성과 성취에 더 중점을 두는 반면, 동양 문화는 집단주의적이고 협력과 조화에 더 중점을 둔다는 사실을 반영한다. 이처럼 사람들이 가장 후회하는 것에서 문화적 차이를 설명할 수 있다.

〈포춘Fortune〉에서는 기업가들을 대상으로 언제 가장 큰 후회를 했는지 설문조사를 했다. 과학적인 연구는 아니었지만, 주요 기업인들은 후회하느라 시간을 잘 활용하지 못한 것, 실패로부터 배우지 못한 것, 배울 수 있는 것보다는 재능에만 의존한 것, 도움을 요청하지 않은 것, 성장의 기회를 이용하지 않은 것, 자신에게 가혹한 것, 지나치게 기다린 것, 자신의 한계를 알지 못한 것, 위임을 충분히 하지 않은 것 등을 꼽았다.

전 연령대 성인 836명을 대상으로 한 설문조사에서는 은퇴 저축을 너무 늦게 시작한 것, 주식 투자를 미룬 것, 주식을 사지 않은 것 등이 가장 흔한 후회로 꼽았다.

〈하버드 비즈니스 리뷰The Harvard Business Review〉에서는 28세에서 58세 사이의 전문가 30명을 대상으로 인터뷰를 진행해 경력에 관련된 가장 흔한 후회가 무엇인지 확인했다. 이들은 오로지 돈 때문에 직장을 구한 것, 더 일찍 그만두지 않은 것, 자기 사업을 시작하지 않은 것, 학교생활을 더 열심히 하지 않은 것, 커리어에 대한 직감을 따르지 않은 것을 가장 후회한다고 밝혔다.

이렇게 후회에는 문화, 연령, 성별에 따라 차이가 있으며, 후회는 수년 또는 수십 년 동안 계속될 수도 있다. 그렇다면 후회는 나쁘기만 한 것일까?

후회가 어떻게 작동하는지 탐구함으로써 후회가 우리에게 어떤 피해를 줄 수 있는지, 또 어떤 도움을 줄 수 있는지 알아보자.

+ 인생의 모든 단계는 후회의 기회다.

+ 우리는 자책을 선택할 수도, 교정을 선택할 수도 있다.

+ 노인들은 '인생의 후회(장기적 후회)'가 흔한 반면, 일상의 후회나 단기적인 후회는 흔치 않다. 단기적인 후회를 줄임으로써 일상에 적응하고, 하루하루 최선을 다하면서 산다.

+ 후회를 곱씹는 것은 곧 후회에 대한 후회로 이어질 수 있다.

+ 후회는 '무효화의 감정'이다. 후회는 우리가 살고 있는 삶을 지우고 무효화한다.

+ 후회를 놓아주고 현재의 목표에 집중하는 능력은 정신적 행복의 증대, 우울증 감소, 곱씹기의 감소와 관련 있다.

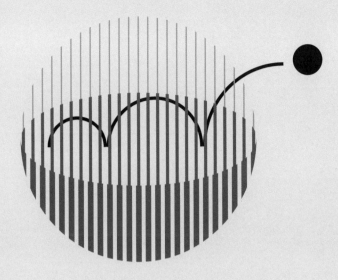

2장

"후회하지 않는다는 착각"
_후회의 원리

억누를수록 터져나온다

후회는 특정한 논리, "실수했으니 이제 자아비판이 필요해"라는 생각이 따르는 것처럼 보일 수 있다. 후회에 압도당하고 통제당하는 느낌을 경험했다면 그 힘이 얼마나 강력한지 알 것이다. 하지만 인지행동치료를 뒷받침하는 원리는 후회의 논리가 뒤틀릴 수 있고 그 힘은 과장될 수 있음을 드러낸다. 당신을 후회에 가두는 논리가 있듯이 후회의 덫에서 벗어나게 하는 설득력 있는 논리도 있다.

실망스러운 결과가 다시는 자기판단을 신뢰할 수 없다는 의미는 아님을 이해하면 후회를 생각하는 방식을 바꿀 수 있다. 지금 선택의 오류를 발견할 수 있다는 사실은 그런 변화를 일으키기 전에 오류를 알아야 하거나 알 수 있었다는 의미가 아니다. 후회가 바로 자기질책으로 이어져야 함도 아니다.

후회를 느끼지 않는다면 지혜나 옳음의 징후가 아니라 실수로부터 배우지 못한다는 신호일 수 있다. 후회를 제거하기보다는 후회를 위한 여지를 만들어야 한다. 후회가 더 나은 결정을 내리는 데 도움이 되도록 해야 하며, 이것이 내가 말하는 생산적 후회의 장점 중 하나다.

'후회의 힘'은 긍정적으로도 부정적으로도 쓰일 수 있다. 우리는 후회에 많은 시간을 소비하지 않고도 무언가를 후회할 수 있다. 그렇다고 다시는 결정을 내리지 못할 정도까지 후회에 압도당할 필요는 없다. 후회가 당신을 따라다니며 괴롭히거나 죄책감과 곱씹기에 가둬두도록 놓아둘 필요도 없다. 또한 후회가 당신에게 미치는 영향력을 약화시키기 위해 후회를 삶에서 제거할 필요도 없다. 그런데도 많은 사람이 그렇게 하려 한다. 어떤 생각이나 감정을 완전히 제거하려 할수록 그 생각이나 감정은 더 강해진다. 후회라는 배경의 소음에 집어삼켜지지 않고도 함께 살아가는 방법을 배워보자.

후회를 뒷받침하는
메커니즘

대개 후회를 거슬리고 반갑지 않은 생각으로 치부한다. "다르게 했어야 했어"처럼 거슬리는 생각은 상황과 사람에 따라 다양한 감정으로 이어진다. 이런 감정에는 회한, 불안, 슬픔, 무력감, 절망감, 죄책감, 수치심은 물론 경험에서 배움을 얻고자 하는 도전의식과 호기심까지 포함된다.

우리는 스스로에게 "그 생각은 그만"이라고 말함으로써 이런 원치 않는 생각을 피해보려다가 다시 그 생각에 빠지는 자신을 발견하곤 한다. 이것은 엉덩이가 못마땅해서 엉덩이로부터 도망치려는 노력과 비슷하다. 아무리 빨리 달려도 엉덩이는 당신 바로 뒤에 있다.

"이 일에 대한 후회는 이제 그만 둬" 또는 "후회는 낭비야"라고 말하는 것은 도움이 안 된다. 생각을 멈추려고 할수록 억누르려는 생각에 더 관심을 두게 되기 때문이다. 이를 '반동 효과Rebound effect'라고 한다. 하버드대학교의 대니얼 웨그너가 진행한 일련의 연구에서 참가자들은 백곰을 생각하지 말라고 요청받았다. 참가자들은 백곰 이미지를 피하려는 과정에서 그 이미지가 더 많이 떠오르는 사실을 발견했다. 거슬리는 생각을 억누르려 할 때도 마찬가지다.

생각을 억누르는 일이 어렵고 그 생각이 오히려 더 강하게 떠오르는 이유는 왜일까? 첫째, 의도적으로 어떤 생각을 멈추려면 피하려는 생각이 무엇인지 생각해야 한다. 이렇게 생각하는 것이다.

"내가 생각하지 말아야 할 것은 뭐지? 후회! 세상에, 방금 후회
하는 것을 떠올렸어!"

그 생각들이 계속 떠오른다. 둘째, 어떤 생각이나 이미지를 억누르다가 불가피하게 실패하면, 그것은 당신에게 더 중요해진다. "그 후회를 생각하지 않으려 애썼는데, 도무지 머릿속에서 떨쳐낼 수가 없어. 그렇다면 그 후회에 뭔가 큰 의미가 있는 게 분명해. 도대체 왜 이러는지 지금부터 알아야겠어"라고 생각하기 때문이다.

진짜 문제는 후회 자체가 아니라 후회를 처리할 방법을 모르는 것이다. 이 장에서는 후회가 어떻게 작동하는지 설명해 후회를 통제하고 생산적으로 만들 수 있도록 한다. 비 오는 날을 없앨 수는 없지만 날씨에 맞는 옷차림을 할 수는 있다.

슈퍼예측가이거나
우유부단하거나

후회의 기저는 무엇이고 후회에 꼼짝없이 갇히게끔 만드는 것이 무엇인지 살펴보자.

후회는 양면성을 견디지 못할 때 뿌리를 내린다. 불확실한 세상에는 확실한 것이 없다. 이것만큼은 확실하다. 후회는 양면성, 지금의 상황과 대안적인 상황 앞에서 느끼는 뒤섞인 감정에 대한 우리의 부정적인 시각이다.

평범한 사람들에게 '의심'이라는 단어를 어떻게 생각하느냐고 묻는다면 아마도 부정적인 경험이라고 말할 것이다. 자신의 예측과 선택에 의심의 여지가 없다고 자랑하는 사람도 있다. 그들은 전적으로 확신한다. 자신감 있는 사람이라고 생각할 수도 있지만, 융통성이 없고 비현실적이며 순진하다고 생각할 수도 있다.

의심과 양면성은 없애야 한다고 생각하게 된다. 우리는 확실히 알기를 원하고, 우리의 생각을 전적으로 명확하게 하고 싶어 한다. 이것을 나는 '맑은 마음Pure mind'이라고 부른다. 마음이 명확하고 논리적이며 모순을 인정하지 않고 의심이 없다는 착각이다. 하지만 의심은 판단의 일부이며, 판단에는 장단점을 살피는 일이 포함된다. 저 차를 사야 할까? 장단점은 무엇일까? 이 일자리를 택해야 할까? 비 용과 혜택은 무엇일까? 대안은 무엇일까? 이러한 선택에는 뒤섞인 감정, 비교, 의심이 따른다. 선택에는 양자택일이 포함되며, 어느 쪽 이든 반대급부가 있다.

어떤 선택의 장단점을 살피는 일은 결정에 대가와 불확실성이 따름을 인정하는 것이다. 이미 언급한 대로, 불확실한 세상에는 확실 한 것이 없다.

자신의 의견에 대단히 자신감을 가진 듯하고, 논쟁의 여지 없이 확실하다는 듯 쉽게 예측하는 사람을 봤을 것이다. 텔레비전이나 디 지털 미디어에 등장하는 많은 전문가들은 자신의 예측과 해석에 남 다른 확신을 보인다. 자신이 말하는 것에 양면적 감정이나 의심의 여 지가 없다. 그러나 그들의 예측이 우연과 다르지 않다는 연구가 있 다. 단순한 추측일 뿐이며, 뒷받침하는 많은 배경이 있지만 그럼에도 추측이라는 사실이다. 여기에 주목해야 할 상당히 흥미로운 점이 있 다. 확신이 강력해 보일수록 예측의 정확도는 낮다.

펜실베이니아대학교의 심리학자 필립 테틀록은 이런 관찰을 계 기로 어떤 요인이 정말 좋은 예측과 판단에 기여하는지 조사했다. 그 는 수천 명의 의사결정 데이터를 수집하고 정확한 예측에 뛰어난 소 수 사람들을 찾았다. 그는 이들을 '슈퍼예측가Superforecaster'라고 불 렀다. 이들의 공통점은 무엇일까?

테틀록은 슈퍼예측가들은 항상 자신의 판단과 예측에 단서를 단 다는 점을 발견했다. "60퍼센트 정도로 확신한다", "그가 5~8퍼센트 차이로 승리할 것을 75퍼센트의 정확도로 예측한다"라는 식이다. 슈퍼예측가들은 "그녀가 7퍼센트 차이로 이긴다고 확신합니다"라고 말하지 않는다. 그들은 의심에 가치를 둔다. 자신의 발언에 제한을 둔다. 그들이 하는 일이 있다. 우리도 더 해야 하는 일이다. 바로, 새로운 정보를 얻으면 예측에 변화를 준다. 그들은 정보가 유동적이라고 이해하기 때문에 자신의 예측을 끊임없이 의심한다.

좋은 의사결정에는 양면성과 의심이 포함된다. 확신은 정확성과는 다르다. 하지만 우리는 확실성이 손이 미치는 범위 안에 있는 세상에 살고, 어떤 결정을 내릴 때면 확실하게 알아야 한다고 생각하는 듯하다. 확신에 관한 이런 오해는 모든 정보를 모르는 상황에서의 결정을 어렵게 만든다. 불확실성을 나쁜 결과로, 불확실성을 받아들이면 무책임으로 생각한다. 확실하게 아는 완벽한 수준에 이를 때까지 더 많은 정보를 끊임없이 찾아야 한다고 판단한다.

불확실성을 받아들이지 못하는 데에는 어떤 것에 대해 양면적 감정을 받아들이지 못한다는 뜻이 포함된다. 한 남성이 나에게 "양면적 감정을 느끼는데 어떻게 결혼을 하죠?"라고 물었다. 어떤 여성은 "감정이 뒤섞여서 이 일자리를 받아들여야 할지 모르겠다"고 말했다. 장부에서 자산과 부채를 나누듯 감정이 명료하게 드러나야 한다는 생각 때문에 뒤섞인 결과를 받아들이기 힘든 것이다. 나는 결혼을 망설이는 남성에게 "결혼 전이든 후이든 자신에게 솔직하기만 한다면, 양면 감정은 그저 현실 세계를 살아가는 일로 받아들일 수 있다"고 말했다.

사고 편향을
인식하지 못한다

우리는 종종 확신에 차서 현실적이고 객관적이라고 생각하지만, 사실 우리 모두에게는 편견과 문제가 되는 사고 습관이 있다. 우리는 모든 일을 자신의 관점에서 본다. 판단의 근거는 제한된 정보, 최근에 들은 것, 최근에 본 사진, 현재의 감정을 사실이라고 믿고 싶은 것이다. 그것이 우리가 부정직하거나 무능하다는 뜻은 아니다. 우리가 인간임을 의미한다. 하지만 한 발 물러서서 "내가 현실적으로 보는 걸까?"라고 묻는 일은 거의 없다. 자신감이 넘칠 때도 비관적일 때도, 한 발 물러서서 "달리 볼 수는 없을까?"라고 자문하는 경우가 드물다.

우리는 사고 편향 때문에 양면 감정을 견디지 못한다. 다음 페이지에 나오는 사고 편향 중 낯익은 것이 있는가? 이런 생각의 경직성(과거에 대한 후회 그리고 미래의 후회를 예상하는 것) 때문에 후회에 장악당하기 쉽다. 이런 양면성의 편협함이 얼마나 비현실적인지 생각해보라. 예를 들어, 친한 친구나 배우자를 떠올려보라. 그들을 향한 감정이 모두 일정한가? 그렇지 않다면 우정이나 연인관계를 끊어야 할까? 스스로에 관해서는 일정한 감정이 드는가?

양면 감정은 현실성에서 비롯된다. 긍정과 부정을 보는 일에는 풍요로우며, 양면 감정이 없는 맑은 마음과 같은 불가능한 이상을 추구하기보다 양면이 있는 현실 세계에서 사는 편이 분명 더 타당하다. 이상만 추구하는 일은 당신을 비참하게, 후회하게 만들 것이다.

사고 편향과 불확실성에 관한 편협함은 후회를 느끼고 후회를 예상해 주저하는 일을 더 많이 만든다.

후회에서 흔한 사고 편향

흑백 사고: "좋지 않으면 나쁘다"라는 생각이다. 어떤 결과가 전적으로 긍정적이거나 전적으로 부정적일 것이라고 생각한다.

낙인찍기: "이 대안은 절대 받아들일 수 없다"라는 생각이다. 모든 일에는 대가가 따르며 유연한 태도가 더 나은 결정에 도움이 될 수 있다는 점을 인식하지 못할 때가 많다.

긍정성을 평가 절하한다: "긍정적인 면은 그리 중요치 않다"라는 생각이다. 완벽한 옵션을 찾느라 긍정적인 면을 적절히 평가하지 못한다.

부정적 필터링: 주로 선택의 부정적인 측면에 초점을 맞춘다. 이 필터 때문에 우리는 무슨 짓을 하든 그것은 받아들여지지 않을 것이라는 느낌을 갖는다. 우리에게 부정적인 면이 너무나 중요하기 때문이다.

점치기: "이것은 나쁜 결과로 이어질 것이다"라는 생각이다. 습관적으로 결과가 부정적일 것이라고 예측한다. 그런 예측이 나올 만한 충분한 정보가 없는데도 말이다.

부정적 과장: "견디기 힘든 결과가 예상된다"라는 생각이다. 결과를 긍정적인 면과 부정적인 면의 연속선상에서 보지 않고, 모든 것을 장단점이 아닌 그저 끔찍하기만 한 것으로 취급한다.

감정적 추리: "양면적인 감정이 드는 것을 보니 나쁜 선택임에 틀림없어"라는 생각이다. 감정이 현실에 대한 좋은 지침인 경우가 없다는 점을 자각하지 못하고 명확한 자신감이나 만족감과 같은 감정을 찾는다.

완벽주의: "선택에 완전히 만족해야 하고, 양면 감정이 들어서는 안 된다"라는 생각이다. 이것은 우리가 항상 행복하고, 만족스럽고, 모든 일이 생각대로 되어야 한다고 생각하는 감정적 완벽주의의 한 예다.

'후회 없음'의 어리석음

1장에서 과거와 현재를 고려할 때, 한 일과 하지 않은 일 중 어떤 것이 더 후회가 되었나? 사람들이 하지 않은 선택을 더 후회한다는 사실이 놀랍지 않았나? 우리는 한 일보다 하지 않은 일을 더 후회한다. 우리 인생 전체를 보면 하지 않은 행동을 더 후회하는 경향이 있다. 시간이 흐름에 따라 적응하는 듯 보이지만, 몇 년이 지나고 '달리 했더라면 상황이 더 나아지지 않았을까?' 하는 생각을 곱씹는다. 이는 우리가 이미 한 행동은 결과에 대처하면서 마무리되지만, 달리 했더라면 어떤 일이 일어났을지 상상하는 일은 더 오래 지속되기 때문이다. 후회에서 문제가 되는 부분이 바로 이것이다. 우리는 실제 상황이 아니라 가능성(가능했던 일)으로 스스로에게 벌을 준다. 그러나 장기적으로는 현재에 적응하고 그것을 이해하려고 한다.

일상생활에서 우리는 간단한 결정(또는 더 부담이 큰 결정)에 직면한다. 결정은 불가피하다. 무언가를 하지 않기로 결정하는 것도 결정이다. 우유부단한 사람은 새로운 행동, 즉 변화를 택하면 후회한다고 생각할 가능성이 높다. 후회에 취약한 사람은 행동한 직후, 후회라는 감정의 강도가 더 강해지는 '강렬한 후회'를 경험한다. 당신도 일을 저지르고, 잘못된 선택을 했다는 강렬하고 갑작스럽고 고통스러운 감정을 경험했을 것이다. 갑자기 뒤늦은 비판이 당신을 장악한다. 이것은 '구매자의 후회'와 동일한 것으로, 원한다고 생각했던 물건을 얻었으나 사후에 부정적인 감정이 몰려오는 것을 말한다. 하지만 이미 꼼짝할 수 없는 상황이다.

이런 강렬한 느낌은 차츰 옅어진다. 하지만 많은 사람들이 행동의 단기적인 결과에 초점을 맞추기 때문에(우리는 근시안적일 때가 많다), 뒤따르는 강렬한 후회를 생각하면서 결정하지 못한다. 또한 이런 강렬한 후회가 오래 지속된다고 믿는다. 양면적인 감정을 지닌 채, 결혼하면 후회할 것이라고 예상했던 남성은 결혼하고 한 해가 지난 뒤 자신이 깨닫지 못했던 장점을 알게 되었다. 결혼식 직전과 직후의 강렬한 후회는 시간이 흐르면서 사라졌다. 이미 결정을 내렸기에 더 불안하지 않고 앞으로 나아갈 수 있다는 장점도 있다.

실망을 감당 못한다고
말한다

우리는 자기회복력을 실제보다 낮잡아 보는 가능성이 있다. 믿어지지 않겠지만, 우리는 좋든 나쁘든 선택한 것에 익숙해지곤 한다. 오랫동안 후회에 사로잡힌 사람도 있지만, 사람들은 대부분 자신의 삶에 적응한다. 이것은 심리학자들이 '쾌락의 쳇바퀴Hedonic treadmill'라고 부른다. 좋은 결과와 나쁜 결과 모두에 작용한다.

갑자기 큰돈이 생긴 사람들은 잠시 좋은 기분을 느끼지만, 1년 뒤면 그들의 행복은 이전으로 되돌아간다. 새집으로 이사한 사람들도 잠깐 행복을 느끼지만 거기에 익숙해지면서 행복은 이사 전으로 되돌아간다. 삶의 부정적인 사건에도 같은 과정이 적용된다. 장애, 심각한 재정적 손실, 실업, 이혼 등 삶의 여러 중대한 부정적인 사건을 검토한 연구자들은 대부분의 사람들이 부정적인 사건이 발생하고, 1년 내에 이전의 행복 수준으로 돌아감을 발견했다.

우리는 일반적으로 좋은 일과 나쁜 일에 익숙해진다. 이는 회복 탄력성의 한 예다. 우리는 경험하거나 경험할까 겁먹는 최악의 사건도 받아들이고 적응한다. 하지만 그런 대처 능력을 높이 평가하는 경우는 드물다.

감정을 과하게
예측한다

우리가 대처 능력에 비관적인 한 가지 이유는 얼마나 나쁜 감정을 경험할지, 얼마나 후회할지 과하게 예측하는 데 있다. 한 연구에서 학생들에게 2주 동안 후회를 기록해달라고 요청하고 미리 얼마나 많은 결과를 후회할지 예측했다. 그 결과 예측한 후회가 실제로 경험한 후회보다 높다는 사실을 명확하게 보여주었다. 70퍼센트를 후회한다고 예측했지만 실제로는 30퍼센트에 불과했다.

후회를 과대 예측하는 경향은 의사결정의 더 큰 그림 중 일부다. 사람들은 상황이 자신에게 훨씬 불리해질 것을 예상한다. 이것이 대처 능력을 과소평가하는 데 큰 몫을 한다. 한 연구에서 대학생이 자신의 예측, 이후의 결과에 관한 처리 방법을 기록했다. 결과의 85퍼센트는 긍정적, 나머지 15퍼센트만이 부정적으로 드러났고, 79퍼센트의 학생들이 부정적 결과를 잘 처리했다고 답했다. 학생들이 30일 동안 자신의 예측과 걱정을 추적한 연구에서도 비슷한 결과가 관찰되었다. 학생들이 걱정했던 것 중 91퍼센트가 실현되지 않았다.

물론 모든 것이 바라는 대로 되지는 않는다. 하지만 우리가 미래에 벌어질 후회를 과대평가하고, 부정적인 결과를 과대평가하며 문제를 대처하는 능력을 과소평가한다는 점을 유념해야 한다. 바로 이런 것이 미래에 가능한 행동에 관한 후회를 키운다.

우리가 부정적인 사건을 대처하는 데 비관적인 또 다른 이유는 심리학자들이 '면역 무시Immune neglect'라고 부르는 점에 있다. 면역 무시는 미래에 관한 사고 편향이다. 우리는 부정적인 사건에 대한 대처 능력을 과소평가한다. 우리는 일어날 수 있는 '끔찍한 일'에 면역력을 키워줄 사건과 경험을 생각하지 않는다.

우리는 우리가 문제에 얼마나 잘 대처할 수 있는지 깨닫지 못한다. 예를 들어, 우리는 부정적인 사건을 대처하는 데 도움이 되는 지원 체계와 자신의 기존 역량, 새로운 보상의 원천, 기회를 생각하지 않는다. 이혼을 고려하는 사람은 영원히 외롭고 우울할지 모른다고 예측하기 때문에 이혼을 후회할 수 있다. 그러나 그 이면의 새로운 관계, 경험, 기회를 내다보지 못할 뿐이다.

우리는 어디에
매어 있는가

이러한 심리적 면역 무시가 발생하는 이유는 현재의 기분과 상황에 많이 사로잡히기 때문이다. 실연이나 실직한 사람은 현재의 순간, 기분, 상실에 집중한다. 그 앞에 놓인 기회는 보지 못한다. 자신의 생각, 현재의 순간과 기분에만 사로잡힌다. 우리는 현재의 비관론에 매어 있다. 그러나 변화에는 기회가 수반되는 경우가 많다. 부정적인 변화도 말이다. 이 모든 것이 후회와 관련된다. 모든 것이 나쁠 것이라고, 변화를 후회하게 된다고 생각하면 어려운 상황에서 벗어날 가능성이 낮아지기 때문이다.

더 나은 대처와 결과를 내다보지 못하는 이런 무능력의 한 부분은 '초점주의Focalism'로 알려져 있다. 이는 유용하다고 입증될 수 있는 다른 요소를 포함하는 더 넓은 관점을 제외하고 상황의 한 부분에만 집중하는 경향이다. 불안한 기분, 예상되는 손실, 일이 잘 풀리지 않으리라고 생각하는 이유 등 시야를 좁힌다.

마음이 눈앞에 있는 부정적인 것에 사로잡혔기 때문에 대처법을 매우 제한하여 찾는다. 예를 들어, 이혼이라는 상처를 받은 여성은 연말의 긴 휴가 동안 남편이 없는 상황을 아쉬워하는 데 집중하느라 보상이 따르는 모든 경험의 기회와 모든 자원을 활용하지 못한다.

초점주의로 인해 과거와 미래를 향한 후회는 더 커진다. 해법은 폭넓은 관점으로, 상황을 더 크게 보고, 미래의 다른 지점으로 마음을 확장하는 것이다. 당장 분명하게 보이는 것 외에 당신이 더 좋은 대처를 하는 데 도움이 될 요소는 없을지 생각해보자. 그 생각의 폭을 넓혀라.

기회가 많을 때,
운에 맡기면 안 되는 이유

후회는 '기회 감정Opportunity emotion'이다. 더 많은 기회를 목격할수록 후회의 가능성은 커진다. 기회는 선택을 하는 시점(예: 매력적인 대안이 많은 경우)에도 있고, 결정을 뒤집고 일을 바로잡을 때도 있다. 기회는 후회를 낳는다. 애초에 어떤 것에 참여할 기회가 없었다면 거기에서 성공하지 못했다고 후회할 수가 없다. 그런 상황에서는 통제권도, 기회도 없었기 때문에 후회도 없다. 선택이 없으면 후회도 없다.

무엇을 살지, 어떤 행동을 취할지 선택지가 많을 때는 후회하기 쉽다. 동네 슈퍼마켓에서 시리얼을 사러 갔다가 수백 종류의 시리얼을 발견한다고 생각해보라. 어떤 결정을 하겠는가? 쇼핑할 때 선택지가 늘어나면 선택이 더 어려워질 뿐만 아니라 선택 만족도가 떨어지고 후회는 커진다. 실제로 선택한 것 외에 다른 대안이 없다면 결정이 쉽고 후회할 일도 없다. 선택지가 많아질수록 만족감은 감소하고 후회할 가능성은 커진다.

후회란 달리 할 수 있었음을 암시한다. 예를 들어, 주식을 샀는데 가격이 반 토막이 났다면 그 선택을 후회할 수 있다. 반대로 차고에 차를 주차했는데 누군가 침입해 차를 훔쳐갔다면 화가 나고 슬프고 억울하겠지만 차량 도난에 대해 후회하지는 않는다. 더 안전한 장소에 차를 주차해야 했다고 생각하지 않는 한, 자신의 선택을 후회하는 일은 말이 되지 않는다. 화는 날 수 있지만 당신에게는 도난에 대한 통제력이 없었다.

때로 우리는 동전을 던지는 등 '운에 맡기는 방식'으로 결정을 내림으로써 선택할 때 느끼는 부정적인 감정을 피하려 하기도 한다. 또 다른 전략은 다른 사람에게 우리 선택을 맡기는 것이다. 책임을 떠넘기는 것과 비슷하다. 나중에 설명하겠지만, 운에 맡기거나 다른 사람이 결정하도록 하는 경우 모두 이런 방법으로 미래의 후회를 피할 수 있다고 스스로를 속이는 것이다. 하지만 주사위를 굴리거나 다른 사람에게 결정을 부탁하는 자체가 비합리적인 결정이기 때문에 역시 후회가 남는다.

후회를 키우는
요인들

우리는 때때로 결정에 많은 시간을 투자하면 후회가 줄어든다고 생각한다. 나는 이것을 '근면의 착각Diligence illusion'이라고 부른다. 연구는 그와 정반대다. 선택지를 고려하는 데 많은 시간을 투자할수록 만족감은 줄어들고 후회는 커진다. 그 이유는 할 수 있었던 것을 오래 생각할수록 결정을 내리는 데 더 많은 갈등이 생기기 때문이다. 선택지가 많을수록 다른 것을 선택할 수도 있었다는 생각을 더 많이 한다. 이것은 중요한 이야기다. 사람들은 결정을 내리는 데 긴 시간을 투자할 때 후회가 줄어든다고 생각한다. 사실은 그 반대다. 시간을 많이 투자할수록 후회는 커진다!

후회를 더하는 또 다른 요인은 거부한 대안에 대한 피드백을 받는다고 생각하는지 여부다. 사람들은 결과에 대한 피드백을 기대하는 경우 후회를 더 많이 한다. 예를 들어, 헤어진 전 연인이 잘 지내는지(관계를 깬 것이 자신이라면 특히 더)와 같은 소식은 듣고 싶지 않을 것이다. 실제로, 여기에 대처하는 한 가지 방법은 그런 정보를 피하고 당신이 선택한 것이 월등히 좋다고 생각하도록 정보를 더 많이 찾아서 당신의 선택을 지지하는 것이다.

이제 당신은 결정을 내릴 때 후회할지, 아니면 특정 결정이 낳은 실망스러운 결과에 따를지 배웠다. 후회의 기본적인 작동 원리 일부도 이해했다. 그렇다면 이런 사고방식과 행동방식에 도전하지 않을 때 우리는 어떻게 될까?

후회도 능력이다

우리는 모두 후회하는 능력이 있다. 그렇지만 그 기회를 찾는 데 노련한 사람이 있는가 하면 그렇지 못한 사람도 있다. 농담 반 진담 반이지만, 나만의 『후회 규정집Regret Rule Book』을 개발해서 기회에 대한 불안, 반추, 슬픔을 확실하게 누리면 어떨까? 무엇을 해야 확실히 후회에 갇히고 후회가 두려워 결정하지 못하는 상황에 빠질지 명확한 규칙을 마련하는 것이다. 그리고 정말 전문가처럼 후회의 규칙을 잘 따르는지 확인해본다.

당신이 상상할 수 있는 모든 일에 온전히 후회할 수 있는 능력을 키울 수 있다! 그 어떤 것도 운에 맡겨두지 말자.

자, 이제부터 시작해보자.

후회를 연습하는

8가지 방법

1. 다른 것을 했더라면 형편이 얼마나 더 나을지 상상한다

이것은 후회의 도구함에서 상당히 중요한 부분이다. 할 수 있었던 일에는 실제 한 것에 비해 훨씬 많은 가능성이 있기 때문이다. 다른 직업, 배우자, 거주지를 선택했다면 당신의 형편은 훨씬 더 나았을 수 있다. 자신을 비참하게 만들 수 있는 가능성은 무한하다. 상상력을 발휘해 당신이 놓친, 실제로 한 선택이 아니었다면 당신에게 있을지 모를, 모든 근사한 것을 생각해보라.

2. 경험한 모든 부정적인 것들을 곱씹어본다

당신에게는 놓친 기회라는 무한한 원천이 있다. 경험했던 모든 부정적인 것을 곱씹고 그것들을 놓쳤다고 상상할 수 있는 모든 긍정적인 것과 비교하면서 즐거운 시간을 보낼 수 있다. 계속 그것에 대해 생각하면서 "왜 그렇게 했을까?" 또는 "왜 달리 하지 않았을까?"라고 자문하라. 계속 되새김질하면서 생각하고 또 생각하면 답을 찾을 수 있을 것이다. 물론, 답을 못 찾을 수도 있다. 다른 것도 곱씹어보라. 언제든 놓친 것은 존재할 테니.

3. 하지 못한 선택을 이상화한다

모든 놓친 기회는 눈앞의 잘 익은 과일이었다. 당신을 완벽한 삶에 가까워지게 했을 그 잘 익은 과일을 따지 않기로 선택한 것은 당신이다. 탓할 사람은 당신뿐이다. 당신이 아등바등 살아온 삶과 달리, 당신의 삶은 어마어마한 성공, 행복이 가득 찬 멋진 것, 당신이 자랑스러워할 만한 것이 되었을 수도 있다. 어떤 후회도 없는 만족스러운 삶이다. 현명하게 다른 선택을 했다면 모든 것이 얼마나 완벽했을지 생각해보라. 〈피플People〉에 나오는 이상적이고 매력이 넘치는 유명인, 추종자들에게 둘러싸여 절정의 쾌락을 끝없이 이어가는 유명인을 상상해보라. 아, 다른 선택을 했더라면 지금 머물고 있는 돼지우리 같은 집을 실망스러워하는 대신 득도했을지도 모를 일이다!

4. 더 잘 알았어야 했다고 생각해본다

이런 바보 같은 선택을 할 때 도대체 어떤 생각을 했나? 당신은 꽤 똑똑한 사람이 아닌가? 왜 그런 형편없는 대안을 선택했나? 지금 돌이켜보면 당신이 선택하지 않은 대안이 최고의 선택지임이 분명하다. 지금 분명한 것처럼 그때도 분명했을 것이다. 자신에게 면죄부를 주지 말라. 더 잘 알았어야 했다. 그 말을 되뇌라. 이렇게 될 것을 알았어야 했다. 눈이라도 먼 건가? 무슨 생각을 하고 있었던 것인가?

5. 바보 같은 선택을 쉽게 알아보도록 연습하라

그렇다. 말할 필요도 없이, 더 잘 알았어야 했다. 그러니 가르침을 얻고, 현실을 직시하고, 과거처럼 계속 실수를 반복하지 않도록 자신을 비판해야 한다. 다른 좋은 결정들이 있더라도, 중요한 것은 피할 수 있었던 이 바보 같은 결정, 오로지 그 하나다. 훌륭한 의사결정권자는 바보 같은 선택을 쉽게 알아볼 테니 말이다.

6. 선택할 때 상상할 수 있는 최선의 결과를 기준으로 삼는다

지금 당신은 선택을 감수하고 있다. 그러니 이제 그것을 상상할 수 있는 최상의 결과와 비교해야 한다. 당신은 이것이 최선이 아님을 알고 있다. 언제나 더 나은 것을 상상할 수 있으니까. 당신은 최고를 필요로 한다. 그럴만한 자격이 없더라도 말이다. 차선책에 만족하지 말라. 거기에 안주하지 말라. 그것을 최대한 이용하려 노력하지 말라. 그것은 패배자나 하는 일이다. 당신은 항상 이겨야 하고, 최고의 것을 가져야 하고, 어떻게 하면 더 나아질지 상상해야 한다. 그렇게 해야 발전이 있지 않겠나?

7. 절충안을 거부해본다

후회를 피하기 위해서는 최고의 결과를 얻어야 한다. 그러니 절충안은 거부하라. 100퍼센트 긍정에 못 미치는 것에는 안주하지 말라. 타협이란 없어야 한다. 결과에 부정적인 요소가 하나라도 있다면 잘못된 대안을 선택했다는 의미다. 부정적인 면, 절충도 없는 대안이 어딘가에는 존재한다. 열심히 찾기만 하면 공짜 점심도 존재한다.

8. 모든 것을 확실히 알 때까지 결정을 미룬다

과거에 내린 모든 잘못된 결정을 고려하면, 새로운 선택을 하기 전에는 전적인 확실성을 요구해야 한다. 확신이 있다면 또 다른 어리석은 실수를 하지 않을 수 있다. 항상 간과한 새로운 정보가 존재하는 법이니, 필요한 만큼의 시간을 가져라. 준비되었다고 느끼고 존재하는 모든 정보를 알 때까지 결정을 미룬다.

자존감 낮은
사람으로 살 것인가

당신이 이 책을 읽는다는 뜻은 후회의 단점이 무엇인지 이미 안다는 의미다. 이번에는 과학적 증거로 살펴보자.

앞서 언급했듯이 후회는 우리의 생각(인식)과 그 생각에서 비롯된 결과(감정)가 포함된다. 생각은 "그런 짓을 하다니 난 바보야", "이런 일이 일어날 줄 알았어야지", "다른 것을 선택했어야 했어"와 같은 것이다.

후회와 관련된 감정은 무엇일까? 후회는 다양한 다른 감정을 포함한 복잡한 사회적 감정이다. 여기에는 괴로움, 분노, 불만, 죄책감, 수치심, 무력감, 회한, 뉘우침, 슬픔, 걱정, 비통, 실망의 감정이 포함된다. 다음 장에서는 자신이 한 선택이 어떻게 다양한 부정적인 감정으로 이어지는지, 여러 강력한 자조 도구를 어떻게 사용하면 결정과 결정의 결과에 더 잘 대처할 수 있는지 살펴볼 것이다.

후회는 우리를 꼼짝 못하게 만든다. 우리는 과거를 후회할 수도 미래의 후회를 예상할 수도 있다. 무언가를 바꾸거나 바꾸지 않기로 한 결정을 반추하면서 과거에 갇혔을 수도, 후회를 예측하며 지금 결정을 못 내리는 우유부단함에 매었을 수도 있다.

성인을 대상으로 한 설문조사에서, 후회는 더 엄청난 고통, 불안, 우울증, 즐거움의 상실, 반복적인 부정적 사고와 연관된다고 나타났다. 후회의 부정적인 결과로 가장 흔하게는 저장 강박, 낮은 자존감, 사회 불안, 결정 장애, 우울증, 죄책감, 걱정, 되새기기, 미루기, 분노, 회피 등이 나타난다. 저장 강박이 있는 사람들은 물건을 버렸다가 이

후에 필요해지면서 후회할까 겁을 낸다.

후회는 스스로를 비판하면서 자존감을 낮춘다. 후회하며 사람들과의 상호작용을 되돌아보고 자신이 지루한 얼간이라는 인상을 준다고 생각하고 불안을 키운다. 뭔가 하기로 한 결정을 후회할까 겁이 나서 그 결정이 올바른 선택이라는 확신을 받으려 노력한다. 며칠 또는 몇 주를 그렇게 지내다 점점 우유부단해진다.

후회는 우리를 우울하게 만든다. 상황을 더 낫게 만들 수 있는 기회를 피하고, 대안이나 과거를 반추하거나 걱정으로 이어지고, 해야 하는 일을 미루고 완수하지 못하게 한다. 후회는 우리를 분노에 갇히게 하기도 한다. 한 일이나 하지 않은 일에 대한 후회에 대해 다른 사람을 비난하기 때문이다.

후회한다는 사실을 알아차리면, 그 선택을 곱씹는다. 결정한 방법에 사후 검토를 하는 것이다. 선택을 곱씹는 반추는 몇 시간, 며칠, 몇 년 동안 이어진다. 한 여성은 10년 전 이혼을 계속 반추하며 그 남자와 결혼했던 일을 후회했지만 그 사이에서 태어난 아이는 무척 아끼고 사랑했다. 후회 때문에 그녀는 억울함과 자기비판에 갇혀 과거의 실수와 불행을 내려놓을 수 없었다. 사실, 이혼에 관한 후회 때문에 그녀는 다른 남자들을 믿지 못하게 되었고 자신의 판단조차 믿지 못했다.

후회는 여러 흔한 심리적 장애와 연관된다. 예를 들어, 만성 우울증인 사람은 과거의 실수나 경험을 반추하면서 상상할 수 있는 모든 판단 오류에 대해 자신을 비판하고 현재를 도외시한다. 사회 불안 장애 때문에 부정적 평가를 두려워하고 사람들이 자신의 불안 징후를 보고 자신을 부정적으로 평가할지도 모른다고 믿는다. 이런 사람들은 자신이 바보짓을 하고 후회한다고 예상하거나 사람들과의 상호작용을 되돌아보며 다르게 행동했어야 한다고 생각한다.

강박 장애가 있는 사람은 모르는 사이, 자신을 오염시켰거나 실수를 저질렀거나, 문을 잠그지 않았을 것이라고 믿는다. 또는 자신들의 부정적인 생각 때문에 누군가를 해치거나, 무심코 음란한 말을 하거나, 충동적으로 하는 행동처럼 당혹스런 일을 저지른다고 믿는다. 이들은 매일 과거의 그림자 속에, 예상되는 후회의 그림자 속에 산다.

공황 발작이 일어날까 겁을 내는 공황장애 환자들은 극심한 불안 발작을 일으켜 미치거나 심장마비로 쓰러질지도 모른다는 두려움 속에 산다. 그리고 미루는 사람들은 완벽하게 일하지 못해 후회와 자기비판에 휩싸인다고 믿으면서 마쳐야 할 과제를 계속 피한다. 분노를 표출하고, 사람들에게 욕하는 사람들은 이후 자신의 적대적인 행동을 후회하지만 그때는 직장, 우정, 결혼을 구하기에 이미 너무 늦어버린 뒤다.

후회는 우리를
보호한다

일부 사람들 사이에서는 항상 행복을 목표로 삼으며 질투, 분노, 원망, 후회처럼 불쾌한 감정은 제거해야 한다는 생각이 만연하다. 하지만 감정은 우리 조상들로부터 진화했다. 고소 공포증은 우리를 추

락으로부터 보호하고, 물에 대한 두려움은 우리가 물에 빠져 죽지 않
게 보호하며, 개방된 공간에 대한 두려움은 우리 조상들을 배고픈 포
식자로부터 보호했다. 두려움은 우리를 보호하고, 우울한 감정은 우
리가 하는 일에 효과가 없을 때 물러서라는 가르침을 준다. 질투는
부성을 지키거나 배우자에게 헌신하도록 하고, 앞서 가는 다른 사람
을 시기하는 마음은 더 열심히 노력하도록 동기를 부여한다. 두려움,
슬픔, 질투, 시기가 없다면 우리의 상황은 더 나빠질 수 있다.

후회에는 심각한 단점이 있지만, 후회하는 능력 자체를 제거하
는 일은 현명한 생각이 아니다. 후회는 자기조절에 도움이 된다. 후
회를 결과를 상상하고 최선의 대안이 무엇인지 평가하게 함으로써
행동을 통제하는 전략으로 생각해보면 어떨까? 밤늦게 기름지고 자
극적인 음식을 많이 먹을 경우, 소화가 되지 않아 후회하리라고 예상
할 수 있다면, 그런 음식을 먹는 결정을 막을 수 있다. 후회를 예상함
으로써 내 행동을 통제할 수 있다. 또는 누군가에게 짜증을 내고 무
례한 말을 한 뒤 내 행동에 죄책감을 느꼈던 일을 떠올리면, 예상되
는 죄책감을 이용해 자신을 통제하고 분노를 억제할 수 있다. 후회를
내가 한 실수로부터 배움을 얻어 장래에는 스스로 고칠 수 있는 학
습 전략으로 생각해볼 수 있다.

후회는 마음속에서 실험을 할 수 있게 해준다. 앞을 내다보는 사
고 능력은 불쾌한 결과를 피하는 데 유용하다. 후회를 택할 수 있는
다양한 경로를 상상하고 어떤 경로가 가장 유리할지 예측하는 데 도
움을 주는 계획 전략이라고 생각할 수 있다. 후회를 과거의 실수(또는
다른 사람의 실수)로부터 혜택을 얻고 미래를 계획할 수 있게 하는 학

습 전략이라고도 생각할 수 있다. 또한 후회를 더 노력하고, 다른 것
을 시도하고, 과거에 성취하는 데 실패하게 만든 장애물을 극복하도
록 동기를 부여하는 존재로 생각할 수도 있다. 사실 후회하지 않는
것은 배우지 않는 것이다.

살아남기 위해 진화한 감정

후회는 생존을 돕기 위해 진화한 감정 중 하나다. 후회는 인지적, 정서적 기술이다. 심리학자들은 후회를 '반사실Counterfactual'이라고 부른다. 달리 말해, 반사실은 실제 사실이 아니다. 미래에 일어날 가능성이다. '다른 사람과 결혼하면 더 행복해질 수 있을 것이다', '이 새로운 직업을 선택하면 비참해질 수 있다'가 반사실의 사례다.

인간은 어떻게 될 수 있는지, 될 수 있었는지 상상하는 데 뛰어나다. 상상은 실제 하지 않고도 어떤 일이 벌어질지 시뮬레이션을 하는 것과 같다. 상사에게 적대적인 발언을 하면 어떻게 될지 상상해보고, 상사가 당신을 해고하기로 결정했을 때 어떤 반응을 보일지 상상해볼 수 있다. 이런 종류의 정신적 시뮬레이션으로 전혀 실행하지 않고도 정신적 실험을 수행할 수 있다.

후회는 실수에서 배움을 얻고 장래의 변화를 위한 동기를 부여한다. 또한, 행동을 취하고 어떤 기분일지 예상한 때는, 후회를 예측하는 능력이 충동적인 행동을 막아준다. 사람들은 후회를 '나쁜 감정', 절대 가져서는 안 되는 감정으로 생각하곤 한다. 하지만 후회는 계획, 학습, 경험을 통한 혜택의 필수 요소일 수 있다.

실수로부터
배우지 못하는 사람들

후회하는 능력에 결함이 생긴 사람들이 있다. 이들은 실수로부터 배우지 못하며, 실수 때문에 고통받는다고 생각하지 못한다. 충동적으로 행동하고 다른 사람을 모욕하거나, 과속 운전을 하거나, 약물과 술을 남용하거나, 도박을 하거나, 갚을 능력이 없는데도 카드를 쓰는 사람들을 생각해보라. 이들은 후회를 예상할 수 있는 능력을 사용하지 못해서 같은 실수를 계속 반복한다. 내 경우, 누군가에게 화가 나면 적대적인 말을 했다가 후회하지 않을지 자문한다. 이 방법은 분노를 다스리는 데 도움을 준다. 나의 경우, 초콜릿무스에 유혹을 느끼지만 이내 나중에 후회할 수 있음을 떠올리고 조절한다. 이렇게 후회는 자기조절을 위한 도구다.

양극성 장애(이전에는 조울증이라고 불렸다)를 가진 사람들은 종종 지나치게 자신감이 넘치는 조증기를 경험한다. 이때는 무엇이든 할 수 있다고 생각하며 후회를 감수한다. 이들은 조증기(극도의 흥분, 과잉 성욕, 과장된 자신감, 극심한 짜증)와 우울기(회한, 슬픔, 자살 생각)에 대한 생물학적 취약성을 띈다.

　나는 양극성 장애가 있는 많은 사람들이 부적절한 성적 행동으로 결혼생활을 위험에 빠뜨리거나, 공격적인 행동으로 직장을 잃거나, 충동적인 행동으로 재정상의 실패(심지어 투옥)에 직면하는 경우를 보았다. 후회는 조증기에 바로 이어지는 우울기에 나타나는 경우가 많다.

　많은 사람들이 후회의 부정적인 부분에 휘말리지만, 실제로 연구에 따르면 사람들이 불쾌하더라도 후회를 가치 있는 긍정적인 감정으로 여김을 보여준다. 불쾌한 감정의 긍정적 특성과 부정적 특성을 설명하고 평가하라는 요구를 받은 사람들은 '12가지 부정적 감정 중 후회를 다섯 기능(과거 경험에 대한 이해, 접근 행동의 촉진, 회피 행동 촉진, 자아에 대한 통찰력 획득, 사회적 조화 유지) 모두에서 가장 유익한 감정'으로 평가했다.

　다른 연구에서는 후회가 불쾌한 감정으로 평가되었지만, 사람들은 후회가 다른 불쾌한 감정에 비해 긍정적인 특성이 많다고 주장했다. 사람들은 지루함, 불안, 분노, 두려움, 죄책감, 슬픔, 자존심처럼 부정적인 감정에 복합적인 감정을 느꼈지만, 질투에 대해서는 주로 부정적인 감정을 보고했다. 예를 들어, 참가자들은 후회가 과거의 경험을 이해하는 데("내가 왜 그랬을까?" 또는 "달리 할 수 있는 일은 없었을까?") 도움이 된다고 말했다. 상황을 개선하기 위한 선택(접근)에 도움이 되며, 부정적인 결과를 피하게 하고, 통찰력을 얻는 데 유용하며, 타인과의 관계를 촉진(예: 사과)한다고 주장했다.

　타당한 이야기다. 우리는 왜 실수했는지, 왜 계획을 따르지 않았는지, 무엇이 우리를 오도했는지 이해하길 원한다. 어떤 경우에는 반추와 자기비판으로 이어질 수 있지만, 나중에 살펴볼 것처럼 우리는 후회를 생산적인 방식으로 사용해 실수로부터 배움을 얻을 수 있다. 나는 이것을 '생산적 후회'라고 부른다. 생산적 후회는 실수에 대한 지식을 활용해 자신을 바로잡고 앞으로 더 열심히 노력하도록 동기부여하는 것을 의미한다.

실험하고 배우고
나아가는 법

후회는 실수나 경험에서 배움을 얻는 일로 이어질 때 생산적이거나 유용할 수 있다. 후회는 충동적으로 행동하는 것을 피하는 데 쓰일 수 있다. 자기비판 전략과는 다른 자기교정 전략으로 삼을 수 있다. 자신을 비판하면 결국 우울해지며 실수를 토대로 성장하는 데 도움이 되지 않는다. 스스로를 교정하려면 유연한 태도로 실수로부터 배우려는 기회를 삼아야 한다. 실수를 실험으로, 즉 상황을 더 낫게 만드는 데 사용할 수 있는 정보를 제공하는 도구로 받아들인다면 후회는 생산적일 수 있다. 나는 이 책은 전체에 걸쳐 후회가 많은 사람들의 습관을 뒤집어 후회를 생산적으로 만드는 방법을 보여줄 것이다.

실수로(또는 의도적으로) 상처를 준 다른 사람에게 후회를 표현할 때도 후회는 유용하다. 후회는 사적인 감정일 수도, 다른 사람을 향해 표현하는 감정일 수도 있다. 예를 들어, "너에게 그렇게 말한 걸

정말 후회해. 그때 일어난 일이 정말 슬펐어"라고 말한다면 상대가 당신을 용서하거나 기회를 한 번 더 줄 가능성이 높다. 하지만 당신이 "네가 내 말을 오해한 거지. 네 감정은 내 책임이 아니잖아"라고 말한다면 상대는 더 큰 상처를 입고 당신에게 화를 낼 것이다.

사람과 사람 사이에서 후회를 표현하는 일은 효과적인 사과의 핵심 요소이며 인간에게서 죄책감과 수치심이 진화한 이유 중 하나다. 상대가 후회와 약간의 죄책감이나 수치심을 가지면 당신은 상대가 결국 올바른 행동을 할 것이라고 생각한다. 적절한 방식으로 후회를 표현함으로써 죄책감이나 수치심을 생산적으로 사용할 수 있다.

현명한 사람들의
더 나은 의사결정

이 책은 전체에 걸쳐서 후회가 미래를 예측해 충동적인 행동을 막고 실수로부터 배움을 얻을 수 있다고 이야기한다. 올바른 후회는 계속 떠오르는 끈질기고 귀찮은 감정, 자기 패배적인 후회에 사로잡히는 일을 막아준다.

후회를 현명하게 활용하면 더 나은 의사결정이 가능하다. 많은 사람들이 후회를 많이 하는 이유는 좋지 못한 결정을 했기 때문이다. 좋은 결정을 하는 사람들은 끊임없이 자신을 수정하고 실수로부터 배움을 얻는다. 그들은 거울을 보며 자신을 칭찬하며 자존감을 높이는 데 집중하지 않는다. 따라서 앞으로는 잘못된 의사결정에 따르는 부정적 결과를 피할 몇 가지 기술을 설명할 것이다. 더 나은 결정을 하면 후회할 순간을 줄일 수 있다. 반대로 합리적으로 예상하는 후회는 더 나은 결정을 내리게 돕는다.

아끼는 사람에게 심한 말을 해서 후회한다고 가정해보자. 생산적인 후회는 이 일 때문에 장기적으로 기분이 더 나빠지고 당신이 가치를 두는 관계를 손상시킬 수 있다는 점을 깨닫게 돕는다. 생산적 후회는 감정적 고통을 이용해 앞으로 자신의 행동을 수정하고 적대적 방식으로 말하면 나중에 후회를 예상하게 한다. 생산적 후회에는 자신의 경험에서 나온 학습, 다른 사람에게서 나온 학습, 자기교정 계획의 수립, 의사결정 평가가 포함된다. 생산적 후회의 요소에는 되새김과 과도한 자기비판이 아닌 자기교정이다. 또한 시간이 있을 때(또는 지금 당장) 실천할 수 있는 실용적 할 일 목록이 포함된다.

비생산적 후회는 고칠 수 없는 일, 되돌릴 수 없는 일, 뒤집을 수 없는 일에 계속 집중하는 것이다. 여기에는 부정적인 일을 계속 곱씹고 자기비판에 집중하며, 자신이 한 일을 '되돌리기' 위한 충동적인 행동이다. 이는 장애와 손상으로 미래를 결정할 수 없고 앞으로 나아갈 수 없는 상태로 이어질 수 있다. 비생산적 후회는 현재의 삶을 온전히 살거나 미래를 위한 결정을 내리는 측면에서 아무런 가치가 없다. 후회는 당신을 실수(실제이거나 상상이거나)에 매이게 만든다.

정말 현명한 사람이라면 다른 사람들의 후회를 듣고도 훨씬 더 쉽게 배움을 얻을 수 있다. 주위를 둘러보면 다른 사람들이 설명하는 전형적인 후회를 듣게 될 것이다. 우리 주변에는 우리가 그렇듯이 실수를 저지르는 사람들이 많다. 과식, 과음, 감당하지 못하는 과도한 지출, 연인에게 함부로 행동하는 것, 결혼생활에서 부정행위, 막다른 골목에 이른 관계를 끊지 못한 것, 학교나 직장에서 성실하지 못한 것, 화를 심하게 내거나 적대적인 방식으로 행동해 아끼는 사람을 소원하게 만든 사례가 그렇다. 그들이 실수와 후회에서 얻은 지혜를 이용 못한다면 비극이 아닐 수 없다.

이 책의 목표는 후회를 많이 하는 사람들의 습관을 고치는 데 도움이 되는 것이다. 더 나은 의사결정과 후회를 더 나은 대처로 뒷받침하는 생산적 후회라는 새로운 습관을 만들 수 있을 것이다.

혹시 "이 책을 읽은 것을 후회하게 되는 거 아니야?"라고 생각했는가? 하지만 '인생을 확실히 후회하는 법'이라는 이 블랙 코미디 속에서 당신은 분명 자신의 모습을 발견했을 것이다. 거기에는 반추, 불안, 슬픔, 우유부단, 불만이 있다. 후회 규정집이라는 유머는 우리가 종종 부조리함에 기초한 '규칙'에 오도됨을 말한다. 자신이 생각하는 방식에 웃음을 지을 수 있다면, 후회에 무너지거나 갇히지 않고 후회와 함께 사는 법을 배울 수 있는 희망이 있다.

인생이 터무니없고 아이러니한 농담 같은 것이라면 마지막에는 결국 웃지 않을까? 각각의 '규칙들'은 결정을 내리고 그 결과와 함께 살아가는 데 좀 더 유연하고 적응력 있고 현실적인 지침이 있는지 논의하고 검토할 수 있는 시작점이다. 바로 이것이 이후에 이 책이 다룰 내용이다.

어떻게 하면 후회가
생산적/비생산적 영향을 줄까

후회는 건강을 지키는 행동이다. 여기에는 독감 예방접종, 안전한 성관계, 안전 운전, 안전벨트 착용, 금연, 체중 관리, 운동, 유방암/대장암 검진, 적절한 음주, 약물 사용 금지가 포함된다.

4만 5,618명을 대상으로 한 81개 연구의 검토에서, 연구자들은 예상되는 미래의 후회("나중에 후회하게 될까요?")와 건강 행동 사이에 높은 상관관계가 있는 것을 발견했다. 실제로 후회가 예상되는지에 대한 질문이 자궁경부암과 유방암 검사를 받을 가능성을 높이는 것으로 나타났다. 청소년이 인유두종에 감염될 가능성을 예상하고 백신을 맞지 않은 것을 후회하는 부모는 자녀에게 백신을 접종할 가능성이 훨씬 더 높았다.

그러나 많은 사람들이 건강을 지키는 행동을 하지 않는다. 그들은 후회에 대한 예상을 충분히 활용하지 않는다. 왜일까? 여기에는 여러 이유가 있다.

한 가지 이유는 사람들이 흡연, 안전하지 못한 성관계, 안전벨트 미착용, 음주와 같은 특정 행동과 관련된 위험을 축소하기 때문이다. 위험한 결과는 미래에(흡연, 당뇨병, 과음과 같은 경우 먼 미래에) 있기 때문에, 그 위험을 크게 생각하지 못한다. 눈에서 멀어지면 마음에서 멀어진다. 두 번째 이유는, 우리에게 흡연, 약물 사용, 안전하지 못한 성관계, 과식처럼 즐거움을 발견하는 행동의 위험을 과소평가하는 경향이 있기 때문이다. 셋째, 아직 나쁜 결과를 겪지 않았다는 이유로 위험을 약하게 평가하는 경우가 많기 때문이다. 예를 들어, 안전벨트를 매지 않는 사람은 "20년 동안 안전벨트를 매지 않고 운전을 해왔지만 아무 일도 없었다"고 주장한다. 넷째, 우리는 일화를 들먹이며 현재의 위험한 행동을 정당화한다. "존은 평생 담배를 피웠는데 여든다섯인 지금까지 잘 살고 있어"와 같다. 다섯째, 많은 젊은이들은 흡연에 중독될 가능성을 과소평가하며 언젠가 담배를 끊을 것이라고 주장한다. 이는 현재의 위험한 행동을 '정당화'하고 높은 중독 확률과 흡연의 누적된 영향이 암으로 이어질 높은 가능성을 부인하게 한다. 여섯째, 건강상의 위험은 당장 통증, 불편함 기타 증상을 유발하지 않는 경우가 많기 때문에 개인은 적절한 건강 지침을 따르지 않을 때의 위험을 축소해서 생각한다. 예를 들어, 고혈압 약을 처방받은 환자의 거의 절반이 이후 1년 이내에 약을 끊는다. 이는 고혈압이 '침묵의 살인자'이기 때문일 가능성이 높다. 누적된 고혈압의 부정적인 결과는 뇌졸중이나 심장마비를 겪을 때까지 드러나지 않는 것이 보통이다. 하지만 그때는 이미 늦어버린 뒤다.

미국에는 폐암 진단을 받은 사람이 54만 1,000명이다. 흡연이 폐암을 유발한다는 사실을 모르는 사람이 거의 없는데도 여전히 3,400만 명이 흡연을 한다. 메이요 클리닉(Mayo Clinic)의 연구에 따르면, 현재까지 여성들의 3분의 2가 자궁경부암 검진을 받지 않았다. 또한, 10퍼센트의 사람들이 안전벨트를 착용하지 않는다. 이 역시 예방 가능한 위험이다. 수백만 명의 사람들이 후회에 대한 예측을 생산적인 방식으로 활용하지 못하고 있는 것이 분명해 보인다. 행동을 바꾸는 것은 과거를 바꾸는 것보다 쉽다. 그러나 의료 지침 준수에 대한 연구는 수백만 명의 사람들이 미래의 후회를 예상하지 못해 결국 과거를 후회하게 되리라는 것을 보여준다.

후회의 심리학

+ 중요한 것은 후회를 없애는 것이 아니라 후회에 대처하는 전략을 마련하는 것이다.

+ 후회는 자기조절을 위한 도구다.

+ 좋은 예측의 요소는 확실성이 아닌 유연성이다.

+ 배움을 얻을 수 없다면 실수는 아무 쓸모가 없다.

+ 다른 사람의 실수로부터 배우는 것은 자신의 실수에서 배우는 것보다 저렴하다.

+ 후회는 실수나 경험에서 배움을 얻는 일로 이어질 때 생산적이거나 유용할 수 있다.

+ 후회는 충동적으로 행동하는 것을 피하는 데 쓰일 수 있다.

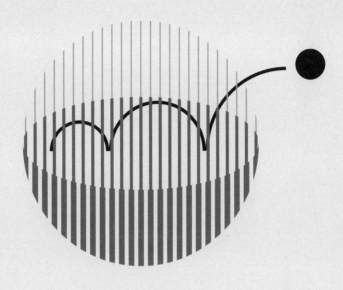

3장

"후회 때문에 망했다"
_자기비판식 후회

후회가 인생을 결정하는 방식

후회는 우리가 내리는 모든 결정에서 나타날 수 있다. 하지만 결정을 후회할 가능성은 어떻게 생각하고 그 결과에 어떻게 대처하느냐에 따라 달라진다. 선택지를 고려할 때 지침이 되고 후회의 가능성을 높이는 특정한 가정과 규칙이 존재한다.

의사결정 방식부터
진단한다

결정을 생각하는 방식은 다양한 근원적 가정에서 시작한다. 이런 가정들을 부각하는 일은 자신의 의사결정 방식을 이해하는 좋은 첫걸음이다. 다음의 의사결정 방식 설문은 의사결정 시에 고려할 여

의사결정 방식 설문

지난 일주일 동안 당신의 생각을 아래의 등급을 사용해 표시한다. 각 진술의 빈칸에 선택한 숫자를 적는다. 정답이나 오답은 없다.

1 = 전혀 그렇지 않다   2 = 그렇지 않다   3 = 별로 그렇지 않다
4 = 약간 그렇다   5 = 그렇다   6 = 매우 그렇다

1. 나는 인간관계에서 상대에게 줄 수 있는 것이 많다.   _____
2. 나는 직장이나 학교에서 유용한 많은 기술과 능력을 가지고 있다.   _____
3. 나는 인생의 많은 부분에서 보람을 느낀다.   _____
4. 나는 앞으로의 내 인간관계가 더 나아질 것이라고 예상한다.   _____
5. 나는 앞으로 내 기술과 능력이 더 나아질 것이라고 예상한다.   _____
6. 나는 앞으로 보람 있는 경험을 많이 할 것이라고 예상한다.   _____
7. 나는 일이 내가 원하는 방향으로 진행하도록 만들 수 있다.   _____
8. 내게는 인생의 대부분 일이 예측하기 힘들어 보인다.   _____
9. 나는 위험을 감수하는 것을 좋아하지 않는다.   _____
10. 나는 매우 조심스럽다.   _____
11. 나는 많은 에너지와 추진력을 긍정적인 일을 성취하는 데 집중한다.   _____
12. 나는 많은 에너지와 시간을 부정적인 일을 피하는 데 집중한다.   _____
13. 나는 무언가를 성취했을 때 큰 만족감을 경험하지 못한다.   _____
14. 나는 내가 성취한 일에 대한 공로를 내세우지 않는다.   _____
15. 나는 일이 잘 되지 않으면 내 자신을 탓한다.   _____
16. 나는 일이 잘 되지 않으면 남을 탓한다.   _____
17. 원하는 것을 빨리 얻지 못하면, 영영 얻을 수 없는 것이 아닌가 의심한다.   _____
18. 나는 다른 사람들보다 더 쉽게 낙담한다.   _____
19. 나는 어떤 일이 잘 풀리지 않으면 다른 일도 잘 풀리지 않을 것이라고 생각한다.   _____
20. 나는 어떤 일이 잘 풀리면 다른 일도 잘 풀릴 것이라고 생각한다.   _____
21. 상황이 나아져도 나는 긍정적인 변화를 인식하기가 힘들다.   _____
22. 작은 부정적인 변화도 큰 부정적인 변화처럼 느껴지곤 한다.   _____
23. 나는 시도하기 전에 그 일이 잘될 것인지 확실히 알아야 한다.   _____
24. 나는 자신을 위한 일을 하기 전에 오래 망설이곤 한다.   _____
25. 나는 내 결정이 옳다고 다른 사람이나 나 자신을 설득하는 것이 중요하다.   _____

러 요소들을 나타낸다.

다음 답변을 살펴보자. 1~7번 문항은 자신이 제공할 것이 많고, 보람을 느낀 경험이 많으며, 앞으로도 긍정적인 경험을 할 수 있으리라는 믿음을 나타낸다. 이것은 일을 잘 해결할 능력이 있다는 믿음과 자신감을 반영한다.

8번 문항은 상황이 예측 불가능하다는 인식, 변화에 더 조심스러울 수 있다는 인식을 반영한다. 9번과 10번 문항 역시 결정을 내리거나 변화를 선택하는 데 저항할 수 있음을 나타낸다. 11번과 12번 문항은 얻은 것에 집중하는지, 잃은 것에 집중하는지, 즉 결정을 내릴 때 결과가 얼마나 중요한지를 반영한다.

13번 문항은 긍정적인 결과에 얼마나 만족감을 느끼는지, 즉 그 결과가 자신에게 얼마나 가치 있는지를 반영한다. 14번 문항은 자신의 결정에서 비롯된 성과에서 자신의 역할을 과소평가하는 경향을 반영한다. 15번과 16번 문항은 실망스러운 결과에 자신을 탓하는지 다른 곳에 책임을 돌리는지를 보여준다. 17~20번 문항은 자신의 결정에서 비롯된 결과를 인생에서 일어날 다른 일에 일반화하는 경향을 반영한다.

21과 22번 문항은 긍정적인 것을 대단치 않게 생각하고 부정적인 것의 영향을 과장하는 경향을 반영한다. 23~25번 문항은 과감한 도전 전에 정보를 수집하고 결정을 지지하는 확신을 얻기 위해 오랜 시간을 투자하는 성향을 반영한다.

이 설문은 당신이 후회할 수 있는 결정을 내리는 방법과 후회에 대한 예상이 당신의 결정 방식에 어떤 영향을 미치는지 간단히 파악하게 해준다. 이 설문에서 자신을 어떻게 발견할 수 있는지 좀 더 자세히 살펴보자.

- 무언가를 결정한 뒤, 그것을 과대평가하거나 과소평가하는 경향이 있는가? 예를 들어, 후회할 가능성 때문에 모든 변화를 두려워할 정도로 자신감이 부족한 경우가 있다. 자신감이 과해서 위험하고 극히 비합리적인 위험을 감수할 수도 있다. 두 가지 극단 모두 필요하거나 적절한 것보다 더 많은 후회로 이어진다.

- 자신의 효율성이나 역량에 대해 어떻게 느끼는가? 자원이 거의 없고, 인생에 즐거움과 의미를 가져다주는 긍정적인 원천이 거의 없으며, 더 나은 일을 일어나게 할 능력이 부족하다고 생각하는가? 그렇다면 당신은 손실로부터 회복할 능력이 없다고 생각하고 인생에 도전적인 과제를 맡지 않으려 할 것이다. 이렇게 효능감과 자신감이 없다면, 의지할 곳이 없다고 생각하기 때문에 부정적 결과를 압도적인 재앙으로 볼 것이다. 손실을 극복할 능력이 없다고 생각하기에 당신은 후회를 곱씹는다. 돈이 없는 사람이 내기에 진 뒤 남은 돈이 없다는 사실을 발견하는 것과 비슷하다. 이와 정반대로, 자신이 대단히 유능하고 현명하기 때문에 어떤 차질도 극복할 수 있다고 생각하면서 어떤 문제가 발생하든 처리할 수 있다고 자신의 능력을 과대평가할 수도 있다. 이런 과신은 능력 이상의 일에 달려들어 회복할 여지를 남기지 않았다는 사실로, 후회하는 결과로 이어질 수 있다. 우리는 자존감을 높이고 싶어 하는 경우가

많기 때문에 많은 사람들이 자신이 지나친 자신감을 품는다는 점을 깨닫지 못하곤 한다. 하지만 목표는 모든 것이 잘될 것이라는 과장된 자존감이 아닌 현실적인 자존감이 되어야 하며 이를 위해서는 자신에게 솔직해야 한다.

• 삶이 예측 가능해 보이는가? 인생을 예측할 수 없다면 자신의 예측 능력에 대한 자신감이 적기 때문에 결정을 망설이게 된다. 결과적으로 변화를 피할 가능성이 높다. 변화는 당신에게 손실과 후회로 가득한 미지의 영역이기 때문이다. 변화를 위해서는 더 많은 정보가 필요하다고 느끼기 때문에 확신을 얻길 기대하면서 무한정 기다린다. 불확실성을 견디지 못하기 때문에 우유부단함은 점점 악화된다. 확신이 없으면 후회할 것이라고 믿기에 현재에 갇혀버린다. 반면에 미래를 명확하게 보고 자신의 직관과 직감 이외에 그리 많은 정보가 필요 없다고 믿으면서 자신의 능력을 과대평가할 수도 있다. 이는 이후 명백해 보이는 것에 당혹감을 느끼면서 나중에 자신감을 다스리고 참지 못한 것을 후회하는 상황으로 이어진다.

• 어느 정도의 위험을 감수할 의향이 있는가? 어떤 위험도 용납할 수 없다고 생각하면, 결과가 어떻게 될지 확실히 알아야 한다. 그런 확신 없이 결정을 후회할 것이라고 생각한다면, 각각의 결정에 엄청나게 신중을 기하는 접근으로 결정을 몇 년씩 미루고 필요한 변화를 피하는 경향을 보일 것이다. 반대로 직면한 위험을 과소평가하고 불필요한 위험을 감수하면, 나중에 심각한 부정적인 결과에 직면하는 상황을 계속 반복하게 된다.

- 얻을 수 있는 것이 더 중요한가, 잃을 수 있는 것이 더 중요한가? 경쟁이 치열한 세상에서 진전을 이루고, 상황을 개선하고, 이기기 위해 집중하는 사람들이 있다. 반면, 손실과 패배, 굴욕을 피하는 데 더 집중하는 사람들도 있다. 전자는 결코 만족감을 느끼지 못한 것을 후회하고, 후자는 기회를 잡지 못한 것을 후회한다.

- 성취를 비롯한 경험에서 얼마나 보람을 느끼는가? 삶에서 자신이 만들고 경험하는 것에 가치를 두고 즐거움을 느끼는가? 그 보상이 정말 보람을 준다면 합리적인 보상을 위해 합리적인 위험을 감수할 준비를 갖춘 것이다. 그러나 이런 보상이 공허해 보이거나, 노력을 기울여 위험을 감수할 가치가 없다면 변화를 피하게 될 것이다. 쉽게 우울감에 빠지는 사람이 보상이 전혀 즐거움을 주지 않는다고 생각하는 이유는 실제로 삶에서 즐거웠던 일을 잊어버리기 때문이다. 이런 사람은 보상을 추구하기 위한 노력에 가치가 없다고 생각한다. 반대로, 어떤 경험의 보상을 과대평가하는 경우에는 그런 경험을 얻기 위해 지나치게 큰 위험을 감수한다. 결과의 긍정적인 성격을 과장해서 초래되는 부정적인 결과를 후회할 수 있다는 사실은 인식하지 못하고 말이다. 경험의 보상은 오래가지 않기 때문에(우리는 가진 것에 익숙해지는 경향이 있다) 목표를 달성할 때마다 얻는 즐거움이 예상보다 적어지면서 점점 더 많이 얻기 위해 계속해서 위험을 감수하게 된다.

- 결과가 좋지 못할 때는 자책하는가, 실망에서 배움을 얻는가,

좋지 않은 결과를 완전히 무시하는가? 자기비판은 후회를 더할 뿐이지만, 실망을 인식하거나 예상하지 못하면 경험에서 배움을 얻어 성장한 지혜로 다음 도전으로 나아가는 일을 할 수 없다. 부정적인 결과에 대해 잘 풀리지 않는 모든 것을 관련 없는 일로 치부하는 대응만을 고수한다면 실수로부터 배움을 얻지 못하고 따라서 나중에 후회할 결정을 점점 더 많이 하게 된다. 자기비판과 자기 수정의 차이를 아는 것이 중요하다. '실수'를 장래의 성과를 개선하기 위한 정보 수집의 방법 중 하나로 여긴다면 수정을 통해 교훈을 얻을 수 있다.

• 일이 잘 풀리지 않을 때 얼마나 좌절하는가? 일이 잘 풀리지 않을 것 같은 신호를 찾아서 과제를 고수하지 않고 빨리 포기하는 사람은, 끈질기게 과제에 매달렸다면 성공할 수 있었다고 후회한다. 하지만 잘못된 행동 방침을 계속하면 더 나쁜 결과를 초래해 후회를 키우는 꼴이 되기에 손해를 줄이는 일이 가장 유용한 전략이다. 해로운 후회를 최소화하는 데에서 가장 중요한 것은 매달릴 때와 놓아줄 때를 알고 균형을 찾는 일이다.

• 결정하는 데 시간이 얼마나 필요한가? 준비가 안 되었다고 느끼거나 올바른 선택을 하기에는 정보가 충분하지 않다고 생각해 결정을 미루는 사람들이 있다. 이런 경향은 정보(일부는 관련이 없을 수도 있다)를 수집하고 확신을 얻는 데 엄청난 시간을 필요로 한다. 정보의 탐색이 부정적인 쪽으로만 치우치는 경우도 있다. 변화를 거부할 이유만 찾으면서 결정에 대한 장단점을 폭넓게 보지 않는 다. 정보와 확신에 대한 이런 과도한

요구는 변화에 수반되는 기회를 놓치는 결과로 이어진다. 또한 끝없는 기다림은 나중에 후회를 키울 수도 있다. 반대로, 마땅한 주의를 기울이지 않아서 직면할 수 있는 상황에 충분한 지식 없이 결정을 내리면, 그 결정을 검토하는 데 시간을 더 투자하기만 한다. 그러고는 큰 불행을 막을 수 있었음을 깨닫고 결과를 후회하게 된다.

결정하는 방식은 저마다 장단점이 있다. 어떤 결정은 다른 결정보다 훨씬 더 많은 주의와 확인이 필요할 수 있다. 예를 들어, 뇌수술을 결정하려면 노련한 외과의사의 두 번째, 세 번째 의견을 들어야 하겠지만, 어떤 영화를 볼지, 어떤 음식을 주문할지, 어떤 넥타이를 살지 결정할 때라면 몇 시간에 걸친 조사는 가치가 없다. 자신의 결정 방식을 평가하면 특히 문제가 되는 부분과 그 이유를 파악하는 데 도움이 된다.

좋은 결정은 완벽함이 아닌, 명확하지만 현실적인 목표에 기반을 두어야 한다. 대가나 비용이 없는 공짜 점심을 찾을 것이 아니라 정보의 경중을 가려야 한다. 위험이 전혀 없는 선택지를 찾을 것이 아니라 불확실성과 실패의 가능성을 받아들여야 한다. '실수'나 '부정적인 결과'를 미래의 결정에 정보를 제공하는 실험으로 취급해야 한다. 당신의 감정은 중요하다. 당신이 어디에 가치를 두는지 알려주기 때문이다. 하지만 감정은 충동적으로 행동하게 만들거나, 위험과 위협을 지나치게 두렵게 만들기도 한다.

양쪽 모두에 해당되는 경우도 있다. 또한 생각하는 의사결정 종

결정 방식의 형태

다음에 제시하는 결정 방식의 차원을 살펴보고 각 항목에서 당신이 인생에서 중요한 결정을 내리는 방식이 어디에 가장 가까운지 스스로에게 질문한다. 나를 묘사하는 항목에 표시한다.

1) 위험 선호 ☐   위험 회피 ☐

2) 낙관적 ☐   비관적 ☐

3) 충동적 ☐   망설임 ☐

4) 승리를 목표로 한다 ☐   손실 회피를 목표로 한다 ☐

5) 많은 정보가 필요하다 ☐   직관이나 직감에 더 의존한다 ☐

6) 손실을 받아들일 수 있다 ☐   손실이 치명적으로 느껴진다 ☐

류에 따라 답이 달라지기도 한다. 각 차원의 극단은 문제 행동이 될 수 있음을 명심하라. 하지만 결정 방식이 당신이 경험하는 문제적 후회에 정확히 어떤 영향을 미치는지 결정하는 정확한 공식은 없다. 정답도 오답도 없으며 모든 것에서 가장 중요한 것은 균형이다.

결정 방식의 형태를 하나씩 살펴보기로 하자.

1. 위험 선호적인가, 위험 회피적인가?

예를 들어, 위험을 감수하는 자발성을 생각해보라. 위험이 흥미롭게 느껴지는가 두렵게 느껴지는가? 위험을 어떻게 생각하는지 몇 가지 사례를 찾아보라. 새로운 일자리를 구하는 것은 어떤가? 직장에서 일이 잘 안 풀리면 인생이 망가질 것이라고 예측하면서 매우 위험한 일이라고 생각할 수도, 직장에서 일이 잘 안 되면 언제든 그 직장을 그만두고 다른 직장을 찾을 수 있다는 생각으로 이 결정에 임할 수도 있다. 위험을 선호하는 사람은 역효과를 부를 수 있는 대단히 위험한 결정을 내릴 수 있다. 반면, 위험을 극도로 회피하는 사람은 변화를 두려워한 결과, 나중에 더 나은 삶을 살 수 있었을 선택을 피한 것을 후회할 수 있다.

2. 낙관적인가, 비관적인가?

어떤 일을 예상할 때 보통 그 일이 잘 풀리지 않는다고 생각하는가? 예를 들어, 새로운 일자리를 구하는 결정에 부정적인 전망으로 접근한다면, 그 직장이 형편없다는 판단을 내릴 수 있다. 다른 사람은 무척 보람 있는 일이 될 것이라고 예상할 수 있다. 지나치게 낙관적인 사람도 있다. 일의 잠재적인 단점을 과소평가할 수 있다. 지나치게 비관적이어서 어떤 변화도 너무 위험하다고 생각하는 사람도 있다. 어떤 스타일이든 극단은 더 많은 후회로 이어진다.

3. 충동적인가, 주저하는가?

충동을 살펴보자. 충동적인 선택이 성공하는 경우도 있다. 첫 만남에서 그 순간 충동과 욕구를 기반으로 사랑에 빠진다고 가정해보자. 상대가 좋은 인생의 동반자일 수도, 그렇지 않을 수도 있다. 지나친 망설임 역시 후회로 이어질 수 있다. 계속 기다리고, 확신을 찾으려 하고, 모든 변화를 의심하다가 기회를 놓쳐 후회할 수 있다. 배우자나 일자리에 대한 결정을 계속 미루다보면 상대가 다른 사람을 선택하거나 일자리가 채워질 수 있다. 이후 준비가 될 때까지 기다린 것을 후회하게 된다.

4. 이기는 것이 목표인가, 지지 않는 것이 목표인가?

자신의 의사결정 방식을 살피는 또 다른 방법은 목표가 이기는 것인지, 지지 않는 것인지 자문하는 것이다. 다시 말하지만, 두 방식 모두 상황에 따라 문제 행동이 될 수 있다. 며칠 전 동네 슈퍼마켓에 갔다가 복권을 긁는 여성을 보았다. 그녀는 분명 이기기 위해 게임을 하고 있었다. 하지만 코네티컷주에서 파워볼 복권에 당첨될 확률은 2억 9,200만 분의 1이다. 그녀는 그 한 사람이 되기를 기대했다. 스펙트럼의 반대쪽 극단에는 평생 모은 돈을 현금으로 보관하는 사람이 있다. 이 사람은 주식 시장의 조정이나 부동산 불황으로 돈을 잃지 않겠지만 장기적으로는 인플레이션 때문에 손해를 볼 것이다. 당신이 적절하다고 생각하는 균형은 무엇인가? 지지 않는 것을 목표로 하는 사람들은 후회를 겁내지만 결국 시간이 흐르면 평균에 미치지 못한다. 그들이 잃는 것은 가지 않은 길로의 문이 닫히면서 잃게 된 기회다.

5. 정보인가, 직관인가?

결정을 내리기 전에 어떤 정보를 필요로 하는가? 후회 지향적인 사람들은 엄청난 정보(모든 정보가 관련성이 있는 것은 아니다)를 필요로 한다. 이들은 정보가 많을수록 더 나은 결정을 내릴 가능성이 높다고, 일이 잘 풀리지 않더라도 마땅한 주의를 기울였기 때문에 후회를 덜 한다고 생각한다. 하지만 정보 수집에는 시간이 걸리며, 모든 정보가 항상 관련 있는 것은 아니다. 실제로 후회 지향적인 사람들은 종종 변화를 막는 정보 쪽으로 편향되어 변화에 찬성하는 긍정적인 정보를 무시하거나 과소평가하는 경우가 많다. 또한 정보를 오래 수집할수록 기회를 놓칠 가능성은 높아진다. 연인에게 청혼을 고려하던 남성이 정말 제 짝인지 파악할 때까지 청혼을 미뤘다고 가정해보자. 몇 달 뒤, 그녀는 그를 포기하고 다른 상대를 찾기로 결정했다.

강박적인 정보 수집과 정반대로, 직감과 직관에 따라 행동하는 사람도 있다. 이런 직관적 의사결정에는 강한 감정적 만족감이 뒤따르지만, 이것은 오늘은 운수가 좋을 것 같다면서 카지노의 포커 테이블에 앉는 것과 다를 바가 없다. 당신의 행운은 당신의 직감이 아닌 당신의 패에 따라 결정된다.

6. 손실을 참을 수 있다고 생각하는가, 재앙이라고 생각하는가?

또 다른 의사결정 방식은 손실의 수용성에 대한 믿음을 반영한다. 연애나 투자가 잘 풀리지 않더라도 살아남을 수 있을까? 다른 상대, 다른 투자, 다른 기회를 찾을 수 있을까? 매력적인 다른 상대의 마음을 얻을 수 있다고 믿는 사람들은 연인에게 질투심을 덜 느낄 수 있다. 하지만 다른 사람을 찾는 일이 힘들다고 생각하는 사람은 이 관계의 종말을 재앙처럼 느낄 수 있다. 대비책(손실에 대처하는 방법)이 있다면 중압감을 덜 느끼면서 결정할 수 있다. 이런 대비책은 일이 잘 풀리지 않을 경우에 후회를 줄이거나 없애는 데에도 도움이 된다.

타고난 것일까, 바꿀 수 있을까

후회는 결과를 설명하는 방식과 관련되는 경우가 많다. 더 잘 알았어야 했다고 생각하면 자신을 탓할 가능성이 높다. 일이 어떻게 돌아가는지 설명하는 방식에는 여러 차원이 관여한다. 모든 후회가 잘못된 결정, 즉 적절한 때, 적절한 상황에 맞는 적절한 위험 수준을 달성하지 못한 데에서 비롯되지는 않는다. 충분히 고려한 결정이 실망스러울 때도, 당신이 할 수 있는 일이 많지 않을 때도 있다. 자신에게 해로운 방식으로 후회를 느끼는지는 일어난 일을 설명하는 방식에 좌우되는 경우가 많다.

후회에는 종종 이런 자기비판적 요소가 포함된다.

"내가 그런 결정을 내리는 바보라니 믿을 수가 없어."

성공과 실패를 자신에게 설명하는 방식은 자기비판적 사고와 절망감에 엄청난 영향을 미친다. 예를 들어, 실패를 자신 능력 부족으로 설명한다면 우울감, 무력감, 자기비판적 감정을 느낄 가능성이 크다. 스스로에게 멍청하거나 무능하다는 낙인을 찍는다. 그러나 실패의 원인을 너무 어려운 일이었다거나 운이 나빴다고 설명하면 좌절감과 자기비판적 감정을 느낄 가능성은 낮아진다. 후회할 위험의 핵심 요소는 이것이다.

"누구라도 제대로 할 수가 없는 일이야."

반대로 성공을 자신의 능력이나 노력 때문이라고 설명하면 미래에 자신감과 용기를 얻을 가능성이 높다. "다음에는 더 열심히 노력해야지"라고 말할 수 있다. 당신은 성공과 실패를 어떻게 설명하는가? 이것이 결과에 대해 후회할 가능성, 미래의 후회를 예상할 가능성에 얼마나 영향을 준다고 생각하는가?

당신이 얼마나 후회를 경험하는지는 실패가 자신의 내면적이고 쉽게 변치 않는 어떤 요인(능력 부족과 같은) 때문이라고 생각하는지에 따라 달라진다. 이것이 특정 과제에만 국한되었는지 아니면 많은 과제에 걸쳐 일반적인지에 따라 다르다. 예를 들어, 화학 시험을 망쳤다고 해보자. 이것이 당신의 능력 때문일까, 아니면 노력 때문일까? 능력은 내면적이고 쉽게 변치 않는 것(당신은 능력이 변하지 않는다고 생각한다)인 반면, 노력은 내면적이지만 당신이 바꿀 수 있는 가변적인 특징이다.

노력은 능력보다 더 쉽게 바꿀 수 있다. 또한 형편없는 점수를 화학뿐만 아니라 다른 많은 과목에서도 마찬가지로 받는다고 생각하면 좌절감을 느낄 가능성이 높다. "나는 어떤 시험에든 좋은 성적을 받을 리 없어"라고 결론을 내리는 것과 같다. 실패를 이렇게 일반화하는 방식으로 설명하면 무력감은 커진다. 어떤 과제에서 실패했다고 운이 나빠서라고 믿으면 운이 바뀔 수 있다고 생각해 자신을 비판하지 않을 수 있다. 하지만 불운을 개인적 특성(늘 자신을 따라다니는 것)이라고 생각하는 사람들도 있다.

"내가 그렇지. 내게는 익숙한 일이야. 난 저주를 받은 게 틀림없어."

과제의 성공을 설명하는 자신의 스타일에 대해서도 생각해보자. 어떤 일에 성공했을 때 그것이 자신의 능력이나 노력 때문이라고 생각하는 편인가? 아니면 그저 운이 좋아서라고 생각하는가? 예를 들어, 많은 유능한 사람들이 "그냥 운이 좋았어요"라면서 자신의 성공을 겸손히 평가 절하한다. 운이 인생의 일부임은 사실이지만, 성공을 운의 산물로 설명하는 경향은 자신감을 약화시킬 수 있다. 운은 당신이 통제할 수 없고 자신의 공로로 인정할 수 없기 때문이다. 자신감은 정기적으로 돈을 넣는 투자 계정과 마찬가지다. 운이라고 치부하지 않고 자신에게 공을 돌리면 통제력과 자신감이 늘어난다.

삶의 영역에 따라 성공과 실패를 다른 방식으로 설명하기도 한다. 연애에서 일이 잘 안 풀릴 때, 이 '실패'를 설명하는 상대적으로 변치 않는 무언가를 생각하는가? 아니면 특정 사람과의 특정 관계에서의 어떤 문제 때문이라고 생각하는가? 어떤 실패가 영구적인 능력 부족 때문이라고 생각하는가, 아니면 특정 과제(대부분의 사람들에게 너무 어려운 과제) 때문이라고 생각하는가? 이제 성공과 실패에 대한 당신의 설명이 자신을 격려할 수도, 좌절하게 만들 수도, 후회를 키울 수도, 자책감을 덜 수도 있음을 알 수 있지 않은가? 때로는 운이 좋지 않은 경우도 있다. 하지만 운은 바뀔 수 있다.

후회는 이것과 관련될 수 있다. 어떤 일이 잘 풀리지 않을 때 당신에게 여러 상황에 해당되는 영구적이고 고정적인 결함이 있다고 생각한다면, 자신의 결정과 결과를 후회할 가능성이 높다. 그러나 상황을 생각하고 그 결과를 바꿀 수 있고 다른 상황에 일반화되지 않는 어떤 것의 결과로 설명하면 후회를 덜 경험하게 된다.

다음에 나오는 양식을 통해 인생의 다양한 영역에서 실패와 성공을 설명하는 자신의 스타일을 확인할 수 있다. 혹시 삶의 특정 영역에서 부정적인 결과가 발생했을 때 다른 영역에서보다 자신을 탓하는 경우가 많은가? 어떤 영역에서는 다른 영역보다 성공의 공로를 자신에게 돌리는 경우가 적은가?

예를 하나 들어보겠다. 제시카는 성공적인 전문직 종사자이며 친구도 많다. 그녀는 외향적이고 남을 배려하며 함께 있으면 즐거운 사람이다. 내가 친구가 많고 전문직에서 성공한 이유가 무엇이냐고 묻자, 제시카는 좋은 친구이고, 상대를 배려하며, 아낌없이 도움을 주고, 편협한 판단을 하지 않는다고 대답했다. 그녀는 자신이 일에서 성공한 이유는 열심히 일하고, 모든 에너지를 목표에 집중하며, 똑똑하기 때문이라고 말했다.

삶의 다양한 영역에서 결과를 어떻게 설명하는가

실패하거나 성공할 때, 삶의 영역에 따라 결과를 다른 방식으로 설명할 수 있다. 실패를 불운, 능력 부족, 노력 부족, 과제의 어려움 때문이라고 설명할 수 있다. 성공은 행운, 능력, 노력, 과제의 용이함의 산물이라고 설명할 수 있다. 인생의 각 영역을 살펴보고 각 설명 옆에 아래 척도의 숫자를 사용해 당신이 실패와 성공을 어떻게 설명하는지 평가해보라.

1 = 전혀 그렇지 않다   2 = 그렇지 않다   3 = 별로 그렇지 않다
4 = 약간 그렇다   5 = 그렇다   6 = 매우 그렇다

삶의 영역	실패를 어떻게 설명하는가	성공을 어떻게 설명하는가
학교	운 _____ 노력 _____ 능력 _____ 어려운 과제 _____	운 _____ 노력 _____ 능력 _____ 어려운 과제 _____
일	운 _____ 노력 _____ 능력 _____ 어려운 과제 _____	운 _____ 노력 _____ 능력 _____ 어려운 과제 _____
연애	운 _____ 노력 _____ 능력 _____ 어려운 과제 _____	운 _____ 노력 _____ 능력 _____ 어려운 과제 _____
교우관계	운 _____ 노력 _____ 능력 _____ 어려운 과제 _____	운 _____ 노력 _____ 능력 _____ 어려운 과제 _____
가족	운 _____ 노력 _____ 능력 _____ 어려운 과제 _____	운 _____ 노력 _____ 능력 _____ 어려운 과제 _____

건강	운 _____ 노력 _____ 능력 _____ 어려운 과제 _____	운 _____ 노력 _____ 능력 _____ 어려운 과제 _____
재정	운 _____ 노력 _____ 능력 _____ 어려운 과제 _____	운 _____ 노력 _____ 능력 _____ 어려운 과제 _____

그녀는 교우관계와 일에서 성공의 원인을 변치 않는 내적인 것(능력과 기술)에 두면서도, 동시에 자신의 노력(일을 잘 하기 위해 많은 에너지를 쏟는 것)에 대한 공로도 인정한다. 하지만 이성관계가 잘 풀리지 않는 이유를 설명할 때 그녀는 자신에게 뭔가 문제가 있다고 말했다. 그녀는 자신이 충분히 매력적이지 않거나, 너무 나이가 들었거나, 충분히 흥미롭지 않다고 생각했다. 이렇게 변치 않은 내적 요인으로 실패를 설명하는 태도는 그녀가 앞으로 가질 수 있는 모든 관계에 일반화된다. 그녀는 이성관계에서 무력감을 느낀다.

극대화주의자인가, 만족주의자인가?

이제 의사결정 과정의 다른 부분을 검토할 것이다. 하지만 그에 앞서 극대화주의와 만족주의라는, 많은 사람에게 중요한 차원 하나를 고려할 필요가 있다. 이것은 결정할 때 필요로 하는 광범위한 가정을 나타낸다. 극대화주의는 결과에 대한 일종의 완벽주의로, 건전한 높은 기준을 표현한다고 생각할 수 있지만, 지나치면 당신으로부터 현실 세계에서 살아갈 기회를 빼앗을 수도 있다.

몇 년 전 가끔 점심을 함께 하던 동료가 기억난다. 그는 메뉴판을 보며 여러 선택지를 비교했다. 점심시간이 충분치 않았기 때문에, 동료가 메뉴를 훑어보는 동안 기다리는 일이 조금 짜증스러웠다. 그는 삶의 많은 일에서 고심하는 스타일이었다. 식사 메뉴, 호텔 방, 사람들이 자신을 대하는 태도 등 어느 것에든 만족하는 경우가 드물었다. 우리는 이런 사람을 '극대화주의자'라고 부른다. 그가 여러 선택지를 생각하는 동안 나는 참치 샌드위치면 충분하다고 생각했다. 내게는 점심식사를 주문하는 일은 세심한 주의가 필요하지 않았다.

최대의 결과, 최고 중에서도 최고의 결과를 얻으려 하고 그에 못 미치는 것에서는 끝낼 생각이 없는 사람이 있다. 이런 차원에 따라 사람들을 극대화주의자와 만족주의자로 나눌 수 있다. 만족주의자에게는 완벽한 결과가 필요치 않다. 그들은 만족하는 지점을 찾는다.

옆의 '극대화 설문'을 보고 각 질문에 가능한 정확하게 답해보라. 설문지를 어떻게 작성했는지 검토하면서, 자신이 이상적인 결과에 가까워지는 극대화에 지나치게 집중하는 것은 아닌지 생각해보자. 극대화 경향이 있다면, 후회가 많고, 결정을 내리기 위해 더 많은 정보를 필요로 하며, 우유부단할 가능성이 높다. 또한, 삶의 일부 영역에서는 극대화주의자이지만 다른 영역에서는 그렇지 않을 수도 있다. 당신은 일이나 인간관계에서는 극대화주의자이고, 삶의 다른 영역에서는 그렇지 않은 사람인가?

극대화 설문

각 진술을 주의 깊게 읽고 자신이 보통 생각하거나 행동하는 방식을 가장 잘 묘사하는 답을 찾는다.

1 = 전혀 그렇지 않다   2 = 그렇지 않다   3 = 별로 그렇지 않다
4 = 약간 그렇다   5 = 그렇다   6 = 매우 그렇다

1. 나는 항상 최고 중의 최고를 원한다. _____
2. 원하는 것에 못 미친다면 만족하는 것이 힘들다. _____
3. 만족감을 느끼기 어렵다. _____
4. 나 자신을 적게 가진 사람들보다 많이 가진 사람들과 비교한다. _____
5. 최고를 원하기 때문에 결정하는 데 긴 시간이 필요하다. _____
6. 선택지를 비교하면서 기존의 것들보다 더 나은 선택지가 있다고
   생각한다. _____
7. 더 나은 선택지가 나타날 수 있다고 생각하기 때문에 결정을
   내리는 것이 힘들다. _____
8. 가능한 최선의 결과를 얻지 못하는 것이 대단히 괴롭다. _____
9. 기준에 못 미칠 때, 만족하는 것을 용납할 수 없다. _____
10. 내가 받아들일 수 있는 절충 지점을 찾기가 힘들다. _____

채점: 모든 점수를 더한 것이 당신의 극대화 점수다. 35점이 넘으면 다소 극대화 경향이 있는 것이고, 45점이 넘는다면 극대화 경향이 강한 것이다.

후회를 후회한다

특정한 가정에 근거해 결정하거나 의사결정 방식의 양극단에 치우쳐 있다면, 필요 이상의 후회를 할 가능성이 높다. A+, 100퍼센트, 1등이 아니면 만족하지 않는 극대화주의자라면 자주 실망하고 후회할 것이다.

이제 결정과 결과를 후회하는 일반적 경향을 알아보자. 다음 페이지의 '후회 설문'을 보고 각 질문에 가능한 정확하게 답하도록 하라. 다시 말하지만 정답이나 오답은 존재하지 않는다.

양식을 작성하고 점수를 더하면 '후회 점수'가 된다. 4점 이상 점수를 받은 진술을 살피고 그 응답을 후회에 취약하다는 신호로 간주하라. 이 책을 다 읽고 활동을 마치고, 몇 달 뒤에 다시 해보라. 그리고 결정, 결과, 후회에 더 잘 대처하는지 살펴보도록 하라.

후회 설문

각 진술을 주의 깊게 읽고 자신이 보통 생각하거나 행동하는 방식을 가장 잘 묘사하는 답을 찾는다. 다음의 척도를 사용한다.

1 = 전혀 그렇지 않다   2 = 그렇지 않다   3 = 별로 그렇지 않다
4 = 약간 그렇다   5 = 그렇다   6 = 매우 그렇다

1. 과거의 결정을 되돌아보고 더 나은 결정을 할 수 있지 않았나 생각한다.   ————
2. 의사결정에 대해 생각하면서 그 결과에 만족 못할 것이라고 걱정한다.   ————
3. 과거의 결정에 대한 생각이 나를 많이 괴롭히는 것 같다.   ————
4. 다른 결정을 내렸다면 내 삶이 어떻게 달라졌을지 자주 생각한다.   ————
5. 과거에 결정을 내렸을 때를 떠올리며 더 잘 알았어야 했다는 생각을 자주 한다.   ————
6. 일이 잘 풀리지 않으면 자책할 것 같아 결정을 내리기 힘들 때가 있다.   ————

채점: 모든 점수를 더한 것이 당신의 후회 점수다. 22점이 넘으면 후회하는 경향이 있는 것이고, 45점이 넘는다면 후회하는 경향이 강한 것이다.

반추:

"후회가 마음속 깊숙이 파고들어"

도움이 안 되는 가정을 기반으로 결정하거나 의사결정 방식에서

극단적인 태도를 취하는 사람이라면, 이런 성향 때문에 후회할 가능성이 높다. 우리는 기대를 충족하는 결과나 실망스러운 결과 앞에서 어떤 결론을 내리게 되면 크게 후회한다. 시간이 지나면 대부분의 결정을 뒤늦게 비판하는 습관을 갖게 되고, 이 때문에 후회가 기본적인 반응이 되기도 한다. 그렇게 우리는 상황을 더 악화시킨다. 후회를 후회하는 것이다.

후회의 중요한 특징 중 하나는 후회를 곱씹는 경향이다. '어떻게 일을 이 지경으로 만들었을까? 다른 선택을 했다면 어땠을까?'라고 계속 마음속으로 되뇌인다. 이것을 '반추'라고 부른다. "그렇게 하지 말았어야지"라고 보이지 않게 반추하며 자신을 손가락질한다.

후회는 마음속으로 파고들어 자리를 잡곤 한다. 후회의 가장 치명적인 영향은 후회를 되새기는 데서 비롯된다. 어떻게 이런 일이 일어나는 것일까?

감정 완벽주의:
"이런 후회를 해서는 안 돼"

감정 완벽주의는 감정이 항상 긍정적이고 합리적이고 타당해야 한다는 믿음이다. 우리는 슬픔, 시기, 분노, 불안, 외로움과 같은 감정을 원치 않는다. 이런 감정은 예를 들어, 외로움이라는 감정이 느껴지면, 그 불쾌한 감정뿐만 아니라 외로움을 느낀다는 것에 화를 낸다. "나는 절대 슬픔, 외로움, 분노, 무력감을 느껴서는 안 돼"라고 생각하는 것과 비슷하다. 감정 완벽주의는 후회가 없기를 원하는 것이다. 후회를 받아들이지 못 한다.

감정 완벽주의를 추구하는 사람들은 화를 내고 나쁜 감정을 느끼는 것을 슬퍼한다. 그들은 행복해야 하고, 불만스러워서는 안 되며, 모든 것이 항상 명쾌해야 한다고 생각한다. 지루함, 양면적 감정, 실망을 느껴서는 안 된다. 문제는 삶에서 이런 기준을 달성하기란 불가능하다는 데 있다. 감정 완벽주의인 사람은 후회에 직면했을 때 화를 낼 가능성이 더 높다. 품어서는 안 되는 감정이라고 생각하기 때문이다. 이후 그들은 후회가 얼마나 큰지 곱씹고 반추한다. 실망을 받아들이고 가능한 최선을 다하려고 노력하기보다는 다른 사람을 탓한다.

감정 완벽주의는 감정을 받아들이고, 내면에 귀를 기울이고, 거기에서 배움을 얻는 일을 어렵게 만든다. 앞으로 감정 완벽주의가 어떻게 해서 불쾌한 감정을 수용하는 일을 더 어렵게 만드는지 알아볼 것이다.

컨퍼런스에 참석하기 위해 출장을 갈 때면 나는 외로움을 느낀다. 그곳에서 많은 친구들을 만나는데도 말이다. 외로움을 느끼는 이유는 아내가 그립기 때문이다. 하지만 나는 아내를 그리워하는 사람이 되고 싶다. 그 대가가 외로움이다. 외로움은 삶에 수반되는 자연스러운 감정이다.

후회는 충만한 삶을 살 때 피할 수 없는 감정 중 하나다. 후회하지 않는 사람은 자신에게 정직하지 않거나 인생이라는 게임의 플레이어가 되지 않겠다는 뜻이다. 후회로부터 도망칠 수는 없다. 항상 좋은 선택을 할 수도 없다. 하지만 감정 완벽주의자는 그런 일이 가능하다고 생각한다. 그런 태도는 후회를 부채질하고, 위험 감수를 더 두려워하게 만들며, 앞으로 한 발짝도 떼지 못하게 할 것이다. 그리고 시간이 흐르면 그 일을 후회하게 될 것이다.

실존적 완벽주의:
"나는 이상적인 삶을 살아야 해"

후회에 기름을 붓는 또 다른 유형은 실존적 완벽주의다. 이는 이상적 삶이라는 근거 없는 믿음에 기반을 둔다. 여기에는 "내 삶은 항상 성취가 따라야 한다", "내가 하고 싶은 일만 해야 한다", "나는 항상 행복해야 한다", "내 인간관계는 모든 면에서 훌륭해야 한다", "내일은 결코 지루해서는 안 된다"라는 신념이 포함된다. 실존적 완벽주의의 결과는 불만족 증후군Dissatisfaction syndrome이다. 좀처럼 만족 못하고, 상황이 더 나아져야 한다고 생각하고, 어떻게 하면 상황이 더 나아질지 끊임없이 생각하며, 불평을 이어가고, 기준에 못 미치는 것에는 만족할 수 없다고 고집을 부린다.

뛰어난 학벌을 가진 한 젊은이가 자기 일에 불평을 했다. 성취감을 느낄 수 없다는 이유였다. 그는 그 일을 택한 과거를 후회했고, 정말 흥미롭고 근사하고 세상을 떠들썩하게 할 기회를 놓쳤다고 생각했다. 그는 지루함, 짜증스러운 상사, 긴 근무 시간을 참을 수 없었다. 그는 이상적인 배우자와 함께하는 삶을 꿈꾸었고, 그가 꼭 필요하다고 생각하는 것(완벽주의, 만족감, 편안함)을 못 누려서 후회했다.

성배 사고방식Holy grail mentality, 즉 완벽한 삶을 여는 비밀 열쇠가 있다는 생각은 완벽한 행복을 추구하는 것과 같다. 이런 사고방식은 당신을 비참하게 만들 뿐이다. 인생은 행복하고 성취감을 느끼게끔 설계되지 않았다. 인생은 설계된 것이 아니다. 인생이란 당신에게 그저 일어나는 일이며, 당신 자신과 다른 사람들을 위해 당신이 선택하는 과정일뿐이다.

삶을 이상적으로 생각하는 사고는 모든 일이 자기 생각대로 되어야 한다는 특권 의식과 연관된다. 하지만 세상 일은 절대 뜻대로 되지 않는다. 이상적인 삶, 완벽한 감정과 관계란 존재하지 않는다. 인생에는 온갖 다양한 감정이 존재한다. 우여곡절이 있으며 불공평하고 비참한 상황도 종종 발생한다. 인생이 이러저러해야 한다는 기대나 욕구는 후회를 키울 수 있다. 후회란 늘 당신이 필요하다고 생각하는 것과 현재를 비교하기 때문이다.

실존적 완벽주의를 추구하는 사람이라면, 후회를 다루는 방법에 대한 책이 아닌 공상 과학 소설을 읽어야 한다. 어떻게 아느냐고? 당신은 물론 다른 어떤 사람도 완벽한 삶을 가져보지 못했기 때문이다. 아무도 가져보지 못했는데 당신에게는 필요할까? 우리는 각자의 삶을 살아야 한다. 그 가운데 후회가 삶의 일부임을 알아야 한다. 그저 우리 목표는 후회가 삶을 집어삼키지 않도록 하는 것뿐이다.

후회는 온전한 삶의 한 부분이다. 옷장에 가득한 옷 중에 가끔 후회가 가득한 정장을 입어보는 것과 마찬가지다. 하지만 선택은 당신의 몫이다. 그 옷을 옷장에 다시 넣고 다른 옷을 입어볼 수 있다. 다른 가능성과 생각, 행동을 시도해볼 수 있다.

후회는 선택지 중 하나다. 유일한 선택지가 아니다.

후회의 심리학

+ 이기기 위해 게임을 하는가 잃지 않기 위해 게임을 하는가?

+ 후회의 가장 치명적인 영향은 후회를 되새기는 데서 비롯된다.

+ 플랜 B가 있다면 플랜 A를 결정할 때 도움이 된다

+ 때로는 '충분히 좋은 것'이 정말로 필요한 전부다.

+ 후회는 충만한 삶을 사는 데에서 피할 수 없는 감정이다.

+ 때로는 운이 좋지 않은 경우도 있다. 하지만 운은 바뀔 수 있다.

+ 만족주의자에게는 완벽한 결과가 필요치 않다. 그들은 만족하는 지점을 찾는다.

4장

"후회를 피하고만 싶었다"

_위험 인식

위험 선호형인가, 회피형인가?

3장에서는 결정하고 그 결과에 대응하는 방식의 기저인 사고 과정, 태도, 가정을 고려하는 다양한 방법을 제시했다. 이런 탐구에서 발생하는 위험을 알아챘는가? 예를 들어, 의사결정 방식의 한 차원이 '위험에 대한 태도'라고 설명했다. 보통 위험을 선호하는 편인지, 위험을 회피하는 편인지 판단이 되었나? 당신이 어디에 속하는지는 특정 선택을 고려할 때 확실히 드러난다.

'위험 선호형'이라면 어떤 결정이 나쁘다고 할 가능성을 과소평가할 것이다. '위험 회피형'이라면 부정적인 결과의 가능성을 과장할 것이다. 전자의 경우 신중한 고려 없이 행동에 뛰어들 것이고, 후자의 경우 주저하면서 어떤 변화도 일으키지 않을 것이다. 양쪽 다 후회로 이어질 수 있다. 단기적으로는 좋은 결과가 나오지 않은 위험한 결정을, 장기적으로는 놓친 기회를 후회하는 것이 보통이다.

있었을지도 모를 일을 계속 되새기는 사람이라면 마키코의 이야기를 듣고 친숙함을 느낄 것이다. 마키코는 결혼을 생각했지만 자유를 잃고 후회할까 싶어 결혼하지 않기로 결정했다. 결혼하고 갇힌 듯한 느낌과 지루함, 더 매력적인 다른 상태가 나타나도 선택할 수 없으리라고 예상하고 결혼하지 않기로 결정한 수잔의 이야기는 또 어떤가? 이직을 생각했지만 지금 직장 동료를 그리워하거나 이직할 스타트업이 망해서 결국 나이는 먹고 오도가도 못하는 상황에 처할까 봐 지금 직장에 남은 수지의 이야기에 공감하는가? 은퇴 저축을 어떻게 해야 할지 고민하던 말리아는 위험한 주식에 투자할 경우 큰 손실로 이어져 재정적 안정성이 떨어지는 결과를 빚으면서 후회할 것이라고 생각했다. 그렇게 그녀는 위험도가 낮은 투자처에 돈을 묶어두고 낮은 성장률을 받아들여야 했다. 이런 말리아의 이야기가 친숙한가?

누구나 종종 어떤 결정을 크게 후회할 것이라고 예상하고 그 변화를 받아들이지 않기로 선택한다. 하지만 위험을 과대평가하는 패턴에 묶이면, 평생 우유부단하고, 일을 미루고, 매어 있다고 느끼며, 행동하지 않은 것에 엄청난 후회를 하며 살게 될 수 있다.

물론 변화를 시도하지 않을 경우의 위험을 과대평가해 선택을 후회할 수도 있다. 예상되는 외로움을 피하기 위해 결혼을 결정했다가 잘못된 상대를 만날 수도 있다. 친구들이 큰 투자 위험을 감수하며 돈 버는 모습을 지켜볼 자신이 없어 고성장 주식에 지나치게 많은 돈을 투자했다가 결국 큰 손실을 볼 수도 있다. 이런 경우에는 행동한 것을 후회하게 된다.

위험을 과소평가한다면 어떻게 될까? 원하는 만큼 술을 마시고 담배를 피는 사람의 경우, 위험을 정확하게 인식하고, 건강을 해치는 행동을 후회할 것이라고 예상했다면 아마 더 나은 상황이었을 것이다. 혈압 약을 복용하거나 매년 건강검진을 받는 것을 무시하는 사람들도 있다. 위험을 예상 못해서 후회도 예상 못하는 상태야말로 가장 위험하다. 사람들이 위험을 과소평가하는 몇 가지 이유를 이 장의 뒷부분에서 검토하기로 하자.

종종 편견과 과거의 경험이 우리의 판단과 결정에 영향을 준다. 이 장에서는 의미 없는 일이라는 것을 인식하지 못하거나, 생생한 상상력을 발휘해 가능한 재난을 떠올리거나, 확률을 무시하거나, 연쇄 반응이 일어날 것을 예측하면서 위험을 과대평가하지는 않은지 진단할 것이다. 또한 반복적으로 위험에 노출되어 이제는 안전하다고 생각하거나, 일화에 의존하거나, 당장의 기분 전환에만 집중하거나, 군중을 따르면서 위험을 과소평가하는지 여부도 확인할 것이다. 위험을 과대평가하거나 과소평가하는 것 모두 심각한 후회로 이어질 수 있다. 따라서 자신이 위험을 어떻게 측정하는지 이해한다면 후회의 가능성을 줄여나갈 수 있을 것이다.

위험을 과대평가하는
사람의 결정

위험은 사건의 발생 확률을 곱한 값으로 생각할 수 있다. 예를 들어, 당신을 태우고 뉴욕의 JFK 공항에서 시카고 오헤어 공항으로 가는 비행기가 추락할까 두려울 수 있다. 지상을 향해 빠르게 추락하는 비행기에 갇히면 얼마나 끔찍할지 상상할 수 있다. 그런데 일어날 확률은 얼마일까? 우리가 종종 확률을 잘못 인식하는 이유는 문제 있는 신념이나 정보를 기반으로, 미래에 어떤 사건이 발생할 가능성을 감정적으로 추측하기 때문이다.

MIT의 아놀드 바넷은 항공 여행에서 사고가 발생할 확률을 파악하기 위해 미국, 유럽연합, 일본, 호주, 중국, 이스라엘, 캐나다, 뉴질랜드 상업 항공사의 사망자 수를 계산했다. 그 확률은 탑승자 한 명당 3,300만 분의 1이었다.

그러나 확률 파악은 그렇게 간단한 일이 아니다. 우리는 종종 해당 사건 이미지나 정보에 쉽게 접근할 수 있는지에 따라 그 사건의 가능성을 추정한다. 이를 '가용성'이라고 부른다. 정보는 상상 속에서도 쉽게 찾을 수 있다. 그것은 눈앞에 위험한 사건 파일, 즉 지금 쉽게 구할 수 있는 것이 세상 모든 사건을 대표한다고 생각하는 것과 같다. 우리는 위험을 최근의 것, 극적인 것, 쉽게 떠올릴 수 있는 것만을 살피는 경향이 있다.

두 번째 요소는 대표성이다. 위험한 사건이 당신이 하려는 일과 얼마나 관련되는지가 문제다. 이번 주에 비행기로 이동할 계획이 있다면, 비행기 사고를 대표적으로 생각하게 된다. "나는 비행기를 탈 예정이고, 지난번에 비행기 한 대가 추락했다. 따라서 그것은 내가 직면한 위험을 대표한다"라고 생각할 것이다. 그러나 대표성이 가능성은 아니다. 실제 확률은 최근의 것이나 우리가 고려하는 것에 기반을 두지 않는다. 확률은 다양한 사실에 기반을 둔다. 지금부터 위험을 과대평가하는 데 영향을 줄 요인에 대해서 설명하려 한다. 이들을 적절한 관점에서 본다면 과장해서 위험하다는 생각을 멈추고 합리적인 결정을 내릴 수 있다.

실제로 일어나지 않는
'비사건'을 모른다

뉴스에서 "어제 일어난 거의 모든 일은 전날에도 일어났던 일입니다"라고 보도하는 것이 상상이 되는가? 의미가 없는 사건, 공식적으로는 무시해도 되는 사건, 보잘 것 없는 사건이라면? 사실 보잘 것 없는 일이 대부분 실제 사건이다. 그러나 사람들은 비행기가 안전하게 착륙하는 것, 별일 없이 출근하는 것, 소화시킬 수 있는 음식을 먹는 일에 주의를 기울이지 않기 때문에, 이런 사건들을 자신이 안전하다는 증거로 기록하지 않는다.

우리 뇌는 매일 일어나는 사소한 사건이 아닌, 가능한 위협에 초점을 맞춘다. 비사건 위주로 돌아간다. 하지만 불안은 우리를 안전하게 지키기 위해 일상에서 벗어난 변화와 위협을 찾아다닌다. 쥐나 토끼가 주변의 움직임, 변화에 민감하듯 우리도 일어나는 변화를 경계한다. 불안할 때면 변화를 위험으로 간주한다. 모든 것이 어제와 같을 때는 알아차리지 못한다. 그래서 "오늘 우리 지역에는 이례적인 일이 없었습니다. 사람들은 출근했고, 아이들은 숙제를 하지 않았으며, 사람들은 잠을 충분히 자지 못했습니다. 평범한 하루였습니다"

어떻게 위험을 과대평가하는가

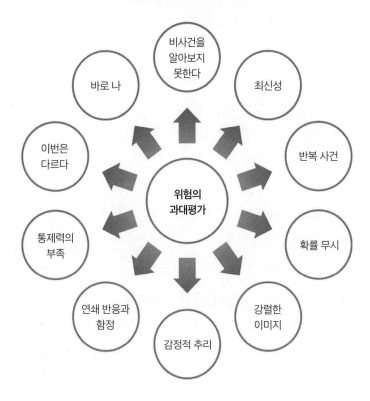

라고 말하는 뉴스를 볼 수 없는 것이다. '변화(위험)'만이 뉴스가 된다. 텔레비전과 영화도 마찬가지다. 주로 강간, 폭력, 살인, 재앙의 세계를 묘사한다.

이러한 비사건을 인지하는 훈련을 하려면, 아무 일도 일어나지 않는 때가 훨씬 많음을 알아차리도록 훈련한다. 15분 동안 동네를 산책하는 것만으로도 위험한 사건이 얼마나 드문지 확인할 수 있다.

이번에는 집, 사람, 자동차, 나무, 주변의 모든 사건을 최대한 자세히 의식해보길 바란다. 대부분의 사람들이 그렇듯, 자주 다녀서 너무 익숙해진 나머지 더 이상 의식하지 않는다. 안전과 규칙성 역시 마찬가지다. 우리는 변화, 움직임, 위험에 귀를 기울이도록 프로그램되었기 때문에 주위에 있는 규칙성은 처리하지 않는다. 이런 실험은 텔레비전에서 하루에 열 건의 살인을 보더라도 실제 생활에서 살인을 목격할 가능성은 대단히 낮음을 보면 알 수 있다.

다시 일어날 가능성이
높다고 믿는다

플로리다로 휴가를 가려던 중에 뉴스를 틀었는데 말레이시아의 비행기 추락 사고가 보도된다. 당신이 탈 비행기는 뉴욕에서 마이애미로 갈 것이다. 이전에도 수없이 비행기를 탔지만 이제 당신은 마이애미 상공에서 비행기 추락 사고로 죽을 수도 있다는 걱정이 든다. 또는 주식 시장이 갑자기 5퍼센트 하락했다는 소식을 들으면 곧 모든 저축을 잃으리라는 결론을 내린다. 무슨 일이 벌어지는 것일까?

우리는 사건의 확률을 판단할 때 최신 효과Recency effect의 희생양이 된다. 둘 다 최근의 일이다. 비행기가 어제 추락했고 주식 시장은 오늘 급락했다. 우리는 최근에 발생한 사건에 과도하게 집중하곤 한다. 이것은 "방금 일어났으니 앞으로도 계속 일어날 거야"라고 생각하는 것과 다를 바 없다. 이런 일이 일어나는 것은 최신 정보를 더 쉽게, 더 많이 접할 수 있기 때문이다. 최신 정보는 우리의 정신적 손이 닿는 곳에 있다.

위험에 더 정확한 관점을 갖는 한 가지 방법은 장기간에 걸친 정보를 살피는 것이다. 오랜 정보를 기반으로 비행기 추락 사고로 사망할 확률을 살피면, 비행기가 가장 안전한 여행 수단임을 알 수 있다. 주식 시장을 길게 보면 보통은 상승세이다. 투자자들은 이것을 '시계(視界)'라고 부른다. 먼 미래까지 보는 것이다. 단기간에 돈을 벌려고 한다면 새로운 인기 종목에 뛰어들 것이다. 투자에서 더 긴 안목을 가진 사람이라면, 자신의 자산 보유를 고려할 것이다.

바로, 한 발 물러서서 가장 최근의 사건보다 더 많은 사건을 고려하는 것이다. 여행, 결혼, 취업, 투자 등 무언가를 하면 후회할 것 같다는 생각이 든다면, 세상 어딘가에서 최근 일어난 나쁜 사건의 소식 때문에 망설이는 것은 아닌지 자문해보라. 이후 최근의 사건은 잠시 한쪽으로 치워두고 당신이 두려워하는 사건의 실제 발생 가능성이 어느 정도인지(장기간에 걸친 과거의 모든 정보를 고려할 때), 변화(뭔가를 실행하는 것)가 지금 느껴지는 것만큼 위험하지 않다고 시사하는 과거가 있는지 생각해보라. 긴 안목으로, 더 많은 정보를 보고, 최근의 사건은 (잠시) 무시하라.

특정 정보를
반복적으로 듣는다

우리는 뉴스에서 위협을 자주 접하며, 이것이 우리로 하여금 위협을 계속 생각하고 다시 일어날 수 있다고 믿게 만든다. 이는 '정보의 가용성'에 영향을 미친다. 우리에게는 위협을 끊임없이 상기시키는 역할을 한다.

〈법과 질서: 특수사건수사대Law and Order: SVU〉, 〈소프라노스The Sporanos〉, 〈블랙리스트The Blacklist〉, 〈피키 블라인더스Peaky Blinders〉 등의 프로그램을 봤다면, 이웃에 살인 사건이나 강간 사건이 많이 발생한다고 생각할 수 있다.

언론계에 "피가 있어야 주목을 받는다"는 말이 있듯 우리는 죽음과 폭력 이미지의 홍수 속에 산다. 교통사고 현장을 지나칠 때면 목을 빼고 볼 수밖에 없는 것이 사람이다. 그렇다면 이렇게 반복되는 끔찍한 뉴스들이 과연 우리에게 그런 끔찍한 일이 일어날 확률을 가늠하는 적절한 척도일까? 추정의 근거를 항상 눈에 들어오는 나쁜 뉴스에 둔다면, 살면서 취하는 모든 행동이 실제보다 더 큰 위험을 안고 있다고 생각할 가능성이 높다.

따라서, 위험과 재난을 강조하는 프로그램이나 뉴스에 대한 노출을 줄인다. 그리고 미디어에서 어떤 유형의 사건을 보는 것이 그런 사건의 발생 가능성을 나타내는 것이 아니라 그 사건에 대한 정보를 얼마나 쉽게 접할 수 있는지 알려주는 것일 뿐임을 상기하도록 한다.

확률을 무시하고
강렬한 이미지에 의존한다

어떤 사람이 두통을 겪고, 부정적인 사건을 과도하게 예측한다고 가정하자. 무엇이 두통을 유발했을까? 어떤 사람은 걱정 끝에 악성 뇌종양이라고 속단한다.

"뇌종양 환자는 두통이 있다지. 나도 두통이 있으니 뇌종양이 틀림없어."

이것은 사건의 실제 확률, 기저율을 무시하는 사례다. 기저율은 현실, 즉 평균을 나타낸다. 기저율은 두통을 겪는 전체 인구 중 뇌종양에 걸린 사람의 비율이다.

이를 바로잡는 생각은, 거의 모든 사람이 한 번쯤 두통을 경험하지만 뇌종양은 대단히 드물다는 점을 상기하는 것이다. 비행기 추락도 마찬가지다. 당신이 아는 비행기를 타본 사람은 얼마나 되는가? 그중에서 추락 사고를 당한 사람은 몇 명인가?

우리는 끔찍한 사건을 시각적 이미지로 봤을 경우, 그 사건이 일어날 가능성이 더 높다고 믿는다. 시각적 이미지는 정서적으로 훨씬 큰 영향을 미치기 때문에 위협을 더 크게 예측한다. 예를 들어, 대학살이나 총격전 영상을 보는 일은 이런 사건을 더 기억에 남게 할 뿐만 아니라 일어날 가능성이 더 높다고 믿게 만든다.

미래 사건을 예상할 때 나쁜 결과의 강렬한 이미지를 그리면 그런 결과를 더 가능성이 높다고 판단한다. 예를 들어, 아내와 별거를 고민하던 한 남성은 몇 년 뒤, 영원히 혼자일 듯한 생각에 혼자 방에서 울고 있는 자신의 모습을 그린다고 이야기했다. 눈물을 흘리고 우울해하는 자신의 모습이 너무 생생한 나머지 그는 정말 자신이 외롭게 살 것이라는 믿음을 갖게 되었다.

어떤 일을 상상하는 것과 어떤 일이 일어날 확률을 아는 것은 다르다. 자동차 보험회사에서는 사고가 났을 때 얼마나 끔찍할지 상상해보라고 하지 않는다. 그저 사고를 겪은 당신과 같은 연령대 사람들의 과거 데이터를 살펴며, 당신의 감정적 이미지가 아닌 그 데이터를 기반으로 보험료를 정할 뿐이다. 다시 말하지만, 우리는 확률 예측의 기반을 정보의 가용성과 정보가 전달하는 감정의 강도에 두는 때가 많다. 부정적인 결과를 과대 예측하면 선택을 후회할 것이라고 예상할 가능성이 높다.

감정적 추리를
사용한다

감정적 추리는 이것이다.

"확률이 얼마인지는 몰라요. 하지만 불안한 마음이 드니까 위험할 게 틀림없어요."

악순환이 이어진다. 비행기에서 불안감을 느끼면 비행이 위험하다고 생각하고, 불안을 가중시킨다. 그 뒤로 비행기를 타지 않기로 결정한다. 당신은 결혼, 여행, 투자, 취업, 새로운 교육의 추구를 망설인다. 그것을 생각할 때 불안감을 느끼기 때문이다.

변화를 시도할 때 느끼는 불안을 정상으로 생각한다면 어떨까? 변화와 불확실성에 직면할 때 불안을 변화 과정의 일상적인 부분이라고 생각해보자. 불안을 무시하고 비용과 혜택, 결과의 발생 확률, 반대급부와 불확실성에 대처할 수 있는 자신의 능력만을 생각한다면 감정을 기반으로 한 결정이 아닌 합리적인 결정을 내릴 수 있다.

예를 들어, 결혼을 불안해하는 한 남성이 내게 "이렇게 불안한데 어떻게 결혼하죠?"라고 물었다. 그는 결혼은 좋다고 인정했지만, 불안하거나 의심이 들면 좋은 결정이 아닐 것이라고 가정했다. 이는 "내가 선택한 것에는 항상 좋은 감정을 가져야 한다"는 일종의 '감정 완벽주의'다. 물론 불안이나 의심이 드는 데에는 그만한 이유가 있을 것이다. 하지만 변화에 대한 결정은 사실과 논리, 현실적인 확률을 기반으로 해야 한다.

또한 자신이 침착하고 자신감이 넘치는 상태라면 그 결정에 어떻게 접근할지 상상할 수도 있다. 감정적 추리에서 물러서면 후회할 가능성이 적은 더 합리적 결정을 할 수 있다.

연쇄 반응과
함정을 예상한다

이직을 고려하는 사람은 그 일이 잘 풀리지 않는 상황을 상상한다. 직장을 잃고, 일자리를 못 구하고, 돈을 다 잃고, 결국 노숙자가 되는 상상을 한다. 이런 부정적 사건의 연쇄 반응은 변화에 대한 두려움을 가중시킨다. 이처럼 결과를 생각할 때 흔히 범하는 오류는 부정적인 사건이 연쇄적으로 일어나 결국 재앙에 이르는 상상을 한다.

학업을 마치고, 임상의로서 일할 때였다. 친구 빌과 내 새 아파트에 놓을 소파를 사러 간 나는 갑자기 심한 떨림을 느꼈다. 나는 빌에게 매장이 춥지 않느냐고 물었다. 빌은 춥지 않다면서 내게 괜찮냐고 물었다. 이후 나는 내 생각을 진단하기 시작했다.

"이건 비싼 소파야. 나는 돈이 많지 않아. 환자가 한 명도 안 올
거야. 결국 파산해서 텅 빈 아파트에 앉게 되겠지. 난방도 안 될
거야."

내 생각이 점점 통제 불능으로 치달아 난방이 안 되는 아파트에
서 벌벌 떠는 내 모습이 떠올랐다. 다행히도, 당시 나는 펜실베이니
아대학교 정신의학과에서 인지행동치료 박사 후 과정을 밟고 있었
기 때문에 그 훈련을 스스로에게 바로 적용할 수 있었다.

첫 번째로, 연쇄 반응의 각 사건이 일어날 가능성이 얼마나 되는
지 조사한다. 내 경우, 그런 부정 생각을 진단하면서 환자들이 나를
찾아올 확률, 개인 병원이 잘 안 될 경우 다른 직업을 얻을 수 있는
확률, 파산하지 않으리란 합리적인 확률이 존재함을 깨달았다. 하지
만 미래를 향한 두려움은 정말 현실적이었고, 이후에는 불확실한 개
업의로서의 생활 때문에 학계를 떠난 일을 후회할 것이라는 예상이
존재했다. 다행히 나는 후회의 결과라는 두려움에 갇혔다고 느끼는
대신, 공황 발작을 무시하고 병원을 차리기로 결심했다.

이런 충격적인 연쇄반응은 변화를 감행하면 함정에 빠지게 된다
는 믿음과 관련 있다. 우리는 때로 갑자기 끔찍한 일이 일어나서 우
리를 비탄에 빠뜨릴 것이라고 생각한다. 여기에는 연인을 믿으면 느
닷없이 배신을 당하고 직장에 헌신하면 회사가 파산할 것이라는 등
의 생각이 포함된다. 집을 사거나 투자를 하면 시장 전체가 붕괴되어

결국 아무것도 남지 않을 것이라는 생각도 있다.

두 번째로, 인간관계, 회사, 시장 등에서 일어나는 극적인 변화는 특이한 경우라고 인식한다. 결정을 내릴 때마다 함정이 있을까 둘러서 가려하면 절대 문을 열고 앞으로 나갈 수 없다.

통제력 부족을
지적한다

위협을 통제할 수 없다고 믿으면 그 위협은 더 크게 인식된다. 예를 들어, 사람이 비행기 추락 사고로 죽을 가능성보다는 자동차 사고로 죽을 가능성이 훨씬 더 높지만, 우리는 "차를 운전할 때는 통제감을 느낀다"라고 말하곤 한다. 그럼 787 제트기 조종석에 앉을 수 있다면 통제감을 느낄까? 우리는 결과를 통제할 수 없다고 믿으며 위험을 예측한다. "나는 회사가 망할지 아닐지에 대해 통제권이 전혀 없다"고 생각하면서 이직의 결과가 나쁘리라고 예상하는 식이다. 결혼을 고려할 때는 "내 배우자가 바람을 피울지 아닐지는 내 통제 범위 밖이다"라고 생각한다.

이를 극복하는 첫 번째 방법은 기준율로 돌아가는 것이다. 비행기를 통제할 수는 없지만, 비행기가 추락할 확률은 0에 가깝다. 통제감은 나쁜 일이 일어날 확률과 동일한 것이 아니다.

두 번째는 새로운 상황의 여러 측면이 당신의 통제 범위 안에 있음을 기억한다. 예를 들어, 이직할 때 일하는 방식, 당신의 태도, 일에 투입하는 노력이 당신의 통제 범위 안에 있다. 또한 그 일자리에 대안을 만드는 것 역시 당신이 통제할 수 있다. 이 일이 잘 풀리지 않을 때 다른 일자리로 이어질 수 있도록 인맥을 만들고 다른 업계를 선택할 수도 있다. 결혼을 약속했을 때는 상대와 소통하고 상대를 지원하는 방식이 당신의 통제 하에 있다.

세 번째는 삶의 다양한 영역에서 당신이 얼마나 많은 통제권을 누리는지 인식하도록 노력한다. 예를 들어, 결혼을 약속할 경우에도 친구, 직업, 여가 활동, 개인적인 성장 등 삶의 다른 영역에 대한 통제권은 여전히 당신 손에 있다. 삶은 복잡하고 다양하며, 당신이 통제할 수 있는 수많은 삶의 영역이 있다. 예를 들어, 이번 주에 당신이 선택할 수 있는 일에는 어떤 것이 있나? 당신은 얼마나 통제권이 있는가? 삶에 대한 통제권이 있는 부분을 인식하면 후회를 예상해 주저할 때 통제력의 중요성을 떠올리는 데 도움이 될 수 있다.

이번에는 다르다고
확신한다

우리는 객관적인 정보를 거부하고 "나도 과거 데이터를 기반으로 나쁜 결과가 나올 가능성이 매우 낮음을 안다. 하지만 이번에는 다르다"라고 말한다. 물론 과거의 모든 증거가 새로운 사건들 때문에 바뀌는 일도 가능하다. 하지만 이것이 위험을 예측하는 일반적인 방법이어서는 안 된다. 생명보험에 가입한다고 생각해보라. 보험회사는 보험 계리표를 보고 당신의 사망 가능성을 판단한다. 당신의 보험료는 흡연 여부, 위험한 활동의 참여 여부, 병력 등에 대한 동일 연령대의 데이터를 기반으로 정해진다. 이것이 보험 업계가 위험을 추정하는 방식이다. 보험회사는 당신을 개인으로 보지 않고 당신과 비슷한 집단의 일부로 보고 그 집단의 확률에 주목한다. 사실 가능성을 추정한다는 자체가 항상 집단에 속한 사람들의 비율에 관한 것이다. 퍼센트는 '백 명 당'이라는 뜻이다. 그것은 집단의 확률이다. 물론 상황에 따라 다를 수 있다(당신이 극도로 운이 나쁠 수도 있다). 하지만 이것은 확률을 무시하고 모든 것을 일어날 수 있는 위험으로 간주하겠다는 말과 같다. 현실적으로라면 "나쁜 일이 일어날 가능성이 얼마나 될까?"라는 질문을 던져야 한다.

그리고 가능성이 아닌 확률을 생각하라. 나쁜 결과를 얻은 사람의 일화를 떠올리는 것도 위험을 잘못 인식하는 방법이다(이 경우 그 사람은 바로 당신이다). 물론 다음 사건이 사람들이 겪었던 이전의 모든 경험과 다를 수도 있다. 하지만 그렇다고 해도 확률은 크게 높아지지 않는다. 확률은 많은 사람들을 대상으로 사건의 발생 가능성을 관찰한 결과에서 도출된다. 언젠가는 "이번에는 다르네"라고 말할 수 있겠지만 그것이 "이번에는 분명이 다를 거야"라는 뜻은 아니다. 확률 계산은 관찰과 기준율을 기반으로 한다. 가능성과 확률은 반드시 구분해야 한다. 훌륭한 의사결정자는 확률을 기반으로 결정한다.

혹시, '가능성'을 제거하려는 것은 아닌지 자문한다. 만약 그렇다면 당신은 절대 변화를 선택하지 않을 것이다. 무슨 일이든 가능하니 말이다. 확실성만을 찾느라 기회를 놓친 일을 후회할 것이다. 기억하라. 이 불확실한 세상에는 확실성이란 존재하지 않는다. 불확실성은 재앙과 동의어가 아니다.

"내가 그 사람이
될 수도 있다"고 주장한다

이번에는 다르다는 믿음과 마찬가지로, 당신이 지독하게 운이 없는 사람, 그러니까 예상했던 일이 실제로 일어나지 않으리라는 모든 객관적인 증거에도 당신이 내린 결정이 결국 나쁜 결정이 되고 마는 그런 사람일 가능성도 물론 존재한다. 하지만 모든 가능한 위험을 염려하며 일상을 살 수는 없지 않은가. 이것은 절대적인 확신과 무위험을 요구하는 의사결정 방식이다.

우선, 불확실성이나 위험이 없는 결정은 없다는 점을 명심하라. 이직했다가 해고될 수도 있다. 결혼을 한 사람은 이혼의 당사자가 될 수도 있다. 주식을 샀는데 그 회사가 쫄딱 망하는 경우도 있다. 자녀가 없어서 인생이 비참해질 수도 있다. 집을 샀는데 집값이 폭락할 수도 있다. 여기에서 던져야 하는 질문은 "내가 그 사람이 될 수 있지 않을까?"가 아니라 "내가 그런 사람이 될 확률은 얼마인가?"이다. 절대 불운의 당사자가 될 가능성이 없어야 후회를 피할 수 있다고 생각한다면 변화를 결정할 수는 없을 것이다. 그리고 이후에는 그 일을 후회하게 될 것이다. 아무것도 하지 않는 것도 후회할 수 있다는 점을 명심하라.

러시안 룰렛과 같은 위험 과소평가

위험을 과대평가하면 인생에서 어떤 결정을 내리거나 변화를 주려 할 때 마비 상태에 빠질 수 있다. 모든 것이 재앙으로 이어지는 듯 보인다. 시간이 지나 과거를 돌이켜보면서 어떻게 그런 많은 기회를 놓쳤느냐고 자문할 것이다. 하지만 위험을 과소평가하는 것 역시 문제가 될 수 있다. 오히려, 위험을 과소평가할 때는 더욱 치명적인 결과로 이어질 수 있다.

앞서 언급했듯이, 이런 경우 중요한 치료를 받지 않거나, 한 끼 식사에 월급을 다 쓰거나, 낯선 사람과 성관계를 갖거나, 무모한 운전을 하는 등 후회가 훨씬 더 빨리 찾아올 수 있다. 우리는 왜 위험을 과소평가할까?

우리가 위험을 과소평가하는 흔한 요인을 이제 살펴보자.

총알이
한 발뿐인 것처럼

흡연, 음주, 안전벨트 미착용과 같은 행동은 오래 할수록 위험하다는 신호를 못 받는다. 실제로는 반복 노출로 위험이 증가하는 데도 말이다. 예를 들어, 어떤 사람은 "나는 안전벨트를 매지 않아도 늘 멀쩡해"라고 말한다.

누적된 노출은 왜 위험을 과소평가하게 만들까? 반복적인 노출에 우리는 반응 강도를 낮춘다. 심리학자들은 이를 습관화Habituation라고 부른다. 습관화는 본질적으로 '익숙해지는 것'을 의미한다. 내가 당신에게 어떤 영화를 스무 번을 보여준다면 어떨까? 좋아하는 영화라고 해도 세 번째부터는 흥미를 잃을 것이다.

우리는 두려움에 노출되면서 두려움을 감소시킨다. 예를 들어, 엘리베이터가 무섭다면 나는 당신이 무서움을 덜 느낄 때까지 엘리베이터를 계속 타게 할 것이다. 습관화는 엘리베이터가 안전하며 탈출할 필요가 없음을 가르쳐주기 때문이다. 이것은 실제로 위험하지 않은 상황에 대한 두려움을 극복하는 탁월한 방법이다. 그러나 습관화는 위험한 상황에 대한 두려움을 줄이는 효과도 발휘한다. 위험을 과소평가하게 된다.

나는 이것을 위험에 대한 러시안 룰렛 이론Russian roulette theory of risk이라고 부른다. '총알이 한 발'뿐인 총을 머리에 대고 다섯 번이나 쐈지만 살아 있다며 자신은 안전하다고 말한다. 마지막 방아쇠를 당기면 목숨을 잃을 것이 뻔한 데도 말이다. 러시안 룰렛은 게임을 이어갈수록 이길 확률이 낮아진다.

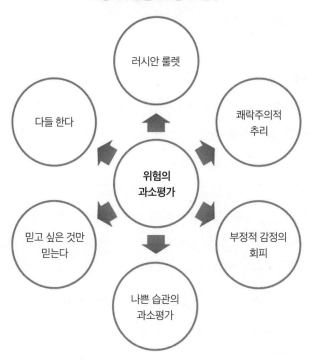

어떻게 위험을 과소평가하는가

러시안 룰렛

쾌락주의적 추리

다들 한다

위험의 과소평가

믿고 싶은 것만 믿는다

부정적 감정의 회피

나쁜 습관의 과소평가

반복적인 노출은 나쁜 결과가 도출될 기회도 반복된다는 의미다. 1년에 1,600킬로미터를 운전하는 운전자는 1년에 11만 2,600킬로미터를 운전하는 직업 운전사보다 사고가 발생할 가능성이 낮다. 기회가 많아질수록 가능성은 높아진다.

"기분이 좋으니
안전하다"고 말한다

왜 그렇게 많은 사람들이 여전히 담배를 피우고, 안전하지 않은 성관계를 하고, 과음과 과식을 할까? 가장 중요한 이유는 기분이 좋기 때문이며, 우리는 기분이 좋은 일을 계속하고 싶어 한다. 사실 "기분이 좋은 것을 보면 좋은 일임에 틀림없어"라는 규칙을 따르기 때문에 종종 위험을 과소평가한다.

우리는 기분이 좋다고 느끼면 안전하다고 생각하는 경향이 있다. '쾌락주의적 추론'이라고 하는 이런 사고방식에는 결함이 있다. 안전을 가늠하는 기준은 부정적 결과가 발생할 확률이지 기분이 아니다.

즉각적인 보상을 주는 행동은 그 빈도가 늘어나기 마련이며, 그 빈도는 중독으로 이어진다. 즐거움을 주기 때문에 더 자주 할 가능성이 높다. 그러나 당장의 좋은 기분은 이후의 비참한 기분과 더 많은 후회로 이어진다.

불편한 감정을
없애는 데 집중한다

우리는 때때로 불편한 감정을 제거하거나 피하기 위해 결정을 내린다. 이것이 '정서적 회피 전략'이다. 이 전략은 미래로 이어질 가능성이 높다. 예를 들어, 당장의 불안이나 우울을 없애기 위해 약물이나 알코올을 남용한다고 하자. 이 방법은 잠깐의 불쾌한 감정을 없애기 위해 단기적으로는 효과를 보이지만 결과가 장기적으로 상당히 부정적일 수 있다. 알코올이나 약물 남용의 장기적인 결과는 우울증, 더 큰 불안, 삶의 거의 모든 영역에서 느끼는 더 많은 어려움이다.

후회로 이어지는 또 다른 예는 현재의 외로움을 기반으로 배우자를 선택하는 것이다. 이혼을 경험한 한 남성은 상당한 외로움을 느꼈다. 이별 후의 자연스러운 감정일 수 있지만 그는 이런 외로움에 즉각적인 해법을 찾다가 바로 다른 여성과의 관계에 몰두했다. 그녀와 공통점이 얼마 동안 있었지만, 곧 그녀와 이야깃거리가 거의 없음을 깨달았다. 하지만 연애를 하지 않을 때의 외로움이 두려웠던 그는 마지못해 결혼을 약속했고 식을 올렸다.

결혼은 몇 년 동안 지속되었고, 그동안 두 사람 모두 외도를 했다. 그는 결혼을 후회했다. 외로움이라는 부정적인 감정에 대한 두려움이 그를 후회로 이끌었다.

결정을 내릴 때는 긍정적인 감정에 기반을 두자. 계속 나쁜 결과로 이어지는 결정은 불행을 연장할 뿐이라는 것을 유념하라. 때로는 불편함을 참는 것이 발전의 열쇠가 될 수 있다.

나쁜 습관을
과소평가한다

우리는 나쁜 습관에 대해 실제보다 더 많은 통제권이 있다고 생각한다. 즐거움을 주는 일을 선택할 때 근시안이 되는 경향을 보인다. 당장의 결과(쉽게 얻을 수 있는 쾌락)에만 집중하는 것이다. 때문에 그런 쾌락에 빠지면 새로운 나쁜 습관에 덜미를 잡힐 수 있다는 사실을 생각하지 않는다.

즐거움을 추구할 때면, 후회 습관을 만들 확률이 높은지 자문해 보라. 현재 행동의 부정적인 결과를 예측하는 것은 생산적 후회가 나타내는 특징 중 하나다. 나쁜 습관을 들인 것을 후회하게 될까? 인생에서 성공하기 위한 열쇠 중 하나는 나쁜 습관이 아닌 긍정적인 습관을 키우고 실천하는 것이다.

믿고 싶은 것만
믿는다

직업이 의사이고 매우 지적인 한 이혼남의 이야기가 기억난다. 그는 클럽에서 만난 여성과 관계를 맺었다. 콘돔을 사용하지 않았지만 스스로에게 임신이나 성병 감염을 피할 통제력이 있다고 생각했다. 결국 성병에 걸린 그는 후회하며 그녀를 탓했다. 그는 자신이 무적이라고 믿고 싶었지만 그렇지 않았다. 그는 인간이었다.

또 다른 예는 혼인관계 외의 여성과 정서적, 성적관계를 가지면서도 아내가 모르게 할 수 있다고 말한 기혼 남성이었다. 결국 아내가 사실을 알게 되었고, 이로 인해 부부관계에 큰 갈등을 빚었다. 그는 내게 "제가 무슨 생각으로 이런 짓을 했을까요?"라는 말을 계속 반복했다. 나는 그에게 의사결정의 흔한 실수를 저질렀다고 말했다.

뭔가를 믿고 싶다는 것과 그것이 정확한지 아닌지는 완전히 다른 문제다. 인정하라. 무언가를 믿고 싶은 마음은 미래에 원치 않는 많은 후회로 이어질 수 있다. '모면'할 수 있다는 자신감이 얼마나 크든, 인생은 때때로 다시 돌아와 당신을 괴롭힌다.

"남들이 하는 거라면
좋겠지"라고 말한다

위험의 과소평가로 이어질 수 있는 요인 중 하나는 군중을 따르는 경향이다. 인간은 종종 친구나 가족이 하는 행동을 따라 한다. 수백만 명의 사람들이 매일 하는 여러 문제 행동을 생각해보고 그것이 후회를 피하기 위한 좋은 지침인지 자문해보라.

자녀에게 하듯 스스로에게 조언한다. "남들도 다한다"는 이유로 과식이나 과소비 하기에 앞서, 질문하라. 자녀에게라면 사람들이 다 하는 일이 아니라 자녀에게 좋은 일에 대해서 생각할 것이다.

위험을 과대평가하거나 과소평가하는 방식에 대한 내용을 읽고 이런 오류에 도전할 방법을 생각하면서 이미 위험 인식의 측면에서 자신의 위치가 어느 정도인지 파악했겠지만, 더 자세히 살펴보기로 하자. 위험에 대한 편향이 나중에 후회할 가능성에 어떤 영향을 미치는지 더 잘 알수록 실패의 덫을 더 성공적으로 피할 수 있다.

우리는 어떻게 위험을 과대평가하는가

위험을 과대평가하는 사람이라면 변화에 대해 걱정이 많을 것이다. 새로운 행동을 시도하는 것을 주저할 수도 있다. 옆쪽 표의 첫 번째 열에는 위험을 과대평가하게 만드는 흔한 편향 몇 가지(앞서 살펴본)가 나열되어 있다. 두 번째 열에는 이런 편향에 의존해 위험을 가늠했던 사례를 적는다.

루스가 작성한 표(138쪽)가 시작하는 데 도움을 줄 것이다. 루스는 많은 두려움 때문에 여행은 물론 동네 산책, 단체 행사에 가는 일조차 꺼렸다. 그녀는 위협 지향적이었고, 객관적으로 위험이 거의 존재하지 않는 부분에서 실제적인 위험을 느끼곤 했다.

위험을 과대평가하는 편향을 설명하는 표를 작성한 뒤에는, 한 걸음 더 나아가 이런 습관이 의사결정에 미치는 영향을 평가할 수

당신의 위험 과대평가 편향

위험 과대평가 편향	사례	결정에 미치는 영향
비사건을 보지 않는다.		
최근에 일어난 일에 더 중점을 둔다.		
반복적인 사건에 집중한다.		
확률을 무시한다.		
강렬한 이미지에 의존한다.		
감정을 사용해서 위험을 예측한다.		
부정적인 사건들이 연쇄반응이나 함정으로 이어질 것이라고 생각한다.		
통제력이 없다고 믿는다.		
어떤 일이 일어날 확률이 낮은 데도 "이번에는 다르다"고 생각한다.		
"내가 그 사람이 될 수도 있다"고 생각한다.		

루스의 위험 과대평가 편향

위험 과대평가 편향	사례	결정에 미치는 영향
비사건을 보지 않는다.	나는 매일 지나치는 건물과 우리 건물에서 보는 사람들을 좀처럼 알아차리지 못한다. 아무 일도 일어나지 않는 것과 다를 바 없다.	나는 매일의 삶이 거의 똑같고 안전하다는 것을 깨닫지 못한다.
최근에 일어난 일에 더 중점을 둔다.	비행기 추락 뉴스를 접하면 이제는 비행이 위험하다고 생각한다.	비행을 꺼린다.
반복적인 사건에 집중한다.	매일 밤 범죄 뉴스를 접할 때면 밖을 걸어 다니다가 강도를 당할 것이라는 생각을 한다.	밤에 산책하는 것을 피한다.
확률을 무시한다.	확률적 측면에서 비행이 안전하다는 것을 알지만 여전히 비행기가 추락할까 두렵다.	비행을 꺼린다.
강렬한 이미지에 의존한다.	총격 사건의 사진을 보면 나도 총격 사건에 희생될 것이라고 생각한다.	밤에 나가지 않는다.
감정을 사용해서 위험을 예측한다.	비행기에 타면 불안을 느낀다. 이후 내가 위험한 상태라고 생각한다.	비행을 꺼린다.
부정적인 사건들이 연쇄반응이나 함정으로 이어질 것이라고 생각한다.	비행 동안 들리는 소리가 비행기에 결함이 있다는 징후이며 비행기가 통제 불능 상태에 빠져 추락할 것이라고 생각한다.	승무원에게 안전한지 묻는다. 비행을 더 꺼리게 된다.
통제력이 없다고 믿는다.	비행기에 타고 있을 때는 통제감을 느끼지 못한다. 때문에 위험하다고 느낀다.	비사건을 보지 않는다
어떤 일이 일어날 확률이 낮은 데도 "이번에는 다르다"고 생각한다.	비행기가 추락할 확률이 낮다는 것은 알지만 이번에 일어날 수도 있다고 생각한다.	비행을 꺼린다.
"내가 그 사람이 될 수도 있다"고 생각한다.	비행기 추락 사고로 희생되는 불운한 사람이 나일 수 있다고 생각한다. 언제든 가능한 일이다.	비행을 꺼린다.

있다. 아래의 질문에 답하라(종이에 답을 기록해도 좋고 생각만 해도 좋다). 위험을 과대평가하면 기회를 잡지 못하고, 더 나은 삶을 만들 수 있는 변화를 받아들이지 못한 것을 후회하게 된다.

- 위험을 과대평가하는 측면에서 당신의 가장 큰 편향은 어떤 것인가?
- 이런 편향으로 의사결정에서 어떤 어려움을 경험하는가?
- 당시에는 지나치게 위험하다고 생각했던 일을 하지 않았지만, 훗날 후회한 경험이 있는가?
- 위험을 과대평가하지 않았다면, 삶은 어떻게 달라졌을까?

과소평가해도
벌어지는 후회

위험을 과대평가할 때와 마찬가지로 위험을 과소평가하는 것도 후회로 이어질 수 있다. 위험을 과소평가하는 경향을 많이 알수록 그런 위험을 최소화하는 법을 배울 수 있다(140쪽 표 참조). 먼저 루이스가 작성한 표를 참고하라(141쪽 참조).

루이스는 과음, 과식, 전자담배 사용, 외도, 자신을 이용하려는 여성들과 관계를 맺는 등의 위험성을 과소평가했다. 위험한 행동을 하는 다른 많은 사람들과 마찬가지로 그는 관련된 위험의 잠재력을 무시하고 단기적인 만족감에 집중했다. 당신은 위험을 과소평가하는 습관이 후회를 유발하고 있지 않은지 자문해보라.

당신의 위험 과소평가 편향

위험 과소평가 편향	사례
노출의 누적: 러시안 룰렛 접근법	
쾌락주의적 추론	
불편한 감정을 없애는 데 집중	
나쁜 습관 형성의 가능성을 과소평가	
믿고 싶은 것만 믿음	
"다른 사람들이 다 하는 것이 니 좋은 아이디어임에 틀림없 다"	

루이스의 위험 과소평가 편향

위험 과대평가 편향	사례
노출의 누적: 러시안 룰렛 접근법	전자담배를 남용하고, 과음을 하고, 과식을 하고, 외도를 하면 할수록, 그런 행동에 익숙해져서 끔찍한 일이 일어나지 않을 거라고 생각했다. 위험에 더 많이 노출될수록 나쁜 결과가 발생할 가능성이 커진다는 사실을 의식하지 못했다.
쾌락주의적 추론	당장 기분이 좋아지고 싶다는 욕망에 이끌려 나중에 후회할 위험을 감수했다. 나는 음주, 안전하지 못한 성관계, 약물 사용, 무모한 운전의 위험성을 과소평가했다.
불편한 감정을 없애는 데 집중	나는 우울하고 결혼 생활에 갇혀 있다는 느낌을 받았으며, 술을 마시거나 전자담배를 피우면 금방 기분이 나아질 것이라고 생각했다. 또한 섹스를 불안과 우울을 없애기 위한 수단으로 사용했다. .
나쁜 습관 형성의 가능성을 과소평가	나는 술과 전자담배, 무의미하고 위험한 혼외의 성관계라는 나쁜 습관을 키우고 있다는 사실을 무시했다.
믿고 싶은 것만 믿음	술 몇 잔은 "다룰 수 있다"고 믿고 싶었고, 따라서 일주일 동안 금주를 시도한 뒤 이 모든 것을 통제할 수 있다고 생각했다. 하지만 술은 다시 나를 괴롭히기 시작했다.
"다른 사람들이 다 하는 것이니 좋은 아이디어임에 틀림없다"	나는 이 문제에 큰 영향을 받지 않았다.

- 위험을 과소평가하는 측면에서 당신의 가장 큰 편향은 어떤 것인가?
- 이런 편향이 어떻게 당신을 위험한 방향으로 이끌었는가?
- 당시에는 위험하지 않다고 생각했던 일을 하고, 후회한 경험이 있는가?
- 위험을 과소평가할 가능성이 적었다면 당신의 삶은 어떻게 달라졌을까?
- 위험을 과소평가해서 후회한 경험이 있는가?

답변을 기록해두면 나중에 자신이 배운 것을 잊지 않고 활용해서 생산적 후회를 하는 데 도움이 될 수 있다. 지금까지 의사결정에 영향을 미치는 당신의 가정과 태도를 확인하고, 위험에 대한 (잘못된) 인식과 그것이 후회하는 선택으로 이어지는 방식을 살펴보았다. 이런 선택에는 행동(작위)은 물론 행동하지 않은 것(부작위)도 포함된다. 결정은 항상 위험을 비교하는 일이며, 후회는 피할 수 있었다고 생각하는 결과에 실망하는 것이다. 결정을 내릴 때는 작위는 물론 부작위도 후회할 수 있다는 점을 생각할 필요가 있다.

다음 장에서는 의사결정의 이 부분을 다루면서 후회를 예상하는 각기 다른 방법들이 실제로 결정에 도달할 때의 행동에 어떤 영향을 주는지 파악하는데 도움을 줄 것이다.

후회의 심리학

+ 우리는 변화, 움직임, 위험에 귀를 기울이도록 프로그램 되어 있기 때문에 위험 신호에 민감하다. 새로운 것을 한 일을 후회할까 두려워하는 이유도 여기에 있다.

+ 한 번 보는 것이 100번 듣는 것만큼의 영향을 준다.

+ 불안은 주관적인 경험에 있어서는 진실이지만 미래의 객관적인 진실을 향한 좋은 지침은 아니다.

+ 우리는 때로는 자신을 과소평가해서 후회한다.

+ 무위험이란 존재하지 않는다.

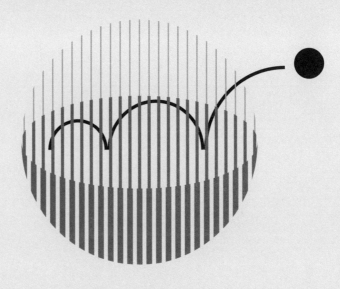

5장

"그때 그 선택을 하지 않았더라면"
_선택의 중요성

나를 집어삼키는 후회의 그림자

후회는 결정 이후에 일어날 수 있을 뿐만 아니라 결정을 내리기 전에 일어날 수도 있다. 어떤 조치를 취하는 일이 너무 위험하다고 판단해 물러설 수도 있고, 위험을 완전히 무시하고 뛰어들 수도 있다. 어느 쪽이든 위험의 잘못된 인식은 후회로 이어진다.

실제로 나는 후회하는 사람들이 결정의 벼랑 끝에 섰을 때 비관주의, 매몰비용에 대한 집착, 자신의 회복력에 대한 과소평가라는 세 가지 요인 중 하나가 이들을 자극해 또 다른 후회를 만든다는 사실을 발견했다. 당신은 다음과 같은 생각의 희생자인가?

- 모든 일이 대개 나쁘게 끝난다고 믿는다.
- 지금까지 투자를 '낭비'하지 않기 위해 현상 유지에 매달린다.

- 결과가 좋지 않더라도 살아남을 수 있다는(심지어 번창할 수 있다는!) 자신감이 없다.

우울할수록
후회가 많다

3장으로 돌아가 의사결정 방식 설문지의 질문에 대한 자신의 답변을 검토해보라. 비관적 의사결정 방식에는 결정을 어렵게 만들고 미래에 대한 취약성을 더하는 여러 편향이 수반된다. 비관적인 결정 방식은 우울하거나 불안한 사람들 사이에서 흔하다. 실제로 후회는 우울증의 주요한 특징 중 하나로, 우울한 사람들은 부정적인 결과를 반추하고 자책하는 경우가 많다.

불안은 부정적인 결과를 예상하고 결정을 후회하는 일과 연결될 때가 많으며, 우울증에 취약한 사람들은 불안을 느끼는 경우도 많다. 오랫동안 우울감이나 불안을 경험했다면 최악의 상황이 발생한다고 예측했을 것이다. 끔찍한 결과를 상상하고, 최악의 상황이 아직 오지 않았으며, 자신은 부정적인 어떤 일에도 대처할 수 없다고, 일이 잘 풀리지 않으면 영원히 후회와 회한에 시달린다고 믿는 것이다.

1. 비관적 편향

비관적이거나 우울한 스타일과 관련된 각 편향에 대해 살펴보자. 비관적 관점에서 나온 생각은 삶을 더 낫게 만들 수 있는 변화를 피하게 만들어 미래의 후회를 가중시킬 수 있다.

2. 위험 회피

이것은 의사결정 방식의 차원 중 하나다. 위험 회피형은 변화를 기회나 발전보다는 잠재적 손실의 측면에서 본다. 이들은 위험한 결과가 따른다고 믿고 변화를 꺼린다. '위험'을 '부정적인 결과의 발생 가능성'과 동일시하고 '가능성'을 '확률'과 동일시한다. 이들은 최악의 상황을 예측하며 바로 부정의 극단으로 이동한다. 변화의 부정적인 결과를 그리는 데에만 몰두하느라 변화가 없을 때의 부정적인 결과는 무시한다. 이들은 의사결정이 유지의 위험과 변화의 위험에 관한 것이라는 점을 인식하지 못한다.

3. 미래에 대한 암울한 전망

비관주의는 당신을 거의 전적으로 부정적인 측면에만 집중하게 만든다. 비관적인 사람은 의사결정의 균형을 추구하기보다 하지 말아야 할 온갖 이유를 떠올리는 경우가 많다. 어떤 일이든 부정적으로 조금만 바뀌어도 일이 바로 엉망이 될 것이라고 믿는다. 과거에 겪었던 부정적인 경험만을 선택적으로 기억하고, 긍정적인 경험은 거의 떠올리지 않거나 가치를 두지 않는다. 이 때문에 과거의 부정적인 경험이 미래의 부정적인 경험을 예견하는 신호라고 믿게 될 수도 있다.

4. 망설임

일이 잘 풀리지 않는다고 믿는 사람은 옳은 결정이라는 확신이 들 때까지 기다린다. 준비가 되었다고 확실하게 알 때까지 기다린다. 그래서 결정하기까지 긴 시간이 필요하다. 기다리는 동안 변화로 인한 모든 부정적인 상황을 계속 상상하면서도 한편으로는 기다리는 자신을 자책한다. 이런 자책은 사람을 더 우울하게 만든다. 계속 기다리기만 하는 동안 세상이 자신을 스쳐 지나가는 것처럼 본다. 후회는 가중된다. 망설임은 더 많은 망설임을 낳으면서 관성을 만든다.

손실 회피를
목표로 삼는다

미래에 부정적 관점을 가진 사람은 지는 것을 용납하지 못한다. 미래 손실은 단순한 방향 전환이나 도전이 아닌 파괴라고 예상하기 때문이다. 에너지 손실을 피하는데 투자해서 승리하고 삶을 최적화하고 삶을 더 낫게 만들기 위해 노력하는 데 집중할 에너지는 거의 남지 않는다. 이들은 긍정적인 결과도 그렇게 즐겁지 않다고 믿는다.

오래 전 유도를 배우던 시절, 우리 사범님은 계속해서 넘어지는 연습을 시켰다. 낙법을 몇 주 동안 배운 뒤, 사범님은 "낙법을 연습시키는 이유는 넘어지는 것을 두려워하지 않게 될 때야 비로소 유도를 할 수 있게 되기 때문이야"라고 말씀하셨다. 이것은 유도만이 아닌 인생의 교훈이다.

모든 것이 갖추어졌다고 느껴질 때까지 기다리는 일에는 확실성을 보여주는 많은 정보를 요구한다. 참을 수 없는 온갖 부정적인 가능성을 상상하고 그런 일이 일어나지 않는다는 확신을 필요로 한다. 이런 사람들은 수많은 나쁜 결과를 조사하고 사람들로부터 확신을 구한 뒤에도 모든 일이 유리하게 돌아가지 않는 해결책은 거부한다.

비관적이거나 우울할 때는 부정적인 결과가 치명적으로 보인다. 또 한 번 그런 결과가 발생하면 우울과 후회에 더 깊이 빠져든다. 이런 사람은 변화 때문에 발생할 수 있는 문제를 피하려고 노력한다. 문제나 손실에 대한 회피는 미래의 후회, 즉 추구하지 못하고 잃은 기회에 대한 후회를 가중시킨다. 이들은 많은 보람과 의미를 창출할 새로운 기회를 깨닫지 못한다. 손실을 더 큰 그림의 맥락에서 보지 못하기 때문이다.

비정상적으로
자책한다

의사결정 방식의 핵심 중 하나는 일이 잘 풀리지 않을 때 종종 자신을 탓한다는 점이다. 스스로에게 실패자, 멍청이, 형편없는 의사결정자라는 낙인을 찍는다. 이런 낙인을 찍으면 의사결정에 한계가 어디나 존재한다는 점을 알아보지 못한다. 자기비판은 반추와 후회를 강화한다. 일이 잘 풀리지 않으면 자신에 대한 고통스러운 부정적 생각에 압도된다.

실패를 정상으로 보지 않기 때문에 현실 세계의 일부로 받아들이지 못한다. "나는 그 행동에서 실패했다"라고 말하는 대신, "나는 실패자야"라고 일반화시킨다. "실패에서 배울 수 있다"라고 말하기보다는 "나는 나아질 수가 없다"는 결론을 내린다. 배움은 늘 변화한다. 자신에게 실패자나 무능한 인간이란 낙인을 찍으면, 배우고 성장하는 능력이 없다고 생각하는 것과 다름없다.

비관적 선택을 완전히 뒤집기

합리적 의사결정은 관련 정보의 경중을 따지고 장단점을 검토하는 현실적인 위험 평가를 의미한다. 합리적 의사결정에서는 단순히 단기적인 이익이 아닌 장기적인 목표를 고려하고 감정이 아닌 사실에 기반을 둔다.

합리적 의사결정자는 어느 정도의 위험과 불확실성을 가정하고 다양한 결과에 대처할 수 있는 능력을 평가한다. 합리적 의사결정은 과거의 결정과 행동 방침보다는 미래 혜택에 초점을 맞춘다. 달리 표현하자면, 합리적 의사결정자는 과거의 결정이 좋은 결과를 보지 못했더라도 그 결정을 정당화해야 한다는 의무감을 느끼지 않으며, 더 이상 효과가 없는 결정을 기꺼이 포기한다. 의사결정은 과거 행동이 아니라 미래 이익이 중요하다. 실수는 과거에 남겨두고 미래 이익의 가능성에 집중해야 한다.

기술적인 용어로 표현하자면, 좋은 의사결정은 이것이 나에게 얼마나 유용할지 집중하는 미래의 유용성Future utility이다. 비관적이거나 지나치게 낙관적인 의사결정 방식에 휘둘리는 경우도 있다. 비관적인 의사결정자는 후회를 예상하면서 나쁜 결과가 발생할 가능성, 대처의 어려움, 부정적인 결과의 극단성을 과대평가할 수 있다.

이제, 벼랑 끝에서 결정을 내려야 할 때 머릿속을 스칠 수 있는 비합리적인 생각과 그에 대한 합리적 대안을 알아보자.

착각에서
벗어나라

미래를 부정적으로 보면, 머릿속에 희소성의 착각이 심긴다. 우울하거나 불안할 때는 세상이 자신에게 기회를 주지 않는다고 여기고 자신에게 능력이 없다고 믿는다. 예를 들어, 어떤 결정을 내릴 때, 선택지가 두 가지뿐이라고 생각한다. 이것이 양자택일의 착각Forced choice illusion이다. "내가 가질 수 있는 일자리는 이것이 아니면 저것뿐이다. 다른 대안은 없다" 또는 "소냐와 결혼하거나 결혼하지 않거나 둘 중에 선택해야 한다"라는 두 가지 선택 모두 좋아 보이지 않을 수 있다. 그러면 어느 쪽을 선택하든 후회할 가능성이 높다.

희소성의 또 다른 착각은 선택이 좋은 결과를 내지 않았을 때 남은 대안에도 적용된다. 대안이 없다고 생각하면 이제 정말 꼼짝할 수 없는 상황이 된다. 막다른 골목처럼 느껴진다. 마지막으로, 보상의 희소성에 대한 착각에 사로잡힌다. 비관적인 기억 때문에 인생에서 일어나는 어떤 일도 좋은 결과가 없다고 믿으면서 어떤 결과도 대단치 않게 느낀다. 이를 극복하는 방법은 다음과 같다.

1. 선택지의 목록을 늘린다

이성적으로 생각하면 선택지가 두 개일 리가 없다. 세상에 일자리는 무수히 많다. 누군가와 결혼하거나 결혼하지 않거나 두 개의 선택지뿐이라는 생각은 다른 사람과 사랑에 빠져 그 결혼을 원하게 될 가능성을 놓치는 것이다. 독신으로 남는 가능성도 무시하는 것이다. 모든 가능성을 고려하면 선택지가 늘어나고, 시간은 조금 더 걸리겠지만 더 나은 대안을 찾을 수도 있다. 적절하게 보이지 않는 것을 선택하거나 변화를 선택하지 못하는 상황에 갇힐 필요가 없다.

2. 플랜 B, C…를 고려한다

플랜 B, C 심지어 D가 있다면 만족스럽지 못한 결과를 맞는다고 해도 막다른 골목이 아니다. 이미 선택했더라도 결과가 미치는 영향을 줄이고 후회를 줄일 수 있는 대안이 아직 많다. 예를 들어, 선택한 일자리가 마음에 들지 않는다면, 다른 일자리를 위한 디딤돌로 삼을 수 있다. 노력을 기울였는데도 결혼생활이 잘 풀리지 않았다면, 별거하거나 다시 독신으로 돌아가거나, 다른 배우자를 찾을 수 있는 선택지가 있다. 선택 가능한 옵션을 고려하면서 대안을 늘린다면 선택한 후의 후회를 피하는 데 도움이 될 수 있다.

3. 삶에 긍정적인 경험을 더할 수 있다고 자신을 납득시킨다

비관적이거나 우울한 사람은 어떤 결정이든 그 결과에는 위험을 감수할 만한 가치가 없다고 흔히 생각한다. 보상이 적다는 착각에 도전하려면 시간을 들여 보상의 범위를 확장하는 조치를 취해야 한다. 현재 또는 미래에 보상을 얻을 수 있는 원천에는 어떤 것이 있는가? 과거에 보람을 느꼈던 경험은 무엇인가? 더 많은 보상을 추구하고 그것을 기억하려 한다면 부정적인 것을 더 많이 기억하는 비관적 경향을 반전시킬 수 있다. 또한 보상이 없으리란 착각에 근거해서 많은 결정을 피하는 일도 사라질 것이다.

비관적으로 의사결정을 하고, 결과를 볼 때면 당장 선택해야 한다는 압박감을 느끼게 된다. 잘될 리가 없다고 믿거나 자신에게 좋은 결정을 내릴 능력이 없다고 믿기에 빨리 해치워야 한다고 생각한다. 예를 들어, 톰은 몇 개월 전 일자리를 잃고 일자리를 구해야 한다는 심한 압박감에 시달렸다. 하지만 끌리는 자리가 없어 절망에 빠져 있었다. 그러다 눈앞에 좋지 않은 선택지 중 하나를 택하자는 유혹에 넘어갔고 결국 그 선택을 후회하게 되었다.

이럴 때는 시간을 당신 편으로 만들어야 한다. 완벽하고 위험이 없는 선택지가 나타날 때까지 영원히 기다리라는 말이 아니다. 상황을 이성적으로 바라보면 자신에게 시간을 더 허락해 머지않아 나타날 최선을 선택할 수 있다. 나는 톰과 이야기를 나누면서 시간을 더 늘려서 스스로에게 몇 달 더 탐색할 시간을 더 주면 좋겠다고 제안했다. 우리는 이 방법의 장단점을 검토했고, 톰은 시간이 더 생기면 더 많은 옵션을 탐색할 수 있기 때문에 좋아했다. 재정적인 압박이 있었지만 다른 사람들이 겪었던 것만큼 심각하지는 않았다. 결국 그는 더 만족스러운 일자리를 얻었다.

시간을 당신 편으로 만들도록 하라. 결정을 내리지 못한 상황이란 이유만으로 성급하게 뛰어드는 일은 없어야 한다. 당신은 물속에 처박히는 것이 아니라 안정적으로 육지에 착륙하는 것을 원하지 않는가?

오래 기다려야
더 값지다

지금 당장 결정해야 한다는 말은 비관적 신념의 이형이다. 그 기저에는 이 결정에 대한 기회는 단 한 번뿐이라는 잘못된 믿음이 있다. 이런 믿음은 후회하게 하는 강력한 요인이다. 기회가 한 번뿐이라면 위험이 크기 때문이다. 하지만 기회가 한 번뿐이 아니고 다른 다양한 가능성도 있으며, 그중에는 당신이 모르는 것도 있다.

선택지는 유동적이고 끊임없이 변화한다. 다음 직장이 마지막 직장이어야 할 이유는 없다. 결혼생활이 잘 풀리지 않는다면 별거 후에 다른 선택지를 고려할 수 있다. 지금 받는 교육이 마음에 들지 않는다면 다른 교육 프로그램에 도전할 수 있다. 항상 다음 조치가 존재한다. 한 번의 시도만 가능하다고 생각하지 말라. 모든 것에는 과도기에 있으며, 영원히 고정된 것은 없다. 끈기 있게 매달리고, 그 행동을 반복하고, 너무 일찍 그만두지 말라. 보상이 눈에 띄기까지는 시간이 걸릴 수 있다.

매몰비용에 대한 이상한 집착

결정을 못 내리고 주저하는 강력한 힘 중 하나로 매몰비용 효과 Sunk cost effect가 있다. 우리 모두 매몰비용과 친숙하다. 값비싼 드레스나 정장을 사서 한 번 입고 다음 5년 동안 옷장에만 걸어둔다. 다시 입을 일이 없지만, '큰돈을 썼는데 낭비하면 안 되잖아'라는 생각에 버리거나 처분하지 않는다.

매몰비용에는 장래성이 없는 관계를 지속하거나, 한물간 기술에 집착하거나, 보람을 못 느끼는 직장에 계속 다니거나, 집을 높은 가격에 내놓는 것 등이 포함된다. 매몰비용은 이미 지불한 비용, 즉 옷장 속 옷값이다. 과거에 이미 지출해서 '회수할 수 없는 비용'이다. 많은 비용을 지불했다는 이유로 붙잡다가 인생에서 앞으로 나아갈 기회를 놓칠 수 있음을 알아야 한다.

행동하지 않기로 결정하면 결국 과거에 결정했다는 이유만으로 효과가 없는 일에 계속 집착하게 된다. 망해가는 회사에 돈을 계속 투자하는 일과 다를 바 없다. 흥미롭게도 매몰비용에 매달리는 동물은 인간뿐이다. 쥐, 개, 비둘기는 더 이상 보람이 없는 일을 포기하고 미래의 기회와 보상으로 나아간다. 다른 동물들은 과거를 계속 되돌아보면서 정당화하기 위해 애쓰지 않는다. 쥐나 개는 더 이상 보상이 없으면 미련을 갖지 않는다. 하지만 인간은 거기에 매달려서 일을 호전시키려 애쓴다. 과거의 행동을 정당화하고 매달리면 삶을 더 나아지게 만들지 못할 수 있다.

매몰비용은 어떤 것에 이미 시간, 노력 또는 돈을 투자했지만 더 이상은 그것이 유용하지 않을 때 발생한다. 그 비용은 이미 과거이므로 매몰비용이다. 그 비용은 사라졌다. 하는 일을 계속할지 다른 일을 선택할지 결정할 때 던져야 할 질문은 "현재 상태를 고수할 때 얻는 미래의 이득이 있는가?"이다. 매몰비용 효과는 현재와 미래 이익이 미미함이 분명한데도 그 비용을 투입했다는 이유만으로 무언가를 고수할 때 발생한다.

매몰비용은 퇴영적인 결정Backward-looking decision이다. 우리는 때때로 어떤 상황의 일을 정당화하기 위해 과거에 무엇을 투자했는지 살핀다. 과거에 비싼 돈을 주고 샀기 때문에 옷을 버리지 않는다. 더 이상 행복감이나 만족감을 얻지 못하는 데도 몇 년이나 사귀었다는 이유로 연인과 헤어지지 못한다. 끔찍하게 재미가 없는데도 입장료를 냈기 때문에 영화관에서 2시간 더 자리를 지킨다. 우리는 결정을 내릴 때 무언가를 투자했거나 노력을 기울였다는 인식을 기반으로 삼으면서 과거에서 벗어나려 하지 않는다. 이는 비합리적인 의사 결정이며, 후회로 이어지곤 한다(최소한 장기적으로는). 그렇다면 왜 우리는 왜 그렇게 매몰비용에 집착할까?

매몰비용에
집착하는 이유

우리는 변화를 시도했을 때 크게 후회할까 두려워서 매몰비용에 집착한다. 이는 변화를 주로 기회보다는 손실의 측면에서 바라보는 비관적인 관점의 결과다. 실제로 매몰비용을 확정하기로 한 직후에는 강렬한 후회를 느낄 수 있다. 하지만 장기적으로는 무언가에 지나치게 오래 매달린 것을 후회할 가능성이 더 높다.

다음에 나오는 그림이 보여주듯이 매몰비용에 집착하는 데에는 여러 이유가 있다. 이런 이유들이 후회를 예상해 아무런 행동도 하지 않는 것과 어떤 관련이 있는지, 이런 잘못된 믿음에서 벗어나기 위해 어떻게 도전해야 하는지 살펴보자.

1. 낭비를 두려워한다

내가 당신 앞에서 100달러 지폐를 들고 있다고 상상해보라. 나는 다른 사람들에게 돈을 태우는 이상한 취미가 있다고 이야기한다. 나는 그 돈을 누구에게 주고 싶지도 않고 쓰고 싶지도 않으며, 그저 태우고 싶고, 당신이 나를 지켜보라고 말한다. 당신은 어떤 기분이 들까? 당황스러울 뿐만 아니라 화가 날 것이다. 이런 반응은 우리에

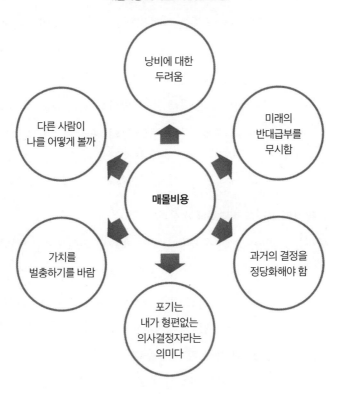

매몰비용의 기반이 되는 과정

게 낭비에 대한 반감 때문이다.

우리는 무언가를 낭비한다는 생각을 몹시 싫어한다. 매몰비용 효과, 즉 무언가에 매달리는 일에도 낭비에 대한 두려움이 포함된다. 그 두려움은 물건을 쌓아두는 행동의 주요한 요인인 경우가 많다. 사용하지 않는데도 그 물건을 버리면 후회한다는 생각을 강화한다. 이미 쓸모없는 물건인데 시간을 낭비한다는 생각은 하지 않는다.

2. 미래의 반대급부를 무시한다

매몰비용에 갇힐 때, 우리는 일반적으로 어떤 일의 비용이나 우리가 투자한 시간과 노력을 되돌아본다. 과거만 보면서 매몰비용을 고수하느라 포기하는 미래의 반대급부를 무시한다. 이것은 기회비용을 무시하는 또 다른 예다. 예를 들어, 막다른 길에 이른 관계에서 벗어나는 사람은 다른 관계나 독신생활 등의 다른 긍정적 선택지를 얻을 수 있다.

3. 과거의 결정을 정당화해야 한다

우리는 돈을 주고 산 물건을 버렸다가는 후회하게 될 것이라고 생각한다. 지금은 아무런 가치가 없는 물건에 왜 그렇게 큰돈을 썼는지 스스로에게 정당화해야 하기 때문이다. 우리는 소원해지고 있는 관계를 유지하는 이유도 정당화해야 한다고 생각한다. 과거의 결정을 정당화하려는 이런 욕구 때문에 우리는 어떤 대상을 볼 때 거기에서 지금이나 앞으로 얻을 가능성이 있는 것을 객관적으로 보지 못하고 과거에 투입한 것에만 초점을 맞춘다. 미래에 대한 결정을 내리면서 마치 미래가 존재하지 않는 것처럼 행동하는 것은 합리적이지 못하다.

4. 포기는 곧 형편없는 의사결정자라고 생각한다

우리 대부분은 자신을 좋은 의사결정자로 믿고 싶어 한다. 매몰비용을 포기하면 더 이상 가치가 없는 일에 뛰어들었다는 증거, 즉 의사결정을 못한다는 증거로 받아들인다. 하지만 포커를 하는 사람들이 말하듯, 언제 홀드하고 언제 폴드해야 하는지를 알아야 한다. 앞서 논의했듯이, 좋은 의사결정자는 장단점, 상대적인 보상, 절충안을 평가하고 미래의 효용이나 이익에 집중한다. 좋은 의사결정자는 포기해야 할 때를 안다.

5. 가치를 벌충하기를 바란다

우리가 종종 어떤 대상을 놓지 못하고 매달리는 이유는 어떻게든 미래에 가치가 회복된다고 자신을 속이기 때문이다. 예를 들어, 유부남과 관계를 맺는 사람은 미래에는 상대의 배우자가 그를 떠날 것이고 모든 일이 잘 풀린다고 스스로를 설득하려고 노력한다. 또는 물건이나 옷을 처분하지 못하는 사람은 유행이 다시 돌아올 것이라고 생각한다. 과거에 투입한 가치를 벌충하고자 하는 희망은 훗날 그 모든 가치를 증명하고 싶은 희망이다. 이미 가치가 크게 감소되었는데도 상황이 바뀌고 다시 회복되기를 바란다.

6. 다른 사람들이 어떻게 볼까 걱정한다

미래에 벌어질 후회에 대한 두려움의 또 다른 형태로는 다른 사람들이 우리를 부정적으로 판단할 것이라는 믿음에 있다. 타인이 나에게 보일 반감, 그 두려움은 우리를 현재 상태에서 꼼짝 못하게 만든다. "왜 진작 벗어나지 않았어? 왜 그렇게 오래 버티고 있었어?"라는 말을 듣고 싶지 않은 것이다. 우리는 종종 친구, 가족에게 '보고'해야 한다는 생각까지 한다. 무언가를 포기하면 다른 사람들이 우리를 패배자로 볼까 걱정한다. 하지만 자신을 위한 결정이 무엇인지 판단할 필요가 있다. 무엇보다 우리는 다른 사람들이 우리를 어떻게 볼지 초능력자가 아니고서는 알지 못한다.

7. 매몰비용에 대한 믿음에 도전한다

매몰비용에 집착하기 때문에 변화를 회피한다. 믿기 힘들 정도로 흔한 일이다. 이런 행동이 비합리적이라는 수많은 증거가 있는데도 경영전문가, 정치인, 더 잘 알아야 마땅한 많은 사람 모두가 매몰비용에 매달린다. 이것은 대단히 강력한 인지 과정이다.

도대체 변화를 후회할까봐 두려워하면서 매몰비용에서 헤어나오지 못하는 이유는 무엇일까? 스스로에게 다음의 15가지 질문을 해보자.

1) 지금 상황을 유지하는 데 따른 단기 비용과 그 이점은 무엇인가?

지금 상황을 계속 유지하면 무엇을 얻게 되고, 무엇을 잃게 되고, 무엇을 아쉬워하게 될까? 지금 당장은 즉각적이거나 단기적인 비용과 이익만을 고려하라. 앞으로 몇 주 또는 몇 달을 기준으로, 지금 상태를 유지하는 비용은 얼마이며 변화해서 얻을 수 있는 이익은 얼마인가? 당신의 결정은 매몰비용에 매달리는 경우처럼 단기적인 이익에만 기반을 두고 있지 않은가?

2) 지금 상황을 유지하는 데 따른 장기 비용과 그 이점은 무엇인가?

지금 상황을 유지할 경우 더 많은 후회 또는 적은 후회로 이어질지 생각해보라. 단기 비용과 장기 이익이 달라지는 이유는 무엇인가? 단기적인 불편함이나 후회를 피해야 한다는 생각으로 결정에 임하지는 않는가? 단기 비용의 이점과 장기 비용의 이점을 비교해보라. 단기적으로는 손실 확정처럼 보이는 것이 장기적으로는 이득이 될 수도 있다.

3) 다시 그 구매를 결정하거나 다시 그 관계를 시작할 수 있다면 같은 결정을 내리겠는가?

매몰비용에서 빠져나올 수 있는 방법 중 하나는 그 일을 시작하기 전으로 돌아가는 것이다. 지금 갇혀 있다고 생각하는 이 과정을 시작하거나 시작하지 않는 이유는 무엇인가? 그 일을 시작했을 때는 그럴 만한 이유가 있었겠지만 지금은 그 이유가 더 이상 분명하지 않거나 현실적이지 않을 수 있다.

4) 만약 그 정장이나 드레스를 잃어버렸다면(또는 현재 상황에서 벗어난다면) 같은 것을 다시 사러 갈까?

우리는 변화를 이득보다는 손실의 측면에서 보곤 한다. 때문에 과거만큼의 가치가 없는 것에 매달려야 한다고 생각한다. 매몰비용 효과에 맞서는 한 가지 방법은 "이 물건이나 관계를 잃는다면, 다시 그것을 얻으려 노력할까?"라고 자문하는 것이다. 만약 잃고 나서도 다시 얻고자 하지 않는다면 지금 버리는 것이 좋다.

5) 기회비용은 무엇인가?

매몰비용에 매달리느라 다른 기회를 희생하지는 않는가? 예를 들어, 아무 도움도 안 되는 일에 묶여 다른 관계나 일, 공부의 가능성을 포기하는 것은 아닌가? 한 가지(연애, 직장, 주식)에 열중하면 다른 것을 추구할 기회를 희생하게 된다. 그 다른 선택이 당신에게 더 나은 선택이지는 않을까?

6) 이득이 감소하고 있는가?

시간이 흐르면서 선택의 이득은 감소하는 반면, 비용은 어떤가? 장단점(비용-편익)에 변화가 있는가? 어떤 행동 방침을 따르는 이유가 첫 단계에서는 부정 측면보다 긍정 측면이 훨씬 더 많기 때문인 경우가 많다. 하지만 어느 시점에 부정 측면이 긍정 측면보다 커질 수 있다. 과거에는 행동을 정당화할 만한 이득이 있었으나 상황이 변하면서 지금은 비용이 이득을 압도할 수 있다.

7) 여전히 처음 결정을 내릴 때의 제한된 정보로 일을 진행하고 있는가?

처음 결정이 지금 가진 만큼의 정보 없이 내려졌고, 상황이 예상했던 것과 명백히 다른가? 처음 이 행동 방침을 택할 때의 당신은 제한적이고 편향된 정보에 의존했거나 긍정적으로 보이는 행동이나 상황의 특정 측면에만 초점을 맞췄을 수 있다. 더 많은 정보가 있는 지금, 그 행동 방침이 더 이상 가치가 없다면, 놓아줘야 할 때가 왔음을 알아야 한다.

8) 행복보다 옳은 것을 더 선호하는가?

잘못된 결정에 계속 매달려서라도 자신이 옳다고 증명하고 싶은가? 내 판단이 행복보다 더 중요한가? 우리는 자신이 옳다고 입증하는 데 지나치게 집중한다. 자신을 합리적이고 효과적인 의사결정자라고 믿고 싶기 때문이다. 하지만 자신의 생각이 옳았다고 증명하기 위해 비참한 상태를 유지하는 것보다 행복은 더 가치 있는 일이다.

9) 다른 사람에게 하고 싶은 조언은 무엇인가?

나와 같은 곤경에 처한 다른 사람에게 매몰비용에 매달리라고 권하겠는가 아니면 거기에서 벗어나라고 권하겠는가? 매몰비용에 집착하는 다른 사람에게 조언을 해줄 때는 합리적인 입장에서 과거에 투입한 것을 무시한다. 매몰비용을 포기하고 미래의 이익에 집중하는 것이다.

10) 과거의 결정을 정당화하기 위해 애쓰는가?

과거의 결정을 정당화하려는 욕구를 포기하고 변화 또는 현상 유지에 따르는 미래에만 집중한다면 당신에게 가장 유리한 선택지는 어떤 것인가? 과거의 결정이 아닌 미래의 이익에 집중하라.

11) 그만두는 것은 좋은 의사결정의 신호인가? 손실을 줄이나?

좋은 의사결정의 핵심 요소는 그만둬야 할 때를 아는 것이다. 변화의 장점이 현상 유지의 장점을 압도할 때 손실의 확대를 막는 능력이기도 하다. 좋은 의사결정에는 손실의 확대를 막는 좋은 결정을 내리는 일이 포함된다. 이렇게 생각해보라. 나쁜 결정 뒤에는 좋은 결정이 뒤따를 수 있다. 손실의 확대를 막는 좋은 결정이다.

12) 그만두어야 할 때를 아는 사람을 높이 평가하는가?

잘못된 투자를 포기한 훌륭한 의사결정자를 높이 평가하는가? 폴드할 때를 아는 포커는 좋은 플레이어임을 보여주는 징후다. 우리는 손실을 받아들여야 할 때를 알고 승산 없는 행동을 포기할 줄 아는 사람을 높이 평가한다. 그만두어야 할 때를 아는 사람을 높이 평가하면서, 더는 이득이 안 되는 행동을 그만두기로 결정하는 자신은 왜 높이 평가하고 인정하지 않는가?

13) 단기적인 비용을 과장하고 있는가?

혹시 매몰비용 포기에 따르는 단기적인 불편함을 과대평가하지는 않는가? 변화를 생각할 때, 우리는 무언가를 포기할 때 느끼는 초기 감정이 얼마나 부정적일지 과대평가한다. 감정은 상황에 따라 변하는 경향이 있다. 매몰비용에 대한 현재의 약속을 포기할 경우 그런 즉각적인 부정적인 감정이 얼마나 오래 지속될 것이며, 얼마나 강렬할까? 매몰비용을 포기할 때 긍정적인 감정과 경험을 고려하지 않는 것은 아닌가? 매몰비용을 포기한다면 그런 긍정적인 감정은 얼마나 오래 지속될까, 얼마나 강렬할까?

14) 그만두기로 한 결정을 검토하면서 배울 수 있는 것은 무엇인가?

과거에 매몰비용을 포기해보았는가? 부정적인 행동을 그만둬 손실 확대를 막은 경험이 있는가? 그러고 나서 후회했나, 아니면 과거에 그만둔 행동이 더 낫음을 인정했는가? 그만두기로 한 과거의 결정으로 결국 악순환에서 벗어났다면, 당신을 매몰비용에 갇힌 감정의 악순환으로부터 벗어나게 할 수 있는지 생각해보라.

15) 변화를 손실이 아닌 이득으로 해석할 수는 없을까?

잠시만 변화의 잠재적 긍정성에 집중해보자. 잠재된 긍정적 측면에는 어떤 것이 있고, 어떻게 하면 긍정적인 결과가 발생할지 생각해보자. 변화에 잠재된 긍정적인 측면에 대해 짧은 글을 써보는 것은 어떨까?

우리는 매몰비용을 포기하고 앞으로 나아갈 때, 비로소 매몰비용이 눈을 가려 긍정적인 면을 보지 못했다고 깨닫곤 한다. 사실, 더 일찍 빠져나오지 못한 것을 후회할 가능성이 더 높다. 우리는 매몰비용의 닻을 거두고 더 나은 기회를 향해 앞으로 나아감으로써 더 나은 삶을 살게 되었다는 사실을 나중에야 깨닫고 위안을 얻는다.

극복을 위한
도전 과제

우리는 어떻게 매몰비용에 갇히는지 알아보고, 합리적인 의사결정을 하여 잘못된 인식에 도전하는 법을 배웠다. 이제는 지금까지 배운 것을 앞으로 할 결정이나 과거에 내린 결정에 어떻게 적용하는지, 매몰비용을 어떻게 고려해야 하는지 살펴보기로 하자. 특정 결정에 대한 위의 15가지 질문에 대한 답을 적어보면 무엇을 잘못 인식했는지 알게 된다. 매몰비용이라는 덫을 이해한 지금이라면 분명 달리 생각할 것이다.

회복탄력성이 중요한 이유

결정을 내리기 위한 마지막 단계에 존재하는 또 다른 장애물은 결과가 이상적이지 않을 경우 대처할 수 없다는 두려움이다. 이렇게 우리는 회복탄력성의 문제를 만나게 된다.

회복탄력성이란 역경에 대처하고, 다시 일어서고, 쓰러지고 다시 일어서는 능력이다. 어려운 결정을 내리려 할 때 "만약 …라면 난 감당할 수 없을 거야"라고 생각할 수 있다. 이런 생각 때문에 그것이 아니라면 꽤나 좋아 보이는 선택을 못하게 된다. 이렇게 꼼짝하지 못하는 상태에서는 자신의 회복탄력성을 현실적으로 평가하기 어렵다.

앞서 나는 만성적 불안에 사로잡힌 사람들로 하여금 미래를 예측하게 하고 몇 달 뒤, 실제 결과를 조사한 연구를 언급했다. 사람들이 걱정했던 일의 85퍼센트는 긍정적이거나 중립적인 결과를 보여주었다. 부정적인 결과는 15퍼센트였고, 만성적으로 걱정하는 실험 참가자의 79퍼센트는 부정적 결과에 생각보다 더 잘 대처했다고 답했다. 당신 역시 실제로 문제가 발생했을 때 생각한 것보다 잘 대처할 수 있을 것이다. 자신의 회복탄력성이 스스로 생각한 것보다 좋은 이유는 다음과 같은 몇 가지 때문이다.

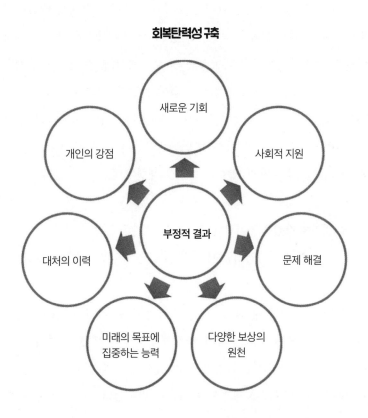

회복탄력성 구축

새로운 기회

개인의 강점

사회적 지원

부정적 결과

대처의 이력

문제 해결

미래의 목표에 집중하는 능력

다양한 보상의 원천

1. 어려움에 대처해 온 자신의 이력을 고려한다

누구나 살면서 어려움, 상실, 실망, 실패를 경험한다. 불안하거나 우울할 때는 미래를 감당할 수 없다고 생각한다. 하지만 미래의 어려움을 처리할 수 있는 능력을 알고 싶다면, 과거에 어려움을 어떻게 대처했는지 생각해본다.

완다는 이혼을 고민하면서 외로움, 재정적 어려움, 딸을 자주 보지 못할 것을 두려워하고 있었다. 이런 문제들은 그녀에게 중요한 현실적인 문제였다. 하지만 그녀는 자신이 부유한 가정에서 태어나지 않았음에도 좋은 교육을 받을 수 있었고, 몇 년 전에 일하던 회사의 합병으로 직장을 잃었는데도 자신의 분야에서 좋은 경력을 쌓았으며, 과거에 여러 번 이별을 겪은 경험이 있었다. 그녀는 문제를 해결하는 자신의 능력을 되돌아보면서 그동안 자신에게 회복탄력성, 다시 일어서는 능력, 문제 해결 역량을 깨달았다. 이를 통해 그녀는 이혼할 경우 후회를 훨씬 적게 할 것임을 예상했다.

2. 개인의 강점을 조사한다

회복탄력성을 파악하는 또 다른 방법은 개인의 강점을 조사하는 것이다.

완다는 이혼에 대처하는 데 도움이 될 만한 자신의 여러 강점을 확인했다. 친구를 사귀는 능력, 따뜻하고 배려심이 많은 성격, 가치를 인정받는 좋은 직장, 금전적 여유, 앞으로도 계속 수입을 올릴 능력, 창의적으로 문제를 해결할 줄 아는 사람이었다. 다른 사람들이 의지하고 조언을 구할 만하며, 지적이고, 자신의 삶을 개선하려는 의욕,

특히 딸이 그녀를 강하게 만드는 동인이 되어주었다.

3. 새로운 기회를 상상한다

우리가 쉽게 놓치는 것이 있다. 좋아 보이는 것이든 아니든 사람은 익숙해지게 마련이다. 또한 변화는 새로운 기회를 가져올 수 있다. 어렵다고 예상하는 일이 생각보다 어렵지 않을 수도 있다.

완다는 회복탄력성에 도움이 될 수 있는 새로운 기회를 상상했다. 이혼으로 남편과 다툼을 끝내고, 혼자만의 평화로운 시간이 많아지고, 마음을 연다면 새로운 관계를 추구할 수 있고, 새로운 관심사를 가질 수 있으며, 친구들과 더 많은 시간을 보낼 수 있는 등의 기회 말이다.

4. 사회적 지원을 인식한다

우리는 지지하고 이해해주는 사람들이 있을 때 삶을 더 성공적으로 관리한다.

완다는 과거에 자신에게 힘이 되었던 여러 친구와 가족들의 목록을 만들었다. 완다는 이들에게 연락해 이야기를 나누고 만남을 계획했다. 이들과 이혼에 관한 이야기를 나누면서 완다는 많은 친구와 가족들이 비슷한 어려움을 겪었다는 점을 깨달았으며, 그들의 격려와 이해로 그녀는 큰 위로를 받았다.

5. 자신의 문제 해결 능력을 인정한다

회복탄력성을 높이는 데 도움이 되는 요소 중 하나는 문제 해결 능력이다. 당신의 문제가 외로움이라고 가정해보자. 그 문제를 어떻게 해결할 수 있을까? 지인 목록을 만들어 연락하고, 사람들을 만날 수 있는 활동이나 강좌에 참여하고, 낯선 사람과 대화를 시작하고, 데이트 앱에서 사람을 만나고, 자원봉사 활동이나 그룹에 참여할 수도 있다.

6. 보람과 의미의 원천을 늘린다

회복탄력성을 키우는 또 다른 방법으로 보람과 의미를 찾을 수 있는 다양한 일이 있다. 투자자들은 포트폴리오를 주식, 채권, 저축, 부동산, 현금 등 다양한 투자 수단으로 채운다. 인생 포트폴리오 역시 보람과 의미를 찾을 수 있는 다양한 원천으로 채워보는 것은 어떨까? 사회적 지원 네트워크를 강화하고, 관심사와 취미를 개발하고, 자신의 가치체계를 성찰하고 자신이 소중하게 여기는 일에 집중하고, 자신과 타인에 대한 연민을 키우고, 기술을 익히고, 직업 네트워크를 확장하고, 운동, 식단, 건강한 습관으로 구성된 건강 프로그램을 개발해 인생 포트폴리오를 구축해보자. 강력하고 의미 있는 인생 포트폴리오와 함께라면 좌절을 더 잘 감당하고 후회에만 집중하는 상황을 피할 수 있을 것이다.

7. 좌절을 미래의 목표로 전환한다

회복탄력성이란 좌절에서 다시 일어서는 것이다. 좌절에서 일어선다는 것은 무슨 뜻일까? 좌절을 미래의 목표로 전환하는 것을 의미한다. 예를 들어, 이혼이라는 좌절을 겪었다고 가정해보자. 결혼생활이 끝난 것을 후회할 수도 있지만, 후회를 앞으로 추구할 미래의 목표를 겨냥하는 것으로 전환시킬 수도 있다. 이런 목표에는 계속해서 좋은 부모가 되는 것, 사회적 지원에 의지하는 것, 새로운 관심사를 개발하거나 오래된 관심사를 추구하는 것, 정신적, 육체적 건강을 유지하는 것 등이 포함된다. 문제를 생각할 때마다 그것을 목표에 대한 생각으로 전환시켜라.

　부정적인 결과에 대처할 수 없다는 생각에 갇혀 있다면, 잠시 시간을 내 당신의 회복탄력성이 어떠한지, 회복탄력성을 키우기 위한 적극적인 조치를 취할 수 있는지 생각해본 그것은 남은 인생 동안 좋은 결정을 내리는 데 도움이 될 것이다.
　비관적인 편향과 매몰비용에 대한 집착에 맞선다면 더욱 유연하고 현실적인 선택을 할 수 있을 것이다. 선택을 마무리하는 순간에 가까워질수록, 선택은 미래 효용에 관한 것이어야 하며 어떤 상황이든 당신에게 여러 선택지가 있고 당신이 과거에 잘 대처해왔다는 점을 인식해야 한다.

후회의 심리학

+ 결정은 위험의 완벽한 부재가 아닌 여러 위험의 타협점을 찾는 일이다.

+ 넘어지는 것은 불가피하다. 중요한 것은 넘어진 후 일어나는 것이다.

+ 확실성은 환상이다. 언제나 다른 가능성이 존재한다.

+ 나중에 더 나은 답을 찾는 것이 후회를 피하는 더 나은 방법일 수 있다. 나중이 더 좋을 수 있다.

+ 포기는 곧 나아가는 것이다. 놓아줌으로써 나아갈 수 있다.

+ 기회는 다른 문이 닫혔을 때 열리는 문들이다.

+ 때로는 일, 관계, 노력에도 유통 기한이 있다.

+ 매몰비용의 포기는 인생의 다음 챕터를 쓸 수 있는 기회를 열어 준다. 당신의 다음 챕터는 어떤 모습일까?

+ 후회는 문제를 인생의 의미로 만드는 데 초점을 맞추는 일이다. 회복탄력성은 앞으로의 당신을 인도하는 의미 있는 일을 목표로 만드는 것이다.

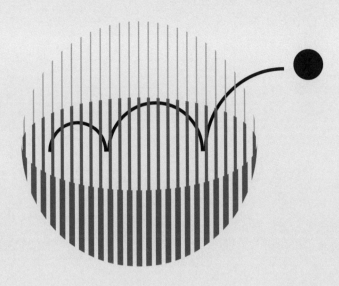

6장

"후회를 줄이는 법"
_선택의 기술

더 나은 선택을 위한 전략들

수닐은 4년 전 니나를 만났다. 그들은 함께 살다가, 몇 달 동안 헤어졌다가, 다시 합쳐서 이제 2년 째 동거를 이어왔다. 수닐은 결혼에 대해 니나와 상반된 감정이다. 수닐은 니나와 결혼하는 일이 썩 내키지 않지만 그녀를 잃고 싶지는 않다. 지금까지 만나온 어떤 사람보다 좋은 관계를 맺고 있지만, 혹시 더 잘 맞는 사람이 있지 않을까 하는 생각이 사라지지 않는다.

수닐은 1년 넘게 결혼을 미루고, 니나는 수닐이 결단을 내려 인생의 불확실성을 없애주기를 바란다. 결혼을 한 수닐의 친구들은 니나가 수닐에게 좋은 짝인데도 수닐이 "준비가 안 된 것 같다"고 불평한다고 생각한다.

수닐은 내게 "제가 행복할 거라는 확신이 필요한 것 같아요"라고 말했다. "어떻게 해야 할까요?"라는 그의 물음에 나는 "선택은 당신의 몫임을 유념해야 합니다"라고 답했다. 생각에 생각을 거듭해도 수닐은 니나가 잠재적 파트너로서 가진 장점과 단점을 받아들이는데 어려움을 겪고 있었다. 그렇게 시간은 계속 흘러갔다.

다른 많은 사람들과 마찬가지로 수닐 역시 중요한 결정 앞에서 양면적인 감정을 느꼈다. 그는 니나가 무한정 미루는 결정을 받아들이지 않으리란 사실도 알고 있었다. 나는 수닐이 '엇갈린 감정을 느끼며 이런 불확실성이 미래를 가로막는다'고 말했다. 수닐은 자신의 결정에 직면하면서 선택을 미루는 태도 때문에 니나와 멀어질 수 있음을 깨닫고, 후회하게 될지도 모른다고 생각했다.

의사결정과
후회

어떤 선택지가 있는지, 각 선택의 장단점이 무엇인지 판단하는 과정을 거쳤다면 이제 준비가 된 것이다. 정보를 수집하고, 장단점을 따져보는 판단 과정이 이론적으로는 무한정 계속될 수 있다. 하지만 어느 순간에는 최종 결정(변화를 줄 것인지 아닌지)을 내려야 한다. 그렇기에 의사결정 방식이 중요하다. 고려하는 변화 위험을 어떻게 인식하는지도 중요하다.

이 책에서 지금까지 기본적인 가정과 태도, 그것을 적극적으로 인식하지 못하는 사이에 결정이 우리 삶에 미치는 영향을 파악했다. 위험을 과대평가하고 변화를 피하는 경향이 있는지, 아니면 위험을 과소평가하고 현명하지 못한 행동에 뛰어드는 경향이 있는지 살폈다. 당신의 후회가 기회를 놓쳐서인지 신중하지 못한 결정 때문인지 배운 것이다. 그에 더해, 변화를 피하는 데 중요한 역할을 하는 세 가지 신념, 비관주의, 매몰비용 포기의 두려움, 실망스러운 결과를 처리하는 능력에 도전했다. 그럼, 이번에는 변화를 받아들일지 피할지 알아보자.

당신의 결정은 만족보다는 극대화를 원하고, 절대적 확실성을 가진 무결점을 추구한다. 당신이 선택에 끌어들이는 모든 망설임, 비현실적인 기대, 욕구가 선택을 어렵게 만들고 결국은 결과를 감당하기 힘들게 만든다.

그다음은 행동할 차례다. 많은 사람들이 때로는 후회를 피하고자 한 번에 여러 전략에 의존하기도 한다. 모든 전략, 사고방식, 선택지에는 장단점이 있음을 명심하라. 이런 선택 전략을 검토할 때는 자신의 의사결정 방식이 후회를 키우는지 아닌지 자문해야 한다. 만약 그렇다면, 이는 부적절하고 불필요한 후회를 줄이는 좋은 결정을 내릴 기회다. 더 나은 결정을 내리면 후회는 줄어든다. 더 나은 결정을 내리는 데 방해가 되는 요소는 무엇인지 살펴보자.

1. 기다리기

선택할 때 사용되는 흔한 전략이다. 위험을 과대평가하는 사람은 어떤 조치를 할 때 잘못될 수 있는 모든 가능성을 검토하기에 시간을 많이 필요로 한다. 기다림에는 특정한 비용이 따른다. 그 내용을 읽으면서 결정을 미룰 때의 당신이 기다리는 것은 무엇인지 자문

선택하기 전략들

기다리기	다른 사람으로부터 안심 구하기	군중 따라가기
헤징	절충안 꺼리기	운에 맡기기
	다른 사람이 대신 결정하도록 하기	

해보라. 다음 부분에서 제시하는 도전 과제를 시도해보라. 그렇게 하면 끝없는 기다림에서 벗어나 그 덫에 남을 때의 비용을 치르지 않아도 될 것이다.

2. 기다리고 결정하지 않는 것이 곧 결정

기다리는 것이 결정을 미루는 것이라고 생각하겠지만, 사실은 기다리는 것 자체가 결정이다. '기다리기로 한 결정'인 것이다. '결정하지 않는 것'은 변하지 않기로 하는 결정 또는 대안을 거부하는 결정이다.

수닐은 니나와의 결혼에 대한 결정을 계속 미루었다. 그는 매일 "예" 또는 "아니오"라는 결정적인 진술을 미뤄왔다. 결정에는 결과가 따른다. 매일 하루를 시작할 때 결정하기 위해 기다리는 중이라는 사실을 인식하면, 당신이 실제로는 기다리기를 선택한다는 점을 명확히 할 수 있다. 이후 이 부분에 제시된 여러 사항을 보며 기다림으로 인한 비용과 이득을 살펴볼 수 있다. 기다림은 어떤 도움을 줄까? 기다림은 어떤 피해를 유발할까?

3. 기회비용을 진단한다

기회비용은 어떤 결정을 했을 때 놓치는 선택지 또는 기회이다. 가진 돈을 모두 부동산에 투자하기로 결정했다면 주식에 투자하거나 자동차나 휴가에 돈을 쓸 기회는 없다. 모든 일에는 대가가 따른다. 기다림에도 상당한 기회비용이 있다. 본인뿐만 아니라 다른 사람에게도 말이다. 기다림을 선택하는 동안, 당신은 변화했을 때 얻을 수 있는 기회를 잃는다.

수닐의 기다림은 니나로 하여금 헌신과 사랑을 의심하게 만든 것이다. 그녀는 "그가 결정을 내리지 못한다면 그는 진짜 내 짝이 아닐 수도 있어"라고 생각했다. 수닐의 기다림으로 인한 두 번째 결과는 그가 고려하던 기회가 사라질 수 있다는 점이다. 실제로 그는 두 번의 기회를 잃을 수 있다. 니나가 불안하고 확신이 없는 남자와 결혼하고 싶지 않다고 결론을 내리게 되면서 그녀를 잃을 수 있고, 결정을 내리지 못하고 망설이는 사이에 다른 여성을 만나 볼 기회도 잃을 수 있다. 이럴 때는, 스스로에게 "결정을 내리지 못하고 기다리는 동안 기회를 잃는 것은 아닌가?"라는 질문을 던진다. 끝없는 기다림의 세 번째 기회비용은 결정을 내리는 데에서 오는 만족감이다.

다이앤이 한 입사지원자에 대해 겪었던 딜레마를 살펴보자. 욜란다는 한 회사의 매니저인 다이앤에게 연락했다. 다이앤과 욜란다는 사적으로 아는 사이였고 욜란다는 이 인맥으로 새로운 일자리를 구하려 했다. 욜란다는 수차례의 면접을 거쳤고 다이앤은 동료들과 그녀가 이 일이 잘 맞을지 이야기를 나눴다. 다이앤은 현재로서는 욜란다가 이 회사에 필요로 하는 적당한 인물이 아니라는 결론을 내렸지만 욜란다에게 말하는 것을 계속 미뤘다.

다이앤은 다른 사람의 감정이 상할까봐 많이 걱정하고, 업무의 여러 영역에서 우유부단했다. 다이앤의 결정 방식은 남의 비위를 맞추려는 데에서 비롯되는 경우가 많았다. 그녀는 사람들에게 나쁜 소식을 전하기를 겁내고 모든 사람이 자신을 좋게 보길 바랐다. 욜란다와의 관계도 마찬가지였다. 욜란다의 감정을 상하게 할까 걱정했다. 매일 욜란다에게 직접 말하기로 한 결정을 미루면서 다이앤은 날마다 우울했고 무능하다는 느낌을 받았다. 욜란다에게 연락할 생각만 하면 불안한 마음이 들었고 불합격을 이야기하지 않기로 결정을 내리는 날이 계속되었다.

나는 다이앤에게 입사지원자에게 불합격 통보를 했던 과거의 경험에 대해 물었다.

"불합격 통보를 하고 다음날 기분이 어땠나요?"
"흥미로운 질문이네요. 결정하고 나면 전 보통 안도감을 느끼고 그것을 별로 생각하지 않아요. 실제로 결정하고 난 뒤에는 후회가 없는 것 같아요. 하지만 결정전에는 후회한다고 예상해요."

나는 다이앤에게 타임머신을 타고 욜란다에게 불합격 사실을 밝힌 뒤 일주일이 지난 때를 상상해보자고 제안했다.

"이 문제를 해결했다는 데 안도감이 들 것이 분명해요. 하지만 그녀에게 연락할 생각을 할 때마다 대화가 얼마나 불쾌할지 생각하게 돼요."

"그러니까 당신은 결정을 내릴 때 장기적인 결과는 생각하지 않고 욜란다에게 말한 직후나 대화하는 동안 당신이 느낄 기분을 기반으로 삼는군요. 올바른 의사결정의 핵심은 결정하는 순간의 불쾌감보다는 장기적인 결과를 생각하는 것입니다. 자신의 생각을 명확하게 표현했을 때 장기적 결과를 생각해보세요. 한 가지 더 묻겠습니다. 자신이 불합격했고 그래서 다른 기회를 추구할 수 있게 된 것을 안다면 욜란다는 안도할까요? 만약 욜란다가 이 대화를 듣고 있다면 당신에게 어떻게 하라고 말할까요?"

"욜란다는 제가 불합격 사실을 솔직히 말해서 모호한 상태로 제 연락만 기다리는 일을 끝내게 해달라고 말할 것 같네요. 사실 결정을 내려놓고도 그녀에게 말하지 않았다는 사실을 안다면 욜란다가 화가 날 수도 있을 것 같아요."

"욜란다에게 연락하면 어떤 일이 일어날 것 같은가요?"

"실망했다고 좋은 자리가 생기면 알려달라고, 또 다른 가능성을 찾아보겠다고 말할 것 같네요."

그다음 주 다이앤은 욜란다에게 직접 연락해서 불합격 사실을 이야기했고, 욜란다는 자신의 입사를 고려해준 다이앤에게 감사의 인사를 전했다. 두 사람 모두 다이앤이 마침내 대화를 명확하게 마무리했다는 데 안도하는 듯했다. 그들은 그 문제에서 벗어났다.

준비가 안 되면
나쁜 선택일까

이 책에서 여러 번 언급했듯이, 많은 사람들이 준비가 되었다는 느낌을 받아야, 편안하게 지금이 적절한 시점이라고 느끼고, 비로소 결정할 수 있다고 생각한다. 물론 당신의 의심이 타당하고 지금 생각하는 대안이 장기적으로 최선이 아닐 수도 있다. 그러나 이렇게 준비된 상태를 바라느라 이성적인 결정을 못 내릴 수도 있다. 지금이 감정적으로나 정신적으로 적절한 시점이라는 느낌을 기다리는 일은 사실과 대안에 대한 고려가 아닌 느낌에 근거를 두는 것이다. 이는 앞서 논의한 '감정적 추론'의 한 예로, 어떤 감정이 들면 어떤 것이 참이라는 믿음, 즉 '그런 준비가 되었다는 느낌이 들지 않으면 그것은 나쁜 선택'이라는 믿음이다.

누구나 이렇게 착각할 수 있다. 강박증을 알아보면 이것이 어떻게 작동하는지 쉽게 파악된다. 강박증인 사람은 자기 손이 오염되었고 손이 깨끗해졌다고 느낄 때까지 계속 손을 씻어야 한다고 생각한다. "손을 충분히 씻었는지 어떻게 알 수 있나요?"라고 물으면 "충분하다는 느낌이 들 때까지 씻어요"라고 답한다. 우리는 이것을 완료감Feeling of completion이라고 부른다. 이런 완료감의 문제점은 강박적인 손 씻기를 지속한다는 점이다. 실제로 이런 강박 사고를 뒤집는 핵심 기법은 손을 씻는 시간을 몇 분으로 정하고, 완료감이 들기 전에 손 씻기를 중단하는 것이다. 일반적인 위생 지침에 따르면 '생일 축하 노래'를 부르는 동안 손을 씻으면 충분하다고 한다. 이 지침은 완료감이나 손 씻기를 멈출 준비가 되었다는 느낌에 근거하지 않는다.

우리는 삶의 많은 영역에서 결정하기까지 마감 시한을 지키는 데 익숙하다. 부동산을 구매하는 경우, 판매자는 가격 제안을 해 계약을 체결할 수 있는 시간을 제시한다. 대학에 진학하는 경우에도 합격 결과를 보고 입학을 결정하기까지의 기간이 정해져 있다. 그 기한 내에 입학하지 않으면 합격은 취소된다.

사실, 준비가 되었다고 느낄 때까지 계속 시간을 갖는다면 미루는 습관을 강화할 뿐이다. 미루다 보면 선택할 때 큰 불안감을 느낀다. 불안을 줄이는 방법은 선택에서 발을 빼고 선택하지 않는 것이다. 선택에서 물러서는 순간 불안감이 줄어든다. 그러나 이런 불안의 감소는 회피와 미루기 기술을 더 강화시킨다. 결정을 내릴 때는 선택에 따른 불편함, 불안, 불쾌함을 바로 받아들여야 한다.

오래 기다릴수록
더 기다리고 싶어진다

선택 방식에 기다림을 사용하는 데에는 흥미롭고 역설적인 결과가 따른다. 기다리는 시간이 길어지고 결정을 미루는 횟수가 많아질수록, 행동하는 일이 점점 더 어려워진다. 이를 행동 관성Action inertia

이라고 부른다. 관성은 변화에 대한 저항이다. 정지한 물체가 힘이 작용하지 않는 한 변하지 않는 것과 마찬가지다. 스스로를 결정하지 않는 사람으로 인식하는 것과 같다. 기다림은 관성을 키우고, 관성이 클수록 결정을 내리기가 힘들다.

다이앤은 지속적인 부작위 관성의 좋은 예다. 다이앤의 삶의 다른 영역을 진단한 우리는 그녀가 직장에서 맡은 프로젝트에서도 의사결정을 미루는 경우를 많이 발견했다. 다이앤은 비관적이고 우울하며 확신을 요구하는 의사결정 방식을 취했다. 그녀는 이득보다는 손실을 두려워했고, 이기기 위해 노력하기보다는 잃지 않기 위해 노력했다. 그녀는 부정적인 결과가 극단으로 치달으리라고 과장해서 생각하고, 자신의 대처 능력을 과소평가했다.

다이앤은 팀원들에게 지시를 내리는 결정도 미뤘다. 가정의 재정적 결정도 미루곤 했다. 그녀의 전략은 점점 더 많은 관성의 벽을 쌓아갔다. 마치 다이앤이 앞으로 나아갈 수 없게 하는 벽이 매일 커지는 듯했지만, 그녀는 결정을 내리지 않았다.

더 나은 정보를
얻을 수 있을까?

물론 최신 정보를 얻기 위해 기다려야 하는 때도 있다. 하지만 기다림 전략으로는 훨씬 더 나은 정보는 물론 관련 정보조차 얻을 수 없는 경우가 많다. 실제로 기다리는 동안 기다림을 정당화하기 위한 정보만을 선택적으로 찾을 수도 있다.

모든 결정은 불확실한 상황에서 이루어진다. 모든 결과를 정확히 알 수는 없다. 미래는 아직 일어나지 않았기 때문에 완전한 정보는 얻을 수가 없다. 이를 완벽하게 보여주는 예가 일기예보다. 삶의 많은 부분은 일기예보를 보는 것과 같다. 비가 내릴지 아닐지는 실제로 비가 올 때까지 알 수가 없다.

수닐과 니나 이야기로 돌아가보자. 수닐은 니나와 4년 동안 만났고, 그중 2년 동안 함께 살았다. 나는 진료 중에 수닐에게 결정을 기다리는 동안 어떤 새로운 정보를 얻었냐고 물었고, 그는 니나에 관한 정보라면 대부분 안다고 했다. 결혼하기 위해 필요하다고 생각하는 열렬한 감정은 없다고 답했다. 나는 그가 기다리는 것이 정보보다는 감정이라고 지적했다. 수닐은 거기에 동의하면서도 '아직 더 나은 짝이 나타날지도 모를 일'이라고 덧붙였다. 내가 답했다.

"전 세계에는 수십억 명의 사람이 있습니다. 당신이 매력을 느낄 만한 사람, 당신의 잠재적 배우자가 될 만한 사람을 얼마든지 찾을 수 있죠. 하지만 언제일지 모를 어느 시점에 더 나은 짝을 찾았다고 해도, 그 사람보다 더 나은 짝을 또 생각하지 않을까요? 더 나은 사람이 나타날 수 있다는 생각은 계속해서 지금 함께하는 사람의 가치를 낮춰볼 뿐입니다."

새로운 가능성이 나타날 수 있다는 이유로 누군가를 기다리는 문제는 끝이 없다는 것이다. 여기에서 던져야 할 질문은 "남은 인생을 계속 더 나은 선택지를 찾는 데 쓰고 싶은가?"이다.

이것을 검색 비용Search cost으로 생각해보라. 더 많은 정보를 찾기 위해 검색하는 데 비용은 얼마나 들까? 언제 검색을 중단해야 할까? 사무실 임대 계약을 갱신할 때면 나는 기존 임대인의 제안을 받고 맨해튼 사무실의 시세를 검색한다. 하지만 검색하면서도 계약을 마무리 짓지 못하면 사무실이 없어짐을 안다. 이 경우 무한 검색의 대가는 폐업일 수도 있다.

기다림이 후회의 가능성을 줄여준다고 생각하는가? 가능한 최고의 결과를 찾아다니는 극대화주의자들에 대한 연구를 떠올려보라. 그들은 결과에서 높은 만족을 경험하는 사람들보다 결정에 많은 시간을 들인다. 극대화주의자들은 결과를 후회할 가능성도, 결과에 불만족할 가능성도 높다. 기다리기 전략의 기저에는 최상의 결과가 필요하고 거기 못 미치는 결과에 만족하지 못한다는 가정, 즉 극대화 가정이 있다.

기다리는 전략의 기저에는 후회 없는 완벽한 결과에 이르는 완벽한 결정 방법이 있다는 '착각'이 있다. 이것은 내가 '실존적 완벽주의'라고 묘사한 것의 일부다. 여러 번 언급했듯이, 불완전한 세상에는 완벽이 존재하지 않으며, 불확실한 세상에는 확실성이 존재하지 않는다. 있는 그대로의 현실을 받아들여야 한다.

왜 다른 사람에게
확인할까?

앞서 이야기했듯이, 확인을 구하는 것은 의사결정에서 흔히 사용되는 전략이다. 우리는 다른 사람에게 좋은 조언을 구하곤 한다. 그들의 경험과 지식 기반을 소중히 여겨서일 때도 있겠지만, 사실 이런 방식은 혼자 결정을 내리는 일을 더 어렵게 만든다. 후회로 이어질 수 있는 다른 전략들이 그렇듯이, 왜 이 전략에 의존하는지, 그렇게 했을 때 어떤 일이 일어나는지 자문해보는 것이 중요하다.

혹시, 결정의 책임을 회피하려는 것은 아닌가? 다른 사람의 현명한 의견을 구하는 일이 작업의 일부라고 생각할 수도 있다. 하지만 결정이 자신에게 불리한 결과로 이어졌을 때 다른 사람에게 책임을 전가하려는 이유도 없지는 않다. 친구나 동료를 탓하며 "그게 좋은 생각이라고 했잖아. 그런데 결과가 어떤지 보라고!"라는 것이다. 다른 사람의 조언을 따름으로써 책임을 덜 수 있다고 스스로를 속여서는 안 된다. 궁극적으로 결정은 언제나 본인의 몫이다.

증거를 따지고, 대안을 고려하고, 장단점을 받아들이고, 불확실성이 있더라도 앞으로 나아가고, 선택지에 유연한 태도를 가져야 훌륭한 의사결정자가 될 수 있다. 이것이 합리적인 의사결정이며 후회를 최소화하는 길이다. 다른 사람이 당신 대신 운동을 하거나 건강식을 먹어줄 수 없는 것처럼, 다른 사람이 대신 결정을 내릴 수는 없다. 자신감이 부족하고, 다른 사람을 이상적이라고 여기며, 종종 다른 사람에게 의지하는 사람들은 결정을 내릴 때, 다른 사람에게 의지한다. 이후 그것을 후회하고 그들을 원망한다.

올바른 결정이 무엇인지 다른 사람들이 나보다 더 잘 알까? 물론 다른 사람에게 해당 분야에 대한 경험과 지식이 더 많다면 그럴 수 있다. 하지만 대개 우리는 현재 상황에 우리보다 더 나을 것이 없는 사람에게서 확인을 구한다.

　마티와 니콜은 오래된 연인이지만 기복이 많았다. 마티의 친구 그렉은 최근 이혼했고, 그렉은 마티에게 자신과 술집에서 가서 여자들을 꼬시자고 권했다. 그는 마티가 '싱글이었으면' 하고 생각했다. 마티는 그렉이 자신을 만날 때마다 니콜이 마티의 좋은 짝이 아니라고 계속 이야기한다는 것을 알아차렸다. 마치 그렉이 마티와 니콜의 사이를 갈라놓아 같이 놀러 다닐 친구를 만들려는 의도를 숨기는 듯 보였다. 마티는 그렉이 자신이 아는 정보를 바탕으로 스스로 결정하기를 바랐다.

　다른 사람들은 다른 관점을 제시할 수 있지만, 당신이 가장 중요하게 생각하는 가치가 무엇인지 모를 수 있다. 다른 사람은 그만의 의도와 가치 체계를 가진다. 자신의 저녁 메뉴를 다른 사람에게 묻는 일은 상대가 당신과 똑같은 음식 취향을 가졌다고 가정하는 것이다. 몇 년 동안 사귄 연인과 결혼해야 할지 친구들에게 묻는다면 당신과 친구가 장기적인 관계에서 같은 취향과 관심사를 가졌다고 가정하는 것이다. 사람들은 저마다 원하는 것이 다르다. 때문에 다른 사람의 생각을 묻는다면 그들 자신이 원하는 것을 묻는 것이며 그들이 원하고 필요로 하는 것은 당신이 원하고 필요로 하는 것과는 다르다.

　좋은 결정을 내리지 못하는 편이라고 생각하는가? 선택을 자주 후회하는 사람이라면 이런 질문에 그렇다고 답하는 것이 자연스럽다. 하지만 당신의 인식이 부정확할 수도 있다. 당신은 많은 결정을 내렸고 그중 많은 결정은 현명한 결정이었을 것이다.

　그렇다면 현명한 결정이었다고 어떻게 판단할까? 우선, 당신이 내린 좋은 결정의 증거를 수집한다. 예를 들어, 누군가에게 채용 불합격 소식을 전해야 한다면, 회사에서 내린 결정들(직원 채용, 정책 결정, 투자 결정, 부각된 문제의 해결)과 개인적인 결정들(결혼, 양육 문제의 해결)을 돌아본다. 그것들을 검토하고 결정한다.

삶의 다양한 영역에도 적용할 수 있다. 내린 결정의 목록을 만들고 A는 훌륭한 결정, F는 최악의 결정을 나타내는 A부터 F까지의 척도를 사용해 점수를 매긴다. 일, 재정, 친밀한 관계, 우정, 운동, 건강 등 삶의 다양한 영역을 검토하라. 모든 영역에서 계속해서 좋은 결정을 하는 사람은 없다는 사실을 명심하라.

확인해서 얻는
결과는 무엇인가?

다른 사람이 나를 어떻게 볼지, 어떻게 해야 할지 계속 다른 사람에게 묻는다면 당신을 자신감이 부족한 사람, 능력이 부족한 사람으로 보일 수 있다. 자신을 가장 잘 아는 사람은 자신뿐이다. 스스로 결정할 능력이 없는 사람이라고 생각한다면, 아마 당신 생각이 맞을 것이다. 어쩌면 당신은 결정을 내릴 수 없는 사람일지도 모른다. 그런데 사람들이 당신에게 그런 인상을 가져도 괜찮은가?

직장에서는 특히 더 그렇다. 계속해서 동료나 상사에게 무엇을 해야 할지 묻는다면 사람들은 당신을 스스로 결정을 내리지 못하고 일을 완수하지 못하는 사람으로 생각할 것이다. 특히 리더가 되고자 한다면 이것은 더 중요한 문제다. 자신이 내리는 결정에 책임감을 가져야 한다. 다른 사람들의 의견과 관점을 묻지 말라는 것이 아니라, 정보를 수집할 때는 당신이 결정할 수 있도록 정보를 수집한다는 점을 분명히 해야 한다.

다른 사람에게 결정을 맡기는 태도는 중요한 관계에서 분명히 부정적인 결과를 초래할 것이다. 만약 연인이 자신은 확신이 없지만 친구가 좋은 생각이라고 말했기 때문에 결혼을 결심했다고 말하면 어떨까? 당신은 상대가 그 관계에 얼마나 헌신하는지 의심하고 앞으로 어느 정도까지 상대를 신뢰할 수 있을지 의문을 품을 것이다.

유능한 의사결정자라면 자신이 내린 결정을 전적으로 책임져야 한다. 당신은 성공과 실패를 자신에게 어떻게 설명하는가? '부정적인 설명 방식'은 운이 좋았다거나 쉬운 일이었다고 말함으로써 성공의 가치를 축소한다. '긍정적인 설명 방식'은 좋은 결과를 자신의 능력이나 노력 때문이라고 이야기한다. 이것이 자신이 유능한 의사결정자라는 느낌을 개발하는 방법이다. 이에 대해 이해하려면 어린 시절 자전거를 어떻게 배웠는지 생각해보자. 처음에는 균형을 잡기 위해 자전거에 보조바퀴를 단다. 하지만 얼마 후 보조바퀴를 떼고 자전거를 타게 된다. 처음에는 힘들고 균형을 잡기가 어렵다. 하지만 일단 보조바퀴를 떼고 나면 자전거를 탈 수 있다는 자신감이 커진다.

확신을 구하는 일의 문제는 보조바퀴와 달리, 당신에게 무엇을 해야 할지 알려줄 사람이 항상 곁에 없다는 점이다. 어떻게 해야 보조바퀴를 떼고 스스로 앞으로 나아갈 수 있을까? 좋은 결과로 이어진 결정을 내렸지만 그것이 다른 사람 덕분이고 자신은 그 결정에 거의 관여하지 않았다고 믿는다면, 당신은 절대 발전할 수 없다.

당신의 결정이 당신을 결정한다

투자자들은 종종 다른 사람들을 따라 하다가 결국 거품이 되어 터지는 시장에 계속 투자하곤 한다. 다른 사람도 한다는 이유로 과음을 하는 사람에게서도 이런 문제를 볼 수 있다. 군중을 따르지 말아야 하는 이유를 살펴보자.

군중을
따를 것인가

우리는 손님이 많은 식당이 좋은 식당이라고 생각한다. 다른 사람들이 다 샀다고 하면 그 주식을 사곤 한다. 그러나 선택에서 정말 중요한 점은 다수의 선택이 틀렸는지, 지금의 상황에서 틀릴 수 있는지 여부다. 예를 들어, 과음하는 사람들은 과음하는 사람들과 어울리며, 섭식 장애를 가진 사람들은 섭식 장애를 가진 사람들과 어울리곤한다.

내 어린 시절의 예를 들어보겠다. 나는 가난한 노동자 계층이 사는 코네티컷 주 뉴헤이븐의 한 동네에서 자랐다. 열두 살 때 같이 어울리던 아이들 중 일부는 상점과 트럭에서 물건을 훔쳤다. 나는 물건을 훔치지 않았지만 그 아이들과 계속 어울리면 결국 거기에 휩쓸릴 것이 뻔했다. 당시 내 주위에는 남자다움을 과시하려는 친구들이 많았고, 그들은 서로 위험한 일을 부추겼다. 나는 언젠가 대학에 가서 성공하고 싶었고, 이런 친구들과 계속 어울리면 대학에 못 갈 수도 있다고 생각했다. 그래서 그 친구들과의 관계를 끊고 내게 좋은 영향을 줄 수 있는 새로운 친구를 사귀기로 마음먹었다.

돌이켜보면 나에게 이렇게 하라고 조언한 사람은 없었다. 내가 친구들이 저지른 범죄를 누구에게도 말하지 않았으니 당연한 일이었다. 나에게는 대학 진학이라는 소중한 목표가 있었고 주변 친구가 내게 부정적 영향을 끼친다는 사실을 깨달았다. 나는 인지행동치료가 무엇인지 알기도 전에 사용하고 있었던 것 같다. 내가 목표로 삼는 가치에 비춰보면 타당한 조치였다.

당신이 지금 사귀는 사람들이 인생의 소중한 목표에 긍정적인 영향을 미치는지 부정적인 영향을 미치는지 생각해보라. 철학자 아리스토텔레스는 좋은 친구를 알아보는 방법은 내가 더 나은 사람이 될 수 있도록 도와주는 사람인지 생각해보는 것이라고 말했다. 당신 주변의 사람들은 당신이 더 나은 사람이 되도록 돕는가? 어떤 결정을 할 때 따르는 군중이 정말로 내가 가치를 두는 것과 관련된 영역에서 최선의 결정을 내리는 사람들인지 생각해보라.

당신은
어떤가?

우리는 종종 두 개의 정체성 사이에서 고심하곤 한다. 첫 번째는 그룹의 일원으로서의 정체성이다. 우리는 집단과 어울리고 집단에 순응하기를 원한다. 그러나 우리는 개인인 정체성도 갖고 있다.

나 자신을 '리히'라고 생각할 때는 나를 군중이나 집단을 비롯한 어떤 범주의 일원이라고 생각하지 않는다. 그때는 어린 시절부터 내 삶과 내가 기억하는 모든 경험을 떠올린다. 그것이 나의 정체성이다.

자신의 정체성이 무엇인지 자문해보라. 당신은 누구인가? 무엇이 당신을 지금의 당신으로 만드는가? 지금의 당신에 이르게 한 중요한 경험은 무엇인가? 당신에게 일어났던 모든 부정적인 일과 극복해야 했던 도전 장애물 또는 직면했던 도전을 생각해보라. 당신 특유의 관점, 자신만이 가진 관점을 생각해보라. 당신이 맡았던 과제와 성취를 생각해보라. 당신이 겪었던 좌절을 생각해보라.

도전을 받아들이는 사람이라는 당신의 정체성과 개성을 향한 의식은 개인적 능력에 대한 의식으로 이어진다. 이것을 도전에 응하고, 목표를 추구하고, 개인의 가치관을 지키며 삶을 살아가는 개별적 주체 또는 힘, 주체 의식이라고 생각하라. 당신이 살아갈 수 있는 유일한 삶은 당신 자신의 삶이다. 군중을 따라가는 것은 주체 의식을 희생하고 개인의 능력을 약화시킨다. 당신과 군중이 어떻게 다른지 생각해보라. 당신과 군중이 다르다고 생각하는데, 당신의 결정이 군중에 의해 만들어진다면, 과연 타당한지 생각해보라.

당신의 결정은 당신이 누구인지를 결정한다. 자신과 자신의 가치관을 선택하라. 당신이 누구인지는 당신이 무엇을 하기로 결정하고 무엇을 하지 않기로 결정하는지에 달려 있다.

군중을 따를 때 우리는 그들의 경험, 욕구, 가치관이 우리와 완전히 일치한다고 가정한다. 군중에 순응한다면 우리가 개인이 아닌 군중의 하위 집합일 뿐임을 의미한다. 당신이 따르는 군중과 당신은 어떤 면에서 다른가? 군중 속 사람들과 다른 역사를 가지는가? 다른 목표를 갖는가? 군중이 가장 잘 안다고 생각하기보다는, 다른 가치관, 행동, 목표를 가진 무한히 많은 수의 군중이 있음을 고려해보라.

내 환자 중에 술을 끊거나 운동을 늘리는 등 몸에 좋은 습관을 키우고자 하는 이들이 비슷한 가치관과 비슷한 목표를 가진 다른 사람들과 어울리는 것을 많이 지켜보았다. 혹시 당신이 소속된 집단이 당신이 따르고자 하는 행동을 따르지 않는가? 당신에게도 군중을 따르지 않을 자유가 있다.

확인을 구하는 것과 마찬가지로 군중을 따르는 것 역시 결정의 책임을 회피하는 방법일 수 있다. 과음하거나 투기성 주식에 투자하는 것을 비롯한 위험한 행동을 하면서, 당신은 "다른 사람들이 다 하는 일인데 내 책임일 리가 없지"라는 결론을 내린다.

우리는 다른 사람들이 하는 대로 따라가면 후회를 피할 수 있다고 생각할 때가 많다. 하지만 군중을 따르는 일은 분명 후회로 이어진다. 나 역시 어린 시절 동네의 문제아들과 어울렸다면 그 결과를 후회할 것이 분명했다. 지금 이 책을 쓰고 있지도 않을 것이다.

집단을 따르고 그들이 하는 일을 따르고, 당신 선택의 기반을 그들에 두었던 때를 생각해보라. 그런 경우 군중을 따른 것을 후회하는가? 이번에는 미래의 모습, 다른 사람들의 잘못된 결정을 따라간 것을 후회한다고 생각하는 자신의 모습을 상상해보라.

발가락만 담그지 말라

후회를 피하기 위해 사용할 수 있는 전략으로 '헤징'이 있다. 선택에 전적으로 전념하기보다는 도피처를 만들어 두는 것이다. 결정에 전력을 다하지 않고 발가락을 담가 어떨지 맛만 보는 행위이라고나 할까?

헤징은 투자에서는 유용한 전략이다. 다양한 종목의 주식을 매수하거나 투자 상품 자체를 다각화시킴으로써 한 종목에만 투자하거나 한 가지 투자 상품에 편중되지 않도록 하는 방법이다. 그러나 인간관계, 직장, 건강에서의 헤징은 선택의 혜택을 얻지 못하는 결과로 이어질 수 있다. 이런 헤징은 자신과 내기하는 것과 마찬가지다.

몇 년 전 결혼을 앞둔 친구와 나눈 이야기가 기억난다. 그는 사업을 해서 출장이 많다고 했다. 그리고 출장의 좋은 점이 다른 여성들을 자유롭게 만날 수 있는 기회라고 말했다. 그 결혼의 결과가 어땠는지 짐작이 가지 않는가?

우리는 얻을 수 있는 결과에 대한 잘못된 믿음을 근거로 헤징을 한다. 이런 전략은 후회를 낳는다.

심리학에서 통하지 않는
두 마리 토끼 전략

돈이나 노력을 분산시키는 일은 투자에서는 합리적인 다각화 전략이지만, 심리 쪽에서 역효과를 낳는다. 금전적 투자에도 지나친 다각화는 성과로 이어지지 못한다. 헤징은 때때로 선택지를 제공하는 데 유용할 수 있지만, 앞으로 나아가는 것을 제한하는 역할을 할 수도 있다. 한 친구는 선거에 출마하면서 내게 "나는 이기기 위해 이 싸움을 시작했다"라고 말했다. 이처럼 성공을 위해서는 확실한 태도의 헌신이 필요하다.

때때로 사람들은 특정 목표를 추구하면서 다른 선택지를 계속 열어두는 결정을 내린다. 예를 들어, '아내 몰래 즐길 수 있다'고 생각했던 내 친구는 부정적인 결과가 나올 가능성을 높이는 일을 하고 있었다. 그는 '두 마리 토끼를 다 잡는다'는 전략을 따랐지만 결국 이혼하고 두 자녀에 대한 거액의 양육비를 지급하면서 과거의 결정을 후회하는 신세가 되었다. 일에서도 마찬가지다. 본업이 아닌 다른 일을 추구함으로써 선택지를 열 수 있지만, 상사가 그 사실을 알게 되면 생각보다 빨리 회사 문을 나서게 될 수도 있다.

삶에서 성공하려면 목표에 대한 전적인 헌신이 필요한 경우가 많다. 자신을 온전히 바치지 않고 목표와 상충되는 대안을 추구하면 결국 자신을 보호하지 못하는 결과로 이어진다.

후회를 많이 하는 사람들은 종종 헤징에 나선다. 이들은 모든 것을 걸면 모든 것을 잃을까 겁낸다. 아이러니하게도 헤징은 최선을 다하지 못하게 만든다. 당신의 일부만 거기에 있으니 당연한 일이다. 헤징은 오히려 후회를 키울 수 있다.

제대로 쓰지 못하면
안 쓰니만 못하다

헤징의 문제 중 하나는 최선의 노력을 다하지 않는다는 점이다. 당신에게 중요한 결정이라면 전력을 다하지 않은 데에서 성공이 도출되는 경우는 드물다. 헤징의 또 다른 문제점은 타인의 인식이다. 내가 동료나 직원들에게서 중요하게 생각하는 요소 중 하나는 팀에 대한 헌신이다.

당신이 농구팀의 일원이고 승리에 큰 의미를 둔다고 상상해보자. 그런데 팀원 하나가 성의 없는 경기를 한다. 빨리 달리지도 않고, 공을 쫓아가지도 않고, 공격적인 수비도 하지 않고, 다른 팀원에게 공을 건네지도 않는다. 경기에 몰입하지 않는 것이다. 당신 팀에 이런 구성원이 있다면 어떤 기분일까? 연인관계에서도 마찬가지다. 관계에 한 쪽 발만 담근 상대는 미래를 어떻게 생각하겠는가? 그가 관계의 개선을 위해서 노력을 기울일까? 이렇게 함께 가고는 싶지만 자신은 적게 투자하고, 다른 사람을 희생하려는 '무임승차자'들이 있다.

또한 헤징에는 자신에게 가장 유용한 헤징의 정도가 어느 정도인지 알 수 없다는 문제가 있다. 투자에서는 특정 범주와 다른 범주의 균형을 맞춰 다각화된 포트폴리오를 만든다. 예를 들어, 서로 연관이 없는 다른 범주의 주식을 보유해 한 종목이 하락해도 다른 종목들은 하락하지 않게 만들 수 있다. 또는 주식과 채권, 국채에 대한 분산 투자로 전혀 의존성 없는 여러 범주에 투자할 수도 있다. 하지만 각 범주에 몇 퍼센트를 투자해야 할지는 파악하기 쉽지 않다. 연인관계나 업무 문제로 가면 얼마만큼의 헤징이 필요한지 알기 더 어려워진다. 인생의 성공은 헤징을 기반으로 할까, 올인을 기반으로 할까?

사람들이 이전만큼 최선을 다하지 않는 것은 헌신이나 일에 가치를 두지 않기 때문이다. '그다지 중요하지 않다면, 놓쳐도 후회가 크지 않을 것'이라는 논리다. 일을 시작하기도 전부터 변명을 만들면서 결국 성공과 성취의 기회를 망치는 것과 다름없다. 하지만 앞서 설명한 이유 때문에, 헤징은 오히려 관계나 경력을 파멸로 몰아넣어 더 많은 후회를 안긴다.

대학 시절에 대단히 똑똑하고 외향적인 마이크라는 친구가 있었다. 그의 아버지는 장학생인데다 올림픽까지 출전할 정도로 운동도 잘했다. 마이크는 학업 성적을 떨어뜨리기 위해서 할 수 있는 모든 일을 다 하는 것처럼 보였다. 게다가 모두가 자신이 공부하지 않고 수업에 거의 가지 않는다는 것을 알도록 했다. 마이크는 학업 성적이 좋지 않을 때 "공부를 안 했어", "난 공부를 그렇게 중요하게 생각지 않아"라는 핑계를 대기 위해서 이런 행동을 했던 것 같다. 성적이 좋지 않아도 그의 지능이나 잠재력에 대한 의심을 받지 않기 위한 시도였다.

반대로 공부하지 않았는데도 좋은 성적을 거둔다면 사람들은 그가 천재라는 결론을 내린다. 그는 양쪽 모두에 자신이 천재일 가능성을 남겨두었다. 왜냐하면 성적이 좋지 않은 것은 노력하지 않고 신경 쓰지 않았기 때문일 뿐이니까 말이다.

마이크는 학교를 마치지 못했다. 마이크의 이야기는 비극이지만 나는 그 때문에 뛰어난 재능과 역량을 갖춘 사람들이 노력하지 않고 실패를 선택하는 이유에 관심을 갖게 되었다.

마이크는 실패에 변명거리를 직접 만들 정도까지 헤징했다. 그의 목표는 이기는 것이 아니었다. 최선을 다했는데 실패했다는 말을 듣지 않는 것이었다. 그는 아버지의 뛰어난 성공 사례를 표준으로 삼았다. 내 친구는 극대화주의자였다. 그는 슈퍼스타인 아버지만큼 잘하거나 그보다 더 잘하지 않고는 만족하지 않았다. 그렇게 그는 자신을 망쳤다.

몇 년 뒤, 학교를 중퇴하고 인생의 내리막길을 걷던 마이크에게는 후회가 가득했다. 헤징과 자기불구화는 현실을 회피하고 '노력했는데도 실패하는 일'을 피하기 위한 방법이다. 장기적인 후회를 불러오는 확실한 레시피다.

불필요한 후회를 막으려면

선택할 때는 대안의 비용과 이득을 고려해야 한다. 예를 들어, 결혼을 한다면, 평생을 함께할 배우자와의 이점과 독신으로 지낼 때의 이점을 비교해보아야 한다. 돈을 투자할 때도 마찬가지다. 어떤 주식이든 투자에는 미래 가격의 불확실성과 가치 하락 가능성의 장단점이 있다. 하지만 아무것에도 투자하지 않으면 재산의 가치를 높일 수 있는 기회를 놓친다. 모든 선택지에는 반대급부가 있다. 이를 피하기 위해 우리는 어떤 시도를 하는지 살펴보자.

마리아는 자신의 감정을 투명하게 보여주고 상대와 공유할 줄 아는 후안에게 매력을 느꼈다. 후안은 함께 있으면 매우 재미있지만 감정의 기복이 컸다. 마리아는 후안의 감정 변화를 감당하기 힘들었다. 결혼이 실수라는 생각이 들어 나를 찾아왔다.

처음 남편과 함께할 때 재미있고 흥미로워서 좋았고, 그녀를 웃게 만드는 남편이 좋았다. 하지만 눈치 채지 못했던 후안의 변덕이 이제는 견디기 어렵게 느껴졌다. 나는 투명하게 감정을 공유하는 것과 감정 기복이 같은 특성의 다른 면일 수 있다는 점을 지적했다. 어떤 것도 긍정적이기만 할 수는 없다. 그 점을 받아들이는 것은 선택에 도움이 될 뿐만 아니라 불완전한 결과를 수용하며 살아가는 데도 도움이 될 것이다. 문제나 단점은 상황의 자연스러운 일부다.

공짜 점심은
없다

오래 전 누군가 말한 "공짜 점심은 없다"라는 말은 오늘날에도 유효하다. 페이스북이나 인스타그램을 예로 들어보자. 이것은 무료로 사용할 수 있다. 그렇다면 이 플랫폼의 주인은 왜 수십억 달러를 들여 무료 서비스를 제공할까? 그들은 사람들이 가치 있게 여기는 제품을 제공하면서도 요금을 받지 않는다. 공짜 점심이다! 하지만 사실은 그렇지가 않다. 그들의 상품은 '당신'이기 때문이다. 소셜미디어 플랫폼을 사용하면 사용자의 정보가 다른 회사에 판매되고 당신에게는 광고 폭격이 쏟아진다. 공짜 점심을 먹는다고 생각하지만 당신이 상품으로 판매되는 것이다. 당신 자체가 점심 식사다.

모든 것에는 비용, 단점, 불편함이 따른다. 결혼하면 독신일 때 누렸던 자유는 사라진다. 아이가 생기면 아이를 돌봐야 할 의무가 생기고 아이가 어릴 때는 잠이 부족해질 가능성이 높다. 주식에 투자하면 돈을 잃을 위험을 감수해야 한다. 체중 감량을 시도하면 눈길을 끄는 맛있는 디저트를 포기해야 한다. 선택할 때는 비용의 수용을 이해하고 인식하자. 공짜 점심은 존재하지 않는다.

이제 반대급부에 관한 이야기를 해보자. 지나친 부담이나 과도한 후회에 시달리지 않는 사람은 긍정하며 사는 듯 보일 수 있다. 좋은 의사결정자는 평생 반대급부를 피해왔다는 의미라고 잘못 해석할 수도 있다. 보통은 그와 정반대다. 내 관찰에 따르면 좋은 의사결정자들은 이기기 위해 게임을 하지만, 큰 이익을 원한다고 해서 발생하는 손실을 받아들이지 못하지는 않는다. 투자 회사에서 일하면서 투자를 전혀 하지 않고 현금만 들고 있다면, 회사는 가능한 한 빨리 당신을 내보낼 것이다. 회사는 당신이 얼마나 안전하게 투자했느냐가 아니라 얼마나 많은 돈을 투자해 적극적으로 수익을 추구했는지에 관심이 있다. 아무것도 하지 않는 사람에게 월급을 줄 리는 없다. 좋은 의사결정권자는 합리적인 위험을 감수한다는 점을 명심하라.

특정 의사결정 방식의 사람들은 점심 식사에 돈을 내려 하지 않는다. 극대화주의자는 단점 없는 선택지를 원하고, 비관적이거나 우울한 사람은 확실성을 원하며, 실존적 완벽주의자는 모든 것이 자신의 방식대로 되기를 원한다. 이들은 비용이 수반되지 않는 근사한 선택지를 찾는다. 하지만 문제나 단점은 상황의 자연스러운 일부다. 비용도 그런 단점 중 하나다.

반대급부를 받아들이지 않고 안전한 게임만 한다면 자신이 될 수 있는 것, 가질 수 있는 것을 잃는다는 뜻이다. 절대 찾을 수 없는 것을 영원히 찾는 셈이다.

선택을
운에 맡길 것인가

　때로 우리는 선택을 운에 맡긴다. 주사위를 던지거나, 카드를 뽑거나, 동전을 던진다. 고대 조상들은 우리가 "운에 맡긴다"고 말하는 이런 임의 행동이 신이 원하는 것을 보여준다고 생각했다. 운에 맡기는 것이 과연 좋은 전략일까? 운에 맡기는 것이 후회를 피하는 데 도움이 될까?

　운에 맡기는 데에는 여러 문제가 있다. 당신은 또다시 책임을 회피하는 셈이다. 그런 결정은 다른 결정보다 나을 것이 없고, 결국 후회하게 될 가능성이 매우 높다. 후회를 피하는 가장 좋은 전략 중 하나는 더 나은 결정을 내리는 것이란 점을 명심하라.

　동전을 던져 결정하면 선택에 사용할 수 있는 합리적인 과정이 없다는 선언과 다를 바 없다. 선택을 회피하고, 위험을 감수하지 않고, 반대급부를 수용하지 않고, 불확실성을 받아들이지 않고, 따라서 책임을 받아들이지 않는 방법이다. 스스로에게 "동전을 던졌으니까 내 책임이 아냐"고 말하는 것과 같다. 하지만 당신은 동전 던지기를 사용한 것에 대해 책임이 있다.

　뇌종양 수술을 위해 노련한 외과의사와 상담 중이라고 해보자. 어떤 수술을 할지 어떻게 결정하겠느냐는 질문을 받은 의사가 "동전을 던져보고 그 결과에 따라 결정하겠습니다"라고 답했다면 어떤 생각이 들겠나? 아마 다른 의사를 찾을 것이다. 정보에 근거한 결정이 항상 명백하지는 않다 보니, 돌림판이나 동전으로 선택의 괴로움을 피하고 싶은 생각이 들 수 있다. 그러나 쉽다는 이유만으로 좋은 의사결정 방법이라고 볼 수는 없다.

앞서 살펴본 모든 과정을 돌이켜보고 선택하고 책임을 지는 것이 의사결정자가 되는 길임을 깨닫자. 물론 가능한 한 많은 정보를 검토했는데도 마음에 드는 결과가 나오지 않을 수 있다. 그렇다 해도 최소한 합리적인 절차를 따랐고 마법과 같은 해결책을 찾기 위해 동전은 던지지 않았다고 말할 수는 있을 것이다.

운에 맡긴 것도 후회하게 될까? 물론이다. 도박꾼들이 운이 좋기를 바라며 베팅했다가 후회하는 상황을 생각해보라. 운이 좋다고 느끼는 것은 실제 운이 좋은 것과는 큰 차이가 있다. 중요한 결정을 내리면서 불확실성, 반대급부, 부정적인 결과의 가능성을 받아들이지 않고 동전을 던진다면 결국 그런 경솔한 행동을 후회할 것이다. 또한 그것을 지켜보는 다른 사람들은 당신의 선택 방식을 존중하지 않을 것이다.

선택의 전략에는 저마다 장단점이 있다. 기다림은 결정을 피하는 방법이 아니고 그 자체로 결정이다. 미루기가 기회의 상실로 이어지고, 회피하는 경향을 강화한다. 후회 가능성을 높인다. 타인에게 확인을 구하거나 결정을 대신하는 것이 최고의 조언을 얻는 방법이 아니며 스스로 결정을 내리는 능력을 약화시킨다. 군중을 따라가면 잘못된 조언을 하는 사람들을 따라갈 수 있고, 헤징은 전력을 다하는 능력을 약화시킬 수 있다. 반대급부와 비용을 받아들이지 않고, 공짜 점심을 기대하거나, 의사결정을 피하기 위해 운에 맡기는 것은 좋지 않은 조치다. 잘못된 의사결정에 대한 불필요한 후회를 피하기 위해서는 자신의 선택 전략이 정말 합리적인지 검토해야 한다.

+ 때로 좋은 의사결정은 손에 박힌 가시를 뽑아내는 것과 비슷하다. 즉각적인 고통 뒤에는 긴 안도가 따라온다.

+ 준비되었다는 느낌보다는 일을 해내는 것이 중요하다.

+ 통과하려면 겪어내야 한다.

+ 행동은 앞으로의 행동을 강화한다.

+ 극대화하려 할수록 얻는 것은 줄어든다.

+ 후회를 피하기 위해 기다리고 있는가? 결국은 기다린 것을 후회하게 될 수 있다.

+ 유능하다는 것은 책임을 질 수 있다는 것이다.

+ 군중을 따르기보다는 개인의 가치관을 따르는 것이 낫다.

+ 자신이 지는 데 내기를 걸지 말라.

7장

"실망스런 선택을 했을 때 대처법"

_후회의 전략

무엇이 잘못되었는지 살핀다

지금까지 후회로 이끄는 요인을 파악하고 그런 선택에 이르게 하는 생각에 도전함으로써 더 나은 결정을 내리는 방법을 다뤘다. 자신이 어떤 방식으로 결정을 내리는지, 계속해서 큰 후회로 이어지는지 경로가 어떤 것인지 알아보는 다양한 방법을 배웠다. 자신에 대해 알게 된 것이 있는가?

- 당신은 극대화주의자인가, 만족주의자인가?
- 충동적인 결정을 내리는가?
- 자신을 손실에 대처할 수 없는 사람으로 보는가?
- 비관적인 경향이 있는가?
- 대안으로 받아들일 수 있는 것에 유연한 태도를 갖고 있는가?

• 결정을 내리기 위해 많은 정보가 필요하다고 생각하는가?

이제 결과를 마주할 차례다. 결과는 보통 사람들이 후회를 이야기할 때 생각하지만, 결과 이전에 주목해야 할 것이 많다. 의사결정의 순간에 사고방식, 선택지의 평가방식, 의사결정 순간의 행동방식을 바꾸는 것만으로도 고통스러운 후회를 모면할 수 있다. 하지만 이런 노력이 항상 효과를 발휘하지는 않는다. 훨씬 더 나은 결정을 내리는 방법을 배워서 심신을 약화시키는 후회를 줄일 수는 있지만, 결정의 결과가 기대와 다를 때면 사라진 줄 알았던 사고 유형이 다시고개를 든다. 실망스러운 결과는 인생에서 피할 수 없는 일이며, 누구도 매순간 일어나는 모든 일을 통제할 수 없다.

그렇다면 실망스러운 결과를 어떻게 이해하고 거기에 어떻게 대처해야 할까? 지금까지 논의한 모든 요인은 실망에 대처하고, 부정적인 결과로부터 배우고 성장하고, 후회를 생산적으로 만드는 데 방해가 될 수 있다. 하지만 의사결정에서 이런 요소들의 역할과 마찬가지로, 각 요소는 결과에 대처하고 긍정적인 방향으로 나아가는 데 도움이 되도록 수정할 수도 있다.

꼬리에 꼬리를 무는
후회의 습성

후회를 많이 하는 사람의 중요한 습관 중 하나가 '자신의 삶을 돌이켜보고 다른 일을 했더라면 상황이 얼마나 더 나아졌을지 생각하는 것'임을 기억하는가? 이것은 언제든 후회를 부추기고 후회를 끊이지 않게 한다. 상황이 얼마나 좋아질 수 있는지는 끝없이 상상할 수 있다(후회가 가능한 최대치에 이르도록 보장한다). 그 어떤 것도 당신의 상상과는 상대가 안 된다.

또 다른 사고방식은 '여태 경험한 모든 부정적인 것에 집중하고 긍정적인 것은 모두 무시하는 것'이다. 결정을 내리고 나면 그 결과에 직면한다. 이 시점에 과거에 대한 후회가 시작된다. 하지만 결과를 보는 시각이 후회의 정도와 결과에 대한 집착 여부를 결정한다. 특정 사고 패턴들은 결정을 내리고, 그 결과를 정당화하려고 노력하면서 더 많은 후회를 낳는다. 이런 각각의 패턴에는 현재 직면한 결과를 보는 더 유연한 방법이 있다. 다음은 우리가 알아야 할 내용이다.

- 사후 확증 편향: 지금 알고 있는 것을 그때도 알았어야 했다고 생각한다.
- 대안 이상화: 그때 할 수 있었던 일이 삶을 훨씬 낫게 만들었을 것이라고 생각한다.
- 필수주의: 특정 결과를 단순한 선호가 아닌 절대적으로 필요한 것으로 생각한다.
- 유연하지 못한 기대: 사후에 경험하는 현실에 맞추어 기대를 변경하지 못한다.
- 자기비판: 원하는 대로 안 되었다는 이유로 자기를 비하한다.

사후 확증
편향이란?

사후 확증 편향(다가올 일을 알고 있었다는 생각)은 대단히 흔한 왜곡이다. 이는 지금 생각하는 것을 결정할 때에도 이미 알고 있었다는 왜곡에 기반을 둔다. 결정을 내리기 전에 잘 안 된다는 사실을 "이미 알고 있었다"는 과장된 느낌은 후회의 일부다. "잘 안 된다고 알았어야 했는데"라고 생각하고 후회, 회한, 자기비판으로 빠져든다. 선택이 이루어지고 결과를 알게 된 뒤에는 "더 잘 알았어야 했는데", "그 결정을 내릴 때 나쁜 결정임을 알았어"라는 생각이 후회를 키운다.

사후 확증 편향은 후회를 더한다. 그런데 이런 생각이 합리적일까? 때때로 이런 사고의 왜곡으로 대단히 긍정적인 결과가 드러났을 때 그 결과를 예측했다고 생각하는 경우도 있다. 반대로 부정적인 결과가 나온 경우에는 과거에 지식을 과대평가하고 결국 올바른 선택을 하지 못한 자신을 책망한다. 왜 걸핏하면 이런 사고의 왜곡이 생길까? 사후 확증 편향의 경향을 강화하는 몇 가지 요인이 있다. 각 요인을 살펴보고 이 편향을 극복할 수 있는 더 나은 방법이 있는지 알아보자.

과거를 현재의
관점에서 본다

우리는 과거를 현재의 순간, 즉 결과라는 렌즈로 본다. 이를 '기억의 재구성Reconstruction of memory'이라고 한다. 부정적인 결과를 본 우리는 애초에 결과가 부정적이었다고 생각한다. 지금 아는 것을 통해 과거를 재구성하는 것이다. 예를 들어, 선택한 직업이 기대한 만큼 보람이 없으면, 과거로부터 그 일이 잘 풀릴 수 없었던 모든 '증거'를 찾는다. 일어나지 않은 일을 이해하려고 노력하는 경우는 드물다. 현재의 일자리가 좋지 못한 경험으로 밝혀진 상황에서 좋은 일자리가 된다는 증거를 찾지 않는다. 우리는 가능한 결과가 아닌 '실제 결과'를 이해하려고 노력한다. 사후에 말이다. 하지만 일어나지 않았지만 일어날 수 있었던 사건에 대한 역사책은 존재하지 않는다.

이제 실제적으로 생각해보자. 우선 결과가 실제 일어난 것과 정반대라고 상상한다. 예를 들어, 지금의 일자리가 이상적이라고 상상하면서 이런 결과를 설명할 수 있는 과거의 증거를 떠올려보라. 일어나지 않은 결과를 설명함으로써 일어나지 않은 일에도 타당한 근거가 있었다고 인식할 수 있다. 결정의 결과가 예상과 다른 부정적인 때라도 긍정적인 결과를 기대한 데에는 그만한 이유가 있었을 것이다. 근거가 곧 결과를 보장하지는 않는다. 자신의 건강을 자신한다 하더라도 운이 나빠서 감기에 걸리는 일이 얼마든지 일어난다. 여러 이유가 존재하겠지만 발생하는 결과는 하나다.

부정확하게

과거를 재구성한다

기억은 과거에 일어난 일의 정확한 복제품이 아니다. 기억은 재구성된다. 과거를 기억하기 위해 재구성할 때, 우리는 현재의 기분과 일치하는 과거 사건을 떠올린다. 달리 표현해, 지금 우울하다면 과거의 부정적인 사건을 떠올릴 가능성이 높다. 이 생각은 우리가 현재 기분과 일치하는 정보(참이든 거짓이든)를 기억한다는 '기분 유도'와 기분 지향적 기억이라는 과학에서 비롯되었다. 따라서 현재 자신의 직장에 만족하지 못하는 상태라면, 그 일자리에 대한 부정 경험뿐만 아니라 취업하기 전에 알았던 회사의 나쁜 정보까지 떠올려서 불만족스러운 인식을 생각할 가능성이 높다.

그런 상태라면, 이런 방법을 써보자. 바로, 기분 유도이다. 기분 기억 편향에 대응하기 위해 지금 유난히 기분이 좋은 상태라고 상상해보라. 행복하고 만족스러우며 자신감이 느껴진다. 이렇게 긍정적인 기분을 고려하면 당신은 과거 결정을 어떻게 이해할까?

나는 지금 하는 일이 전혀 흥미롭지 않다고 불평하는 한 남성에게 기분 유도 기법을 사용했다. 나는 그에게 정말 행복하다는 상상을 하도록 요청했다. 그의 아내, 자녀, 친구, 그가 즐겼던 활동 등 삶에서 행복했던 사건을 떠올리도록 했다. 그의 기분은 점점 좋아졌다. 나는 그에게 지금 직장의 긍정적인 면을 생각해보라고 요청했다. 그는 많은 것을 배웠고, 일부 동료들이 좋고, 미래를 위한 좋은 발판이라고 말했다. 이처럼 결과를 보는 시선은 현재 당신의 기분에 좌우된다.

기억의 세 번째 요인은 '확증 편향Confirmation bias'이다. 이는 우리가 기존의 믿음과 일치하는 정보를 선택적으로 찾는다는 뜻이다. 지금 직장이 형편없다고 믿는다면 그 생각이 옳다는 사실을 증명할 모든 증거를 찾는다. 상사가 마음에 들지 않는다는 증거, 지루하다는 증거, 일이 잘 풀리지 않을 것이란 예상이 정확했다는 증거, 동료들과 마음이 맞지 않는다는 증거들 말이다. 이 증거 탐색은 부정적인 사건에 편향되어 있다.

이를 벗어나기 위해서는 기존의 믿음을 반박하는 증거를 찾는다. 우리에게 이런 편향이 있다면 "내가 나쁜 선택을 했다는 생각을 반박할 수 있는 증거는 무엇일까?" 또는 "다른 사람이 이 모든 증거를 본다면 뭐라고 말할까?"라는 질문을 던질 수 있다. 다른 사람들은 학습, 발전, 보상의 잠재력 그리고 모든 직업에는 긍정적인 면과 부정적인 면이 있다는 사실을 살펴볼 것이다. '다른 사람의 눈'을 빌리면 상황을 다르게 볼 수 있다.

사건은 수많은
요인에 의해 야기된다

우리는 어떤 사건에 원인이 되는 수없이 많은 사실을 생각 못하고, 다른 원인을 배제한 채 한 가지 원인에만 집중하곤 한다. 따라서 결과가 부정적일 때, 다른 원인을 무시함으로써 부정적 결과를 이해하려고 노력한다.

테틀록이 찾아낸 슈퍼예측가들이 자신들의 예측에 한계를 부여한 반면, 텔레비전 토크쇼의 인기 예측가들은 상황의 복잡성을 줄이고 그 결과가 예측 가능했거나 선택된 요인에 의해서만 발생했다고 말했다. 노련한 슈퍼예측가들은 "하지만 고려해야 할 다른 요소도 있습니다"라는 말을 계속했다. 인간의 자연스러운 본능은 복잡성을 좋아하지 않는다. 우리는 '답'을 찾고 싶어 한다.

그러려면, 실제 결과와 대안적 결과에 다양한 원인을 생각해보고 그들의 신뢰도를 평가한다. 예를 들어, 지금 일하는 직장이 기대에 못 미친다는 결과를 보았을 때, 그곳이 좋은 직장인 이유(그리고 마음에 안 차는 직장인 이유)를 나열하고 그 이유나 원인이 결정을 내릴 때 얼마나 확실했는지 판단해보라. 가능한 원인을 여러 개 찾아보라. 지금은 분명해 보이지만 이전에는 분명하지 않았을 수 있다.

정말 세상은
예측 가능할까

우리는 세상을 예측 가능한 것으로 보기 때문에 결과와 일치하는 예측 변수를 과거에서 찾는다. 선거에서 한 후보가 이긴 이유를 설명해달라는 부탁을 받으면 한두 원인을 지적하며 충분히 승리를 예측할 수 있다고 말할 가능성이 높다. 그 후보가 불과 2퍼센트 차이로 이겼다고 해도 말이다. 내가 지지하는 후보와 상대 후보 쪽 투표로 이어지는 중요한 사안 열 개를 나열하는 식의 반응은 좀처럼 찾기 어렵다.

"내가 지지하는 후보에게 유리한 요인이 다섯 가지, 상대 후보에게 유리한 요인이 다섯 가지였는데, 내 후보의 조직력 때문에 투표율이 더 높았던 데다, 최근의 사건들이 그녀에게 유리하게 작용한 것 같다"고 말하지 않는 것이다. 당신은 절대 이렇게 말하지 않을 것이다. 마치 불가피한 결과이고 당신이 지지하는 후보에게 불리하게 작용한 요인은 전혀 없었다는 듯이 유리한 한두 요인만 지적할 가능성이 높다.

그러지 말고, 장황하게 설명하라. 설명은 중요하다고 생각하는 원인(종종 단순한)에 편향된다. 하지만 인생은 그렇게 간단하지가 않다. 어떤 사람이 8,000만 표를 얻어 선거에서 승리한 이유는 무엇일까? 아마도 8,000만 개 이유가 있을 것이다.

사후 확증 편향은 사건을 예측하는 능력을 실제보다 훨씬 높이 평가하는 믿음에서 힘을 얻는다. 실제로는 알 수 없는 일을 안다고, 정보를 이용해 정확하게 예측할 수 있다고 지나치게 과신하곤 한다. 이런 '자신감의 착각Confidence illusion'일 경우에는 결정을 내리고 위험을 감수하는 일이 수월하기는 하다. 종종 자신의 역량에 대한 과신에 이르기도 한다. 자신감은 정확하다는 것과는 다르다.

미래 예측에 과신이나 과거에 대한 사후 확증 편향을 피하기 위해 할 수 있는 여러 방법이 있다. 여기에는 가능한 모든 대안이나 다른 선택을 한 이유를 나열하는 일, 자신이 어떻게 결정했는지 생각하면서 자신의 의사결정을 옹호해보고 다른 결정이 합당한 이유를 주장하는 일, 다른 사람들도 같은 결정을 내렸을지 고려하는 일 등이 포함된다. 현실은 당신이 생각하는 것보다 더 복잡하고 잡음이 많다.

자신의 생각을
얼마나 신뢰할 수 있는가

사후 확증 편향의 두 가지 사례를 살펴보자.

린다는 어린 시절부터 과도하게 자신을 통제하는 부모에게서 벗어나기 위해 노력했다. 린다는 할 수 있는 일과 할 수 없는 일을 일일이 받았다. 린다의 연인 브라이언은 배려심이 많고 관대했으며 린다가 세상에서 가장 대단한 사람인 것처럼 느끼게 해주었다. 린다는 부모님 집에서 나와 브라이언과 살았고 결국 결혼했다. 시간이 흘러 브라이언은 점점 적대적이고 우울해졌고 술을 마셨다. 결국 그녀는 브라이언과 이혼했다. 그녀는 브라이언이 이렇게 될 줄 알았어야 했다고 생각하며 자신을 책망했다.

그녀는 처음 몇 년 동안의 일을 검토하면서 그가 과음하지 않았고 그녀를 통제하지 않았으며 지원을 아끼지 않았다는 사실을 깨달았다. 그녀의 친구들은 브라이언을 좋은 사람으로 보고 린다가 인생을 보낼 수 있는 좋은 남자를 만났다고 생각하며 축하했다. 사실 친구 중 한 명은 그런 좋은 배우자를 만난 린다를 부러워하기까지 했다. 나는 린다에게 브라이언과의 초기 경험 중 긍정적 기억을 구체적으로 떠올려보라고 요청했다. 이로써 그녀는 브라이언과 함께하기로 결정한 데에는 타당한 이유가 있었음을 깨달았다.

린다는 지금 브라이언이 우울증과 자제력 부족, 알코올 중독자라는 사실을 알기 때문에 이 모든 것을 실제보다 더 일찍 알았다고 생각했다. 하지만 사실은 그렇지 않았다. 린다는 처음 브라이언과 사귀었을 때 그를 좋은 배우자로 봤다. 그녀를 전폭적으로 지지했고, 함께 있으면 즐거웠으며, 매력적이었다. 그러나 시간이 흐르면서 그는 변했다. 결혼 당시에는 어떤 변화가 생길지 알 수 없는 상태였다.

사후 확증 편향의 또 다른 사례는 미라의 이야기다. 미라는 주식에 투자해 수년 동안 좋은 성과를 거뒀지만 갑자기 큰 손실을 경험했다. 그녀는 주식 가치가 폭락하는 이유를 미리 알았어야 했다고 생각하며 크게 낙담하고 자책했다. 미라는 처음 투자할 때 불확실한 상황(예: 주가가 매우 높았고, 펀더멘털 가치를 고려할 때 과대평가된 것처럼 보였다)을 지적하며 투자하지 말았어야 했다고 주장했다. 결국에 그녀는 자신에게는 어떤 결정도 내릴 능력이 없으며 경력을 포기해야 한다는 결론을 내렸다. 미라는 자신의 결정에 대한 몇 가지 정보, 특히 자신이 투자한 회사에 대한 의구심에만 집중했다. 좋은 선택이 되리라고 생각하게끔 한 모든 이유를 무시했다.

사후 확증 편향에 도전할 때 중요한 점은 자신이 실제로 아는 것만 알 수 있다는 점이다. 누구나 어제를 예측하는 데에는 능숙하다. 우리가 실제로 어떻게 결정을 내렸는지를 되돌아보면 그 당시에는 단 한 가지가 아닌 여러 요인을 고려했을 가능성이 높다. 하지만 우리는 지금의 결과가 과거에도 쉽게 눈에 띄었다고, 투명하고 확연했다고, 즉 '예측 가능했다'고 말하곤 한다.

후회에 맞설 대안을 세운다

사후 확증 편향과 마찬가지로, 우리는 이상적이지 않은 결과에 직면했을 때 대안(가지 않은 길)이 훨씬 더 나았다고 가정한다. 이런 경향 때문에 우리는 후회에 갇히곤 한다. 이런 가정은 결정이 원하는 결과로 이어지지 않았을 때 느끼는 자연스러운 실망감에 비해 훨씬 큰 후회를 낳는다.

"이런, 다른 선택을 했어야 했는데"라고 말하고, 선택한 것을 처리하는 일로 나아간다. 그 대신 할 수 있었던 것을 생각하며 자책하는 것은 전혀 다른 일이다. 다행히 이런 과정에 이의를 제기하고 상황을 넓게 볼 수 있는 단계적인 방법이 있다. 자신에게 다음과 같은 질문을 던져보라.

1. 대안을 이상화했을 때 당신이 직면하는 결과는 무엇인가?

당신의 모든 문제를 해결해줄 중요한 것(더 나은 배우자, 일자리, 위치, 다른 목표들)을 놓쳤다고 생각하는가? 지금 가진 것을 과소평가하게 만드는가? 대안을 상상할 때면 긍정적 필터가 적용되는가, 긍정적인 면만 보고 과장하는가?

최근의 결정에서 더 나은 선택을 할 수 있었다는 점을 지나치게 깊이 생각하지 말고 간단히 인정하는 시간을 가진 후 앞으로 나아가보자. 더 나은 결과로 이어지는 것을 배울 수 있을까?

2. 대안의 문제점은 무엇일까?

완벽한 파트너를 상상해보자. 모든 것이 만족스러운 사람과 함께라면 정말 근사하지 않을까? 하지만 정말로 갈등, 오해, 다른 관심사, 문제가 있는 대화, 자녀, 재정, 친구, 친지를 대하는 방식에 아무런 차이도 없을까? 직업은 또 어떤가? 지루함, 좌절감, 정치적 문제, 실망감이 없는 직업이 있을까? 당신도 나도 그런 완벽한 배우자를 알지 못한다. 그렇다고 그런 사람을 상상할 수 없다는 뜻은 아니다.

나는 가끔 법학을 전공했다면 내 인생이 어땠을지 생각한다. 나는 법학에 흥미가 있으며, 논쟁을 좋아하고, 사회 정의를 믿는다. 그럼 변호사가 되는 데에는 어떤 단점이 있을까? 유죄라고 생각하는 의뢰인을 변호할 수도 있고, 법률 제도가 복잡하고 답답하며, 적대적일 수도 있다. 실제로 법학대학원을 졸업하고 12년이 지난 뒤에도 졸업생의 24퍼센트는 변호사로 개업하지 않으며, 변호사는 대부분의 다른 직종에 비해 우울증 발병률과 자살률이 높다.

3. 어떻게 하면 긍정적인 면을 강조할 수 있을까?

후회는 가진 것을 평가 절하하면서 대안을 이상화하는 일이 보통이다. 중요한 것을 놓쳤다는 생각에 더 나은 것을 가질 수 있는 기회를 잃는다.

올바른 인식과 감사를 실천하자. 지금 의미 있는 것이 없다면 삶이 어떨지 상상함으로써 현재를 평가 절하하지 않을 수 있다. 후회에 집중하는 동안에는 자신이 가진 것을 알아차리지 못할 가능성이 높다. 하지만 아무것도 못 가진 사람이 당신의 삶을 바라보며, 당신이 가진 것은 꿈에서나 가질 수 있다고 말한다고 상상해보라. 그리고 눈앞에 것을 온전히 인식해보라.

4. 어떻게 하면 내가 가진 것을 더 낫게 만들 수 있을까?

현재 가진 것(우리가 감사하게 여기는 것)에는 언제나 개선의 여지가 존재한다. 공상에 불과한 대안을 이상으로 삼기보다는, 어떻게 하면 지금 삶을 더 낫게 만들지 생각해보자. 후회는 어떤 것도 더 낫게 만들지 못한다. 결혼생활, 일, 거주지, 교우관계 등에 불만족한다면, 상황을 개선하기 위해 긍정적인 행동 계획을 고려해보라. 인간관계에도 노력이 필요하다. 용서, 이해, 연민, 수용, 애정이 필요하다. 원한을 잊지 않거나 자신이 옳다고 하기보다는 더 나은 관계를 위해 열심히 노력하는 방향을 고려해보라. 일은 또 어떤가? 습득할 기술, 직장에서 내 편을 만들기 위한 전략, 일 이외에 추구할 수 있는 취미 등일을 더 낫게 만들 수 있는 방법은 없을까? 거주지에 대해서도 생각해보라. 당신이 주어진 기회를 최대한 활용하고 있는지 자문해보라.

5. 쾌락 적응에 대해 알아보라

사람들은 승진하거나 결혼하거나 돈을 많이 벌거나 다른 곳으로 이사를 가면 행복해진다고 생각한다. 하지만 일정한 시간이 지나면 '좋은 것'이든 '나쁜 것'이든 자신이 가진 것에 익숙해져서 전반적인 삶의 만족도나 행복감은 이전의 수준으로 복귀한다. 예를 들어, 다른 도시로 이사한 사람들은 전반적인 행복감이 이사 전으로 되돌아가곤 한다. 재정적으로 큰 손실을 본 사람도 결국은 손실 이전의 행복 수준으로 다시 돌아간다. 그렇다면 어떻게 해야 쾌락 적응에서 벗어날 수 있을까?

중요한 것은 결혼, 직업, 위치, 돈처럼 실제적인 것이 아니라 일상과 관계를 맺는 방식이다. 활동, 개선, 성장, 수용, 겸손, 유연성, 긍정적인 목표, 가치관, 의미 있는 관계에 집중하면, 기혼이든 미혼이든, 부자든 가난하든, 젊든 나이가 많든 행복을 찾을 수 있다. 당신은 현재를 어떻게 접근하는가? 극대화, 후회, 원망, 욕구의 관점으로 접근하면 불행해질 가능성이 높다.

후회를 가중시키는
필수주의

한 동료가 오랫동안 만나온 여성과의 관계에서 느끼는 좌절감을 토로했다. 지적이고 창의적이며 감성적인 그는 농담조로 "리히, 사람들이 정확히 내가 바라는 것만 해준다면 얼마나 좋을까?"라고 이야기했다. 우리 둘 다 웃음을 터뜨렸다. 대화에서 특히 재미있는 부분은 우리가 실제로 우리 방식대로 일을 처리하라고 요구할 때가 종종 있다는 점이다. 하지만 세상은 그렇게 돌아가지 않는다.

'누구도 모든 것을 자기 마음대로 할 수 없다'는 이야기부터 해야겠다. 우리가 이런 상황을 어떻게 받아들이느냐에 따라 우리가 겪는 실망과 후회, 쓰라림이 어느 정도일지가 결정된다.

원치 않는 결과 앞에서 우리가 힘든 가장 큰 이유는 원하는 결과를 필수라고 생각하기 때문이다. 우리는 특정한 수입, 집, 직업, 배우자, 경험이 우리에게 필요하다고 생각한다. "돈이 더 많으면 좋겠지만 지금도 가진 것으로 잘살고 있다", "배우자가 더 재미있는 사람이라면 좋겠지만 모든 것을 감안할 때 우리의 관계도 썩 괜찮다"처럼 결과를 선호 사항으로 생각하지 못한다. 우리는 특정 결과, 감정, 관계를 꼭 필요한 것으로 본다. 이런 사고는 우리가 필요하다고 생각하는 것이 주어지지 않을 때의 후회를 가중시킨다.

나는 이런 사고방식을 '필수주의'라고 부르며, 3장에서 이야기했듯이 극대화주의, 즉 모든 결정의 결과에서 100퍼센트 또는 완벽에 가까운 것을 원하는 사고방식의 일부라고 본다. 이런 사고방식은 쉽게 후회에 빠지고, 결정을 내리기 어렵게 만들고, 결과에 대한 만족감을 떨어뜨린다.

극대화주의자는 결과의 긍정적인 면을 무시하는 경향이 있다. 반면에 필수주의 논리는 내가 원하는 바와 정확히 일치하지 않는 한 좋을 것이 거의 없다고 본다. 아무리 좋은 도시라도 주차가 어렵다면 살 이유가 없다고 말하는 것과 같다. 그 도시의 인기를 견인하는 모든 긍정적인 요소들을 가볍게 무시해버린다.

삶에 이런 접근법에는 상당한 대가가 따른다. 결과에 대한 만족도가 떨어지고, 후회도 많아진다. 결국 긍정적인 부분을 인정 못하고, 자신을 비판할 가능성이 높아지고, 결과를 불평할 가능성이 높다. 꼭 필요한 구체적인 결과가 있다고 생각하기 때문에 결정을 내리기 더 어려워진다. 필수주의의 중대한 문제는 절충안을 수용하지 못한다는 점이다. 필수주의는 부족한 것에 안주하지 않고, 평범한 삶을 살지 않으며, 최고를 얻기 위해 노력하는 것을 장점으로 생각할 수도 있다. 그렇다면, 이런 장점이 비용과 견줄 만하다고 생각하는가?

필수주의는 '실존적 완벽주의'라는 더 큰 문제의 일부다. 실존적 완벽주의에는 필수주의 외에도 감정적 완벽주의(감정이 항상 즐겁고, 쉽고, 이상적이어야 한다는)와 낭만적 완벽주의(완벽한 상대가 있어야 하고 서로에 대한 우리의 감정은 항상 열정적이고, 애정이 충만하고, 에로틱해야 한다) 가 포함된다.

실존적 완벽주의는 존재하지 않는 성배를 찾으라고 우리를 부추긴다. 결코 만날 수 없는 완벽한 삶을 추구하는 과정에서 우리는 현재 삶에 불만을 느낀다. 완벽한 연인, 직장, 집에서 살아야 한다는 믿음은 우리를 환멸, 불만, 지속적인 실망에 처하게 한다. 실존적 완벽주의는 결코 만족을 경험할 수 없고 불만, 후회로 향하는 파괴적인 길이다.

안드레는 몇 년 전 결혼한 아니타가 자신이 즐기는 활동을 함께 하지도 관심사를 공유하지도 않는다고 불평한다. 함께 즐기는 활동도 많고, 아니타가 사랑스럽고 통찰력이 있으며 다정한 배우자이자 아들에게 좋은 엄마라고 인정한다. 그러면서도 안드레는 자신의 관점에서 부족한 몇 가지 부분에 초점을 맞췄다. 나는 안드레에게 그녀와 결혼하게 된 이유, 그가 즐겁다고 생각하고 의미 있다고 여기는 것이 무엇인지 물었다. 그리고 이렇게 말했다.

"인생에서 즐거움과 의미를 얻을 수 있다면, 특정한 어느 하나가 행복에 필수는 아니지 않습니까? 자신이 원하는 모든 것을 갖춘 배우자를 보셨습니까? 사람들은 완벽에 못 미치는 데도 어떻게 만족할까요?"

안드레는 자신이 보지 못했던 당연한 것이 그제야 보이는 듯한 표정으로 나를 바라봤다.

"결혼을 했는데도 제가 항상 해오던 모든 일을 할 수 있습니다. 여러 좋은 자질을 갖춘 배우자와 산다니 얼마나 큰 행운인지 깨달았습니다."

필수주의를
없애는 방법
다음은 필수주의에 도전할 수 있는 방법들이다.

1. 감사를 사용한다
필수주의에 도전하는 강력한 방법은 감사하는 마음이다. 나는 안드레에게 아니타가 가진 자질과 그녀가 하는 일 중에 감사할 만한 것을 생각하고 거기에 집중해보라고 제안했다. 그리고 한 달 동안 애정을 표현하고, 요리를 해주고, 아들과 놀아주고, 함께 본 영화에 대해 이야기를 나누는 등 간단한 것부터 매일 그녀에게 감사한 일 한 가지를 적도록 권했다. 또한 월말에 아니타 덕분에 이런 경험을 할 수 있음이 얼마나 고마운지 이야기해보라고 했다.

감사는 무언가가 필수적이라는 착각에 대한 해독제다. 인생은 미완과 불완전으로 가득하지만, 자신이 가진 것에 감사한다면 불만에 갇히지 않을 것이다.

2. 부정 기법을 시도한다

내가 안드레에게 사용한 또 다른 전략은 모든 것을 빼앗는 '부정 기법Negation technique'이다. 나는 안드레에게 감각, 신체, 아니타, 돈, 직장 등 삶의 모든 것이 사라졌다고 상상해보게 했다. 안드레가 어떤 것을 되찾는 유일한 방법은 그것의 진가를 알고 감사하게 여기는 것이다. 얼마나 많은 것을 되찾을지는 모르지만 어쨌든 모두가 감사를 기반으로 할 것이다. 안드레는 잠시 입을 다물었다. 아래로 향한 그의 눈에는 눈물이 맺혔다. 그는 "아니타를 원해요"라고 말했다. 나는 "그녀의 어떤 점을 감사하게 여기시나요?"라고 물었다.

"웃을 때, 장난칠 때의 아니타가 정말 좋아요. 그녀의 눈도 좋고, 나를 차분하게 하는 방식이나 내 말을 잘 들어주는 것도 좋아요. 다른 사람, 낯선 사람을 대하는 방식도 좋아해요."
"아니타에게 감사를 느끼는 부분이 많은 것 같네요. 그런데 어떤 것을 보고 싶고 어떤 점을 감사하게 여기시나요?"

"그녀의 얼굴, 웃음, 눈을 보고 싶어요. 그것들이 저를 살아 있다고, 연결되어 있다고 느끼게 해요."

"좋아요, 아니타에게 감사하는 마음이 있다는 것을 잘 증명한 것 같네요. 지금의 경험이 어땠나요?"

"모든 것이 눈앞에 있었는데도 감사하게 여길 시간을 갖지 못했음을 깨달았습니다."

"네, 갖지 못한 것에 초점을 맞추면 눈앞의 것은 못 알아차리죠."

3. 절충점과 차이를 받아들인다

모든 결정에는 타협이 수반된다. 따라서 필수주의는 행복을 위해 무언가가 필요하다는 믿음이라고 할 수 있다. 나는 안드레에게 이점에 대해 생각하라고 주문했다. 그리고 이렇게 물었다.

"당신은 아니타가 당신처럼 독서에 대한 관심, 여러 활동에 관심을 공유하는 것이 당신의 행복에 꼭 필요하다고 말했습니다. 이 문제를 이야기할 때, 아니타는 당신이 관심이 없는 일에도 관심을 보인다고 말했습니다. 아니타를 만나기 전에는 당신이 관심을 둔 모든 것에 관심을 주는 사람과 사귀었나요?"

"아니요, 이전에 사귄 사람 중에 저와 관심사가 똑같은 사람은 없었습니다."

"그런 사람들과의 관계에서도 행복하셨나요?"

"네, 함께했던 다양한 일에서 행복을 느꼈습니다."

"그런 관계 외에 친구나 직장 동료와의 경험이나 취미 생활 등 행복을 가져다준 다른 것이 있었습니까?"

"예, 저는 친구가 많았고 친구들과 여러 일을 함께했습니다. 저는 제 일에 흥미가 있었고 지금도 여전히 그렇습니다."

"그러니까 모든 것을 공유하지 않아도 행복했군요. 과거에 행복을 누려봤다면 아니타와 모든 관심사를 공유하는 일이 정말 필요할까요?"

"다양한 방법으로 행복을 얻을 수 있다는 것은 이해하지만 아내라면 이 모든 관심사를 공유해야 하지 않을까요?"

"누군가와 함께한다고 해서 서로 모두 같은 관심사를 가질 수는 없습니다. 두 사람은 다른 사람이니까요. 함께 공유하는 일도 있지만 그 관계 외적으로도 여전히 관심사와 활동이 있죠. 거의 모든 것을 공유하고 상황을 같은 방식으로 보아야 한다는 믿음은 결혼생활에 대한 완벽주의입니다. 그리고 이런 완벽주의는 모든 것을 공유해야 행복하다는 생각을 하게 만듭니다. 이러한 방식으로 보는 부부나 연인을 아시나요?"

"아뇨, 알지 못합니다."

"그렇다면 당신의 경험은 다른 모든 사람들의 경험과 매우 비슷할 겁니다. 다른 사람들이 결혼 생활에서 예상하는 것 중, 당신이 받아들이기 어려운 것은 무엇인가요?"

"우리가 다르다는 현실을 받아들이기 힘든 듯합니다."

"당신은 친구들이 상황을 당신이 경험하는 방식과 똑같이 경험하고 당신의 모든 관심사를 공유하기를 기대하십니까?"

"아니요, 그렇지 않습니다. 사실 제 친구들은 정말 제각각이에요."

"친구들과의 차이를 받아들이면서 아니타와는 받아들이기 힘들다고 말씀하시네요. 서로의 차이를 받아들이면 어떤 장점이 있을까요?"

"훨씬 더 행복해질 것 같습니다."

"그리고 모든 사람은 다른 것을 원하고 다른 관심사를 가진 다른 사람들이라는 점을 배울 수 있을 겁니다. 똑같은 사람은 없습니다. 그 점을 받아들이면 사람들과 유대감을 형성하는 데 도움이 됩니다. 오히려 그 차이에서 무언가를 배울 수도 있습니다."

4. 상대적 선호를 고려한다

필수주의 사고방식에 도전하는 또 다른 방법은 경험을 일련의 상대적 선호로 생각하는 것이다. 이는 당신이 선호할 만한 다양한 선택지나 결과가 존재할 수 있다는 뜻이다. 여기에는 완벽을 나타내는 100퍼센트부터 전혀 마음에 들지 않는 0퍼센트까지 순위를 매길 수 있다. 상대적 선호도에 대한 평범한 사례를 생각해보자.

당신이 어떤 식당의 특정 음식을 대단히 좋아한다고 가정해보자. 당신은 거의 항상 그 음식을 주문한다. 그런데 이번에는 친구, 애인과 함께 저녁식사를 하려고 그 식당을 찾았는데 더 이상 그 메뉴가 없었다. 하지만 거기에는 15가지 다른 메뉴가 있다. 당신이 항상 주문했던 메뉴(오늘은 없는 메뉴)를 1위로 해서 나머지 14가지 메뉴의 순위를 매기는 것이 상대적 선호를 표현하는 것이다. 상대적 선호의 핵심은 이것이 '다양한 가능성으로부터 어느 정도의 만족을 얻을 수 있다'는 생각을 반영한다는 점이다.

선호의 순위를 매기면서 긍정이 부정보다 다양하고 폭넓은 결과를 가져옴을 알 수 있다. 예를 들어, 모든 활동에서 완벽하게 일치하는 것을 선호하는 안드레도 두 사람이 함께하거나 공유하는 다른 다양한 것에 순위를 매긴다면 1위보다는 3위라는 것을 깨닫게 될 수 있다. 앞의 메뉴 예시는 사소해 보일 수 있지만, 1~5위의 메뉴는 각각 그만의 장점이 있을 테고, 그 장점을 받아들이는 것이 없어진 메뉴보다 더 큰 만족감을 줄 수도 있다.

가혹한 잣대를
버린다

안드레는 완벽하지 못하면 자신은 열등한 사람이 된다고 생각했다. 나는 그에게 이 문제를 다른 방식으로 생각해보라고 제안했다. 완벽한 결혼생활을 못한다면 그것이야말로 진짜 결혼생활과 삶이고, 진짜 사람이라는 뜻이다. 그의 까다로운 기준, 완벽한 배우자가 필요하다는 믿음은 불만과 고통을 키울 뿐이다.

나는 안드레에게 완벽한 결혼생활을 하는 사람을 아는지 물었다. 물론 그는 단 한 명의 이름도 대지 못했다. 다음으로 나는 안드레가 정말 존경하고 잘 아는 사람 몇 명에 대해 말해달라고 부탁했다. 그들조차 완벽한 부부생활을 하지 못했다. 한 친구는 여러 번 문제가 많은 연애를 했고 이혼을 두 번 했지만 안드레는 그를 존중하며 좋은 친구라고 생각했다. 나는 안드레가 자신은 열등하다고 판단하면서도 친구는 그렇게 판단하지 않는 '이중 잣대'를 가졌다고 지적했다.

안드레는 친구나 낯선 사람에게조차 그렇게 엄격한 잣대를 적용하지 않으면서 자신만은 열등하다고 생각하는 일이 공평하지 않음을 깨달았다. 나는 그에게 다른 사람에게 하듯이 자신에게도 공정하도록 노력해보라고 제안했다.

보편적이고
긍정적으로

자기평가를 줄이기 위해 쓰는 또 다른 전략은 자신의 불완전한 경험을 보편적인 경험으로 만드는 것이다. 바라는 모든 것을 얻을 수 있는 사람은 아무도 없다. 당신이나 나나 완벽한 삶을 사는 사람을 알지 못한다. 때문에 우리 모두는 완벽에 못 미치는 상황에 대처해야 한다. 스스로를 열등한 인간이기보다는 다른 사람과 똑같이 불완전하고 실수할 수 있는 인간으로 받아들여야 한다. 우리는 더 나을 것도 더 나쁠 것도 없는 사람들이다.

무언가가 필수라고 생각하는 대신 가진 것을 인정하고 감사하거나 최선을 다하는 방법처럼 긍정적인 목표에 집중하라. 안드레에게 아니타를 판단하기보다는 그녀에게 감사하는 마음으로, 있는 그대로의 그녀를 받아들이고, 그녀가 한 일에 보답하고, 더 나은 경청자가 되고 더 나은 소통을 하기를 권했다. 판단보다 긍정 목표에 집중한다면 후회를 극복하는 데 도움이 될 수 있다.

후회는 상황과 자신에 대한 판단이며 더 많은 불만과 후회에 더 강한 몰입으로 이어진다. 상황을 더 좋게 만드는 데 집중하면 놓친다고 생각하는 것을 곱씹기보다 긍정적인 목표로 선회하는 데 도움이 될 수 있다.

나는 나를 파괴할 권리가 없다

어떤 결과에 불만족할 때 우리는 이렇게 말하곤 한다.

"내가 바란 건 이런 게 아냐."

우리에게 특정한 결과를 기대할 권리가 있는듯 말이다. 안드레는 결혼은 두 사람의 마음이 완벽하게 일치되고 서로 완벽하게 관심사를 공유하는 상태라고 기대했다. 하지만 결혼생활은 그의 기대에 부합하지 못했다.

우리는 자신의 기대를 중력의 법칙처럼 필수로 취급하는 경우가 많다. 기대는 요구가 된다. "나는 이것이 이러저러하게 될 것이라고 기대했다"는 말은 "이러저런 것을 요구한다"와 같은 말이다. 융통성 없는 기대에는 다양한 방법으로 도전할 수 있다. 이는 마치 기대가 돌에 새겨져 절대 바꿀 수 없다는 생각과 비슷하다. 하지만 기대는 생각에 불과하다. 우리가 미래에 일어날 것으로 예상하거나 생각하는 일에 대한 가설일 뿐이다. 그 가설은 실제로 결과가 어떻게 될지 생각하는 최선의 추측이다.

과학자는 결과가 어떻게 될지 가설을 세우고 연구해 실제 결과가 어떤지 확인한다. 실제 결과가 가설과 일치하지 않으면 과학자는 "가설이 받아들여지지 않았다"고 말한다. 기대와 정확히 일치하지 않으면 우리는 그에 대한 생각을 바꿔야 한다. 데이터가 생각과 다른데도 과학자가 처음의 가설을 고집한다면 정말 이상한 일이 아닌가?

다시 말해, 우리는 실제 결과에 맞게 기대를 변경해야 한다. 뉴욕 전역의 버스 정류장에 붙은 버스 시간표를 예로 들어보자. 버스 시간표에는 버스가 12분마다 도착한다고 적혀 있다. 이 시간표를 보고 버스 시간을 예측해야 한다고 생각하는 사람은 관광객뿐이다. 뉴욕에 사는 사람들은 두세 대의 버스가 동시에 나타나는 것이 드문 일이 아니며, 이들이 지나간 뒤 버스를 기다리는 승객은 20분 이상 기다려야 함을 알고 있다.

기대는 희망이나 예측에 불과하다. 현실과 같지 않으며, 필연도 아니다. 예를 들어, 직업이 모든 면에서 만족스럽고 지루한 과제가 전혀 없다고 생각하면 당신은 완전히 비현실적인 기대에 매달리는 것이다. 물론 만족스럽고 지루하지 않은 직업을 찾아 이직을 거듭할 수도 있지만 그런 직업을 찾거나 직업을 오래 유지할 가능성은 거의 없다.

안드레의 이야기로 돌아가보자. 나는 안드레에게 기대를 현실에 맞추어 바꿔보라고 제안했다. 처음에 그는 기대치를 바꿀 수 있다는 내 제안이 말도 안 된다는 듯이 당혹스런 표정으로 나를 바라봤다.

"기대를 어떻게 바꾸죠? 그게 제가 기대하는 건데요?"

나는 안드레에게 현실에 맞는 새로운 기대를 품는 일이 가능하고 실제로 가진 것을 최대한 활용하고 그것에 감사하는 새로운 전략을 만들 수 있다고 말했다.

필수주의, 즉 기대가 충족되어야 한다고 고집하면 대가가 따른다. 더 큰 실망과 후회를 느끼고, 실제로 가진 것에 감사하지 못하며, 갖지 못한 것에 집중할 가능성이 높다. 기대했던 것을 못 얻는 가능성이 높아 보이는 상황에서도 기대를 고집한다.

좋은 결혼생활을 위해서는 배우자와 관심사가 완전히 일치해야 한다는 안드레의 기대는 내가 아는 그 누구도 실제로 달성하지 못하는 완벽주의적 선호다. 융통성이 없는 기대에 매달리면 안드레는 자신에게 주어진 많은 긍정적인 것에 만족하기보다는 부족한 몇 가지에 계속 불만을 가질 것이다. 있는 그대로를 받아들인다는 말은 무언가를 얻는다는 것을 의미한다. 주어진 것을 받아들이지 않으면 모든 만족감을 박탈당하게 된다.

'만족'은 0에서 100까지의 범위에서 생각할 수 있다. 0은 즐거운 것을 전혀 찾지 못하고, 100은 완벽하고 이상적이며 완전한 만족에 해당한다. 만족의 정도는 다 다르다. 그날의 활동, 상호작용, 기분에 따라 달라질 수 있다. 하루 종일 매 시간마다 즐거움, 행복감, 만족감을 추적 관찰하고 이런 감정을 0에서 100까지 척도로 평가하면 만족도에 상당한 차이를 발견한다. 원하는 것을 그대로 얻을 수는 없지만, 상당히 많은 것을 얻을 수는 있다. 열린 마음이야말로 만족을 얻는 열쇠다.

더 많은 것은
곧 더 적은 것

더 많은 것을 요구한다는 뜻은 곧 더 적은 것을 경험한다는 뜻이다. 배우자와 모든 관심사를 공유해야 한다며 계속해서 이를 요구하는 사람은 계속 불만을 느낄 수밖에 없다. 더 적은 것에 안주하는 것이 아니라 현재를 인정하는 것이다. 이전의 기대에 매달리면 현실 세계를 살아가기 어렵다. 원하는 모든 것이 없다는 이유로 뷔페식당을 나갈 생각인가? 먹을 수 있는 것을 먹어라.

융통성 없는 기대가 "나는 내 방식대로 일을 처리할 자격이 있다"는 특권 의식의 일부인 때가 있다. 자신에게 솔직해져라. 자신이 원하는 방식으로 일을 처리해야 한다고 믿는 데에는 어떤 이유가 있는가? 최고를 얻을 자격이 있다고 생각하는가? 인생의 다른 일에도 융통성을 발휘하는 일이 어려운가? 자주 "그건 내가 기대했던 것이 아니야"라고 말하며 마치 그것이 세상이 따라야 할 규칙인듯 행동하는가? 내 방식대로 할 자격이 있는 특별한 사람이라는 생각은 거짓된 우월감 속에서 위안을 느낀다. 하지만 실제로 그런 생각은 스스로를 불리한 상황에 몰아넣는다.

자신은 특별한 삶, 완벽한 감정, 다른 사람들보다 더 나은 것을 가질 자격이 있다는 생각으로 자신을 파괴하는 사람이 있다. 우월한 사람이라는 의식을 유지하며 우월한 삶을 요구한다면 당신의 삶은 점점 비참해질 것이다. 현실은 당신이 요구하는 것에 부응하지 않는다. 이런 특권 의식이 좌절감, 불만, 짜증, 다른 사람들과의 갈등에 기여하는 것은 아닌지 생각해보라.

특권 의식 때문에 계속해서 세상이 기대에 못 미치는 것처럼 느껴진다면 그 대안을 고려해보라. 그 대안은 바로, '겸손'이다. 겸손은 당신이 다른 모든 사람처럼 단점과 강점이 있고, 희망과 실망을 경험하는 인간이며, 다른 모든 사람들과 연결되고, 우리 모두는 죽음을 면할 수 없는 존재라는 사실을 알려준다.

흥미롭게도 겸손한 태도로 자신과 타인을 바라보는 사람은 더 나은 결혼생활, 더 나은 교우관계를 유지하며, 더 많은 만족감, 경이감을 경험한다. 겸손은 있는 그대로를 받아들이고, 감사하며, 삶의 단순한 것에 경이를 느끼고, 일상에서 가치와 만족을 찾고, 다른 사람을 용서해준다. 겸손은 단순히 자신을 낮추는 일처럼 보일 수 있지만, 사실 다른 사람과 자신에 대한 감사, 친절, 연민으로 향하게 하는 문이 될 수 있다.

자기비판을

줄이는 방법

많은 사람들이 자신을 비판한다. 이것은 후회가 많은 사람들에게 흔한 습관 중 하나다. '더 잘 알지 못했던 자신을 비판하는 것'이다. 자기비판은 기분만 저조하게 만들 뿐, 미래에 더 나은 결정을 내리는 데 도움이 되지 않는다. 사실, 자신을 비판하고 스스로에게 멍청하고 무능하며 결정을 내리지 못하는 사람이라는 낙인을 찍을수록 결정에 더 취약해진다. 위험 감수를 두려워하기 때문이다. 자신에게 실패자라는 낙인을 찍는 것은 성공으로 가는 길이 아니다. 현재 상황에 대처하는 데 도움이 되지 않는다. 여러 기법을 사용해 자기비판의 문제를 해결할 수 있다.

앞서 나는 라켓으로 자신의 머리를 때리라고 말하는 테니스 코치의 비유를 말했다. 자신을 비판하는 것이 도움이 될 것이라고 생각하는가?

자기비판에는 명확한 비용이 따른다. 결정을 내리는 일에 우울과 불안감을 느끼며, 계속 곱씹게 되고, 후회를 더 많이 하게 된다. 후회와 관련된 문제에 전혀 도움이 안 된다. 오히려 상황을 악화시킬 뿐이다. 대신, 다음의 기법을 시도해보라.

1. 결과를 학습 경험으로 본다

모든 실수는 새로운 것을 배울 수 있는 기회다. 이 생각은 생산적 후회의 핵심이다. 충동적인 결정을 내렸다면 이후 거기에서 무엇을 배웠는지 생각해보라. 편향된 정보에 의존하면 안 된다거나 장기적인 비용을 무시하고 단기적인 이익을 찾아서는 안 된다. 당시 이용 가능한 관련 정보를 검토하지 않았다는 점을 배울 수도 있다. 이 모든 것은 더 나은 의사결정을 위한 배움을 얻는 무척 좋은 기회이다.

그 어느 것에도 자기비판과 후회가 포함되지 않는다.

2. 훌륭한 의사결정자도 때때로 잘못된 결정을 내릴 수 있다

조지 소로스, 버락 오바마, 빌 게이츠, 스티브 잡스의 공통점은 무엇일까? 이들 모두는 잘못된 결정을 내렸던 사람들이다. 소로스는 트럼프가 백악관에 입성한 첫 해에 경제 불황일 것이라는 예측 때문에 10억 달러를 잃었다. 오바마 대통령은 ISIS를 더 공격적으로 공격하지 않은 실수를 저질렀다고 인정했다. 게이츠는 모바일 플랫폼 시장에서 안드로이드가 마이크로소프트보다 앞서도록 내버려둔 실수를 인정했다. 잡스는 실수를 중요하게 생각했고, 시장에 출시하기 전에 최대한 많은 버전의 제품을 시험하려 했다. 이런 큰 성공을 거둔 사람들이 실수를 인정하고 심지어 실수에 대비해 계획을 세우는 일이 현실이라면, 실수를 피하는 일은 불가피하다.

좋은 의사결정자는 실수하지 않는다고 생각한다면, 마치 좋은 타자는 절대 공을 놓치지 않는다고 생각하는 것과 마찬가지다.

3. 결정의 평가는 결과가 아닌 합리적인 과정을 따른다

결과가 예상과 다르다는 사실은 당신의 의사결정에 결함이 있다는 뜻이 아니다. 결정은 결과가 아닌 우리가 따르는 과정에서 판단해야 한다. 운이 좋아서 나온 결과도 있다. 좋은 의사결정은 결과만이 아닌 합리적인 과정을 기반으로 한다. 바보도 운이 좋으면 복권에 당첨된다.

라스베이거스에 가서 모든 저축을 하나의 숫자에 건다면 운이 좋아서 돈을 땄다고 해도 좋은 의사결정 방법이 아니다. 합리적이고 이성적인 과정을 따른다면 자신을 비난할 이유가 없다. 좋은 생각도 나쁜 결과를 만날 수 있다.

4. 자기연민을 사용한다

후회하는 경향이 있다면 스스로에게 엄격한 사람일 가능성이 높다. 자신에게 죄책감과 비판에서 자유로워질 틈을 허용하지 않는다. 실수를 용납 못하고 자기 평가가 가혹하며 심지어 자신에게 잔인할 수도 있다.

내 친구이자 동료인『자비로운 마음The Compassionate Mind』의 저자 폴 길버트는 자신과 타인에 대한 연민과 친절의 활성화를 기반으로 완전히 새로운 형태의 치료법을 개발했다.

자기비판의 반대는 자기연민이다. 여기에는 어려운 시기에 애정과 수용의 마음이 드러나는 친절하고 부드러운 목소리가 들려온다고 상상하는 일도 포함된다. 나는 따뜻하고 친절했던 할머니를 마음속에 그린다. 할머니가 나를 얼마나 사랑하고 아끼는지 상상한다. 연민을 표현하거나 연민을 받을 때 우리의 마음은 누그러지고, 차분해지며, 위안을 얻고, 행복해진다. 연민을 활성화하는 가장 큰 장점은 언제나 자신에게 힘이 되는 존재가 될 수 있다는 점이다. 언제나 자신에게 친절을 베풀 수 있다.

연민을 상상하는 한 가지 방법은 후회와 자기비판에 빠진 친구를 떠올리는 것이다. 당신은 자기비하를 하는 친구의 말에 큰 슬픔을 느끼고 다가가서 위로해주고 싶다고 생각한다. 그렇다면 친구를 사랑하고 친구가 행복하기를 바란다는 것을 어떻게 보여줄까? 친구를 팔로 감싸 안으며 그에게 당신이 그를 아끼고 존중한다고, 그가 당신의 삶에 꼭 필요한 사람이라고 상상해보라.

이제 자신에게 그렇게 한다고 상상해보라. 팔과 손으로 자신을 감싸 안고 부드럽게 포옹하면서 당신이 항상 당신을 위해 여기 있다고 상기하라.

후회의 심리학

+ 시간이 흐르면서 이유와 사실도 변화한다.

+ 사후 확증 편향에 도전할 때는 이렇게 자문하라. "내가 몰랐던 것을 알아야 할 책임이 있을까?" "지금 아는 것과 그때 아는 것의 차이는 무엇인가?"

+ 가질 수 있었던 것이 아닌 가지고 있는 것에 집중해보라. 그런데도 여전히 시간을 거슬러 결정을 바꾸고 싶은가?

+ 현재를 더 낫게 만들 수는 없을까? 그것은 당신에게 달려 있다.

+ 세상은 당신을 위해 만들어진 것이 아니다. 그런데 당신은 그 안에 있다. 세상은 당신이 만드는 것이다.

+ 보통 우리는 그 중요한 것은 잃었을 때야 알아차리고 당연하게 여겼던 것을 후회한다.

+ 인생의 모든 것을 꼭 필요한 것이 아닌 상대적인 선호가 존재하는 것으로 생각한다면 어떤 기회가 열릴까?

+ 모든 것이 기대대로 되어야 한다고 고집하는 사람이라면, 현실과 환상 중에 어디에서 더 많은 것을 얻을 수 있을지 생각해보라.

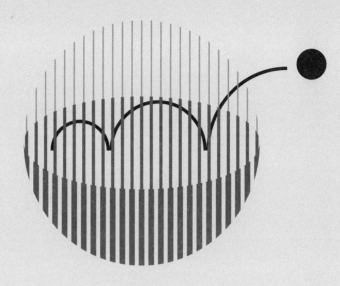

8장

"반추에서 물러난다"
_생산적 후회

곱씹고 곱씹는 문제

후회를 최대한 이용할 수 있다면 어떨까? 보통 우리가 잘못된 선택을 해서 삶이 견디기 힘들어졌다고, 무시했던 대안이 이상적이었다고 곱씹는다. 후회를 많이 하는 사람의 모든 습관은 곱씹기, 상상 속의 대안에 매달리기, 현재의 환경에 대한 계속된 평가 절하를 포함한다. 후회는 결코 바꿀 수 없는 것에 닻을 내리고 결코 벗어날 수 없다고 느끼게 한다.

이런 반복되고 부정적 생각을 '반추'라고 하며, 장기적으로 후회에 갇히는 주요한 경로 중 하나다. 반추는 닻처럼 우리를 과거에 묶어둔다. 우리 마음을 붙잡고 놓아주지 않는 정신적 납치다. 부정적인 결과에 효과적으로 대처하지 못하면 후회가 뿌리를 내리며, 유감스러운 생각을 계속해서 다시 떠올리면서 후회는 더욱 번창한다.

반추는 지속적인 문제일 때가 많다. 반추의 집요함, 때때로 자신이 무엇을 하는지 알아차리지 못하는 경향을 고려하면, 반추에 대처하는 데 사용할 수 있는 다양한 도구를 갖춰야 한다.

소는 무언가를 삼키지 않고 계속 씹는다. 우리가 무언가를 반추할 때도 마찬가지다. 현실을 삼킬(받아들일) 수 없기 때문에 우리는 놓친 가능성에 대한 생각, 감정, 상상을 계속 씹기만 한다. 그 현실을 삼키고 받아들일 수 있다는 생각조차 들지 않는다.

나는 스무 살에 내린 결정을 되새기는 70대, 80대의 사람들도 보았다. 나이를 불문하고 그날 밤 파티에서 한 말을 후회하며 밤새 잠을 이루지 못하는 사람들도 있다. 마치 과거가 당신을 쫓아다니며, 뒤에서 끌어당기고, 마음을 장악하는 듯하다. 반추의 결과는 무엇일까? 우리는 왜 반추를 하는 것일까? 어떻게 바꿀 수 있을까?

더 많은
후회를 낳는다

반추를 하는 사람은 우울해지거나 우울한 상태를 유지할 가능성이 훨씬 더 높다. 실제로 반추는 향후 우울증 발병의 가장 정확한 예측 인자다.

반추를 할 때는 불쾌하거나 우울한 것을 반복해서 생각하면서 부정적인 것에 집중한다. 현재에 대한 집중력을 잃고, 주변 환경으로부터 한동안 분리된다. 반추는 수동성과 고립을 강화해 자신에게 주어진 삶을 즐길 수 있는 기회를 감소시킨다. 그래서 실제로 여러 우울증 치료법들이 전적으로 반추를 역전시키는 데 초점을 맞춘다.

반추가 우리에게 아무런 도움이 되지 않는다면, 우리는 왜 반추를 할까? 흥미롭게도 반추에 대한 유전적 소인이 존재한다. 반추의 21퍼센트는 유전자에 기인하며 나머지 79퍼센트는 경험이나 후천적으로 습득한 문제 대처 전략과 다른 요인에 기인한다. 심지어 청소년의 반추 유전자 표지에 대한 증거도 있다. 안타깝게도 유전자는 바꿀 수가 없다. 하지만 생각하는 방식을 수정함으로써 반추를 줄일 수 있다.

많은 사람들이 반추가 문제를 해결하고, 불확실성을 줄이고, 완성되었다는 느낌을 얻는 데 도움이 된다고 생각한다. 사람들이 반추를 하는 것은 당연히 비참한 기분을 느끼고 싶어서가 아니다. 반추를 통제할 수 없다고 믿기 때문에, 상황을 충분히 생각해야 할 책임이 있다고 믿기 때문에 그렇게 한다. 그러나 이런 믿음은 사람들을 오도하며 악순환에 빠뜨릴 뿐이다. 다음에 이런 악순환에서 벗어날 수 있는 방법을 소개한다.

인지주의력증후군과
반추

캐롤라인은 위험한 주식에 투자했다. 처음에는 주가가 올랐고, 그녀는 "주식을 더 사야겠어"라고 생각했다. 그녀는 주식을 더 사고 다음 몇 달 동안 그 주식의 움직임을 주시했다. 안타깝게도, 회사에 대한 나쁜 뉴스가 나오면서 주가는 떨어졌다. 1년 만에 그녀는 투자금의 80퍼센트를 잃었다. 캐롤라인은 좋은 직장에 다녔고 30대 초반에 불과했지만, 평생 모은 돈의 상당 부분을 잃었다. 그녀는 이 일을 곱씹기 시작했다.

"어떻게 그런 미친 짓에 휩쓸리는 멍청한 결정을 했을까? 도대체 무슨 생각을 했던 걸까? 회복하려면 몇 년은 걸릴 거야. 이건 정말 끔찍하고 어리석은 일이야. 내가 뭘 놓친 걸까?"

부정적인 생각, 의심, 비판의 흐름은 계속 더 강해졌다. 경제 뉴스를 볼 때마다, 특히 좋은 성과를 내는 다른 주식들을 볼 때마다 그녀는 우울해졌고, 연기처럼 증발한 투자금을 곱씹었다.

부정적인 투자 경험은 캐롤라인이 손실을 곱씹고, 자신의 능력을 의심하고, 부정적인 생각에 반복적으로 집중하게 만들었다. 캐롤라인은 영국 맨체스터대학교의 심리학자 애드리언 웰스가 부르는 '인지주의력증후군Cognitive attentional syndrome'이었다. 반추(그리고 걱정)의 기저를 이루는 인지주의력증후군은 위협에 대한 지속적인 집중, 반복적인 사고, 인지 자원의 제한, 도움이 되지 않는 통제 전략, 사고 내용에 대한 지속적인 집중을 특징으로 한다. 이는 인지주의력증후군이 활성화될 경우 사람이 부정적인 정보(잘못된 것)에 집중한다는 뜻이다. 이런 집중은 반복적이며 수그러들 줄을 모른다.

부정적인 정보에 집중하면 다른 정보에 집중하고 주의를 기울이고 기억하는 능력이 제한되며, 생각을 억누르려거나 반추를 지속하는 등 효과 없는 전략을 사용하려고 한다. 주변에서 일어나는 일보다는 자신이 생각하는 것에만 계속 집중한다. 이것이 이전에 언급한 악순환이다.

웰스는 이 모델로 '메타인지 치료Metacognitive therapy'라는 치료법을 개발해 반추에 대처하고 우울증을 줄이는 데 극히 이례적인 성공을 거뒀다.

반추의 반복적 순환

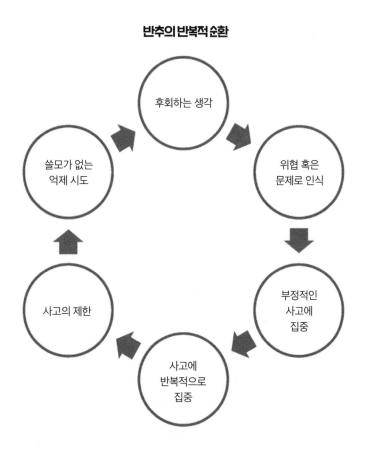

메타인지 접근법은 생각에서 거리를 두고, 그것을 배경 소음으로 받아들이고, 주의를 다른 일로 옮기고, 궁극적으로 마음속에서 그 소음을 놓아주는 데 도움을 준다. 한 발 물러서서 "그런 생각을 하고 있었군. 그런데 그것들은 그저 생각일 뿐이야. 나는 그것들을 내가 얽매일 필요가 없는 정신적 사건으로 받아들이고 내 삶을 계속 살아갈 수 있어"라고 말하는 것과 비슷하다.

후회에는 옆의 그림처럼 반복적인 부정적 사고의 사이클이 뒤따른다. 예를 들어 캐롤라인은 "내가 그런 형편없는 결정을 했다니 믿을 수 없어"라는 후회를 갖고 있다. 이후 그녀는 이것을 문제로 보고, 자신이 의사결정에 서툴고, 이 문제를 해결해야 하며, 앞으로 더 많은 실수를 할 것이라고 생각했다.

다음으로 캐롤라인은 부정적인 사고와 사건에 집중하고, 과거에 자신이 했던 일을 계속 되새기며 그 일이 기분을 얼마나 나쁘게 했는지를 곱씹었다. 여기에 너무 많은 정신적 에너지를 쓰고 있었기 때문에 그녀는 일에 주의를 기울이거나 일상생활에 어려움을 겪었다. 캐롤라인은 스스로에게 "그만해!"라고 말하며 부정적인 생각을 억누르려 해보았지만, 거의 도움이 되지 않았다. 반추의 악순환은 중단되지 않았다.

반추를 극복하는 10가지 방법

방해가 되는 사고에 주의를 기울여서 모든 답을 찾아내야 하며 그전에는 절대 내려놓지 못한다고 생각할 때 후회는 반추로 바뀐다. '후회 장악'의 일부인 '반추 장악'은 만족감과 완결성을 느끼지 못하고 계속해서 무언가를 생각하는 일을 수반한다. 마음이 자신을 잡아채 토끼굴로 데려가는 것처럼 느끼곤 한다. 다행히 우리에게는 반추에 더욱 성공적으로 대처할 수 있는 방법이 있다. 지금부터 반추 습관에 도전하는 방법을 살펴보자.

1. 잡아서 이름을 붙인다

"이름을 붙이지 못하면 길들일 수 없다"는 말은 반추에도 적용된다. 과거에 대한 생각과 선택에 대한 후회에 반복적으로 집중하고 있다면 거기에 즉시 반추라는 이름을 붙인다. 나도 가끔 반추에 빠진다. 다행히 아내가 나에 대해서도, 반추에 대해서도 잘 알기 때문에 "리히, 당신 지금 반추하고 있어. 환자에게 조언해야지"라고 이야기해준다. 이렇게 반추에 이름을 붙이면 생각에서 한 발 물러서서 여기에서 설명하는 기술들의 적용을 고려하는데 도움이 된다. "나는 지금 반추를 하고 있구나"라고 말하거나, 무언가를 가리키며 "저기 반추가 있네"라고 이름을 붙이는 상상을 해보라. 자, 이제 선택의 시간이다.

2. 실패한 억압과 부정의 시도를 살펴본다

우리는 많이 생각하면 반추를 해결할 수 있다고 생각하곤 한다. "내가 놓친 것이 있는 거겠지. 이 문제를 바라보는 다른 방법이 있을 거야. 더 많은 정보를 수집할 수 있을 거야"라고 생각한다. 하지만 이렇게 반추에 더 많은 생각이란 먹이를 공급하는 일은 마티니로 알코올 중독을 치료하려는 것과 같다. 효과가 없다. 과도한 생각에 대한 과도한 생각은 침투적 사고에 장악되는 결과를 낳는다. 생각이 등장하면 당신은 그 생각을 쫓아간다. 또는 이런 생각들을 억누르려는 대안을 시도하기도 한다. 심지어 스스로에게 "그만 생각해"라고 말하기도 한다. 이것은 백곰에 대해 생각하지 않으려 노력하는 것과 같다. 백곰을 생각하지 않도록 노력해보라. 백곰을 생각할 때마다 손을 들어보라. 백곰이 귀여운 것은 사실이지만, 생각을 억누르려 노력할수록 그 생각이 다시 튀어나옴을 보여주는 예다.

3. 변화의 동기(장단점)를 검토한다

인생의 많은 일이 그렇듯이, 우리는 변화에 대해 엇갈린 생각을 품는다. 반추를 멈추길 원하지만, 한편으로는 거기에서 뭔가 얻을 수 있다고 생각한다. 반추에 어떤 이점이 있을지 자문해보라. "설명할 수 있을 거야", "답을 찾을 수 있을 거야", "내게는 빠짐없이 살펴야 할 책임이 있어", "미래의 문제를 피하거나 해결하는 데 유용할 거야"라는 것이 반추에 대한 당신의 긍정적인 생각이다.

이 모든 반추가 정말 문제를 해결하고 반추의 감소로 이어졌는지 자문해보라. 효과가 있었나? 더 많은 반추가 정말 도움이 될까? 반복적인 생각을 이어가는 것이 결코 지속적인 해법으로 이어지지 않는다.

"나는 통제력을 잃었다", "억제해야 한다", "이런 반추를 없애지 않으면 정상적인 생활을 할 수 없다", "내가 뭔가 하지 않으면 이게 계속될 거야"처럼 부정적인 사고가 있다. 이런 생각들이 사실인지 살펴보라. "나는 통제력을 잃었다"는 생각을 예로 들어보자. 회사 책상에 앉아 있는데 상사가 "자네가 지금 진행 중인 프로젝트에 대해 얘기를 좀 하지"라고 말한다. 그럼 당신은 "지금은 곤란합니다. 후회에 대해서 반추하는 중이거든요"라고 말할까? 아닐 것이다. 당신에게는 통제력이 있다. 잠시 반추의 스위치를 끄고 다른 것에 집중하라. 초점을 옮긴다는 것은 통제력이 있다는 증거다.

어째서 초점의 전환이 도움이 될까? 마음은 한 번에 한 곳에만 집중할 수 있기 때문이다. 상사와 대화하면 동시에 반추를 할 수가 없다. 이번에는 반추를 없애지 않으면 정상적으로 살 수 없다는 생각을 살펴보자. 앞서 언급했듯이, 많은 사람들이 반추 때문에 우울감을 느낀다. 그러나 우울증이 있는 사람들도 꽤나 정상적인 생활을 할 수 있다. 제대로 생활할 수 없다는 증거는 무엇인가? 당신은 일을 하고 있는가? 친구와 가족을 만나는가? 활동을 하고 있는가? 물론 반추가 유쾌한 일은 아니지만 그 때문에 죽지는 않는다.

4. 마음의 이론을 바꾸고 소음을 받아들인다

누구나 자신의 마음이 어떠해야 한다는 이론을 갖고 있다. 일부 사람들은 내가 '맑은 마음'이라고 부르는 믿음 때문에 힘들어한다. 이것은 "내 마음은 명확하고 논리적이며, 불쾌한 생각과 감정이 없어야 한다"는 믿음이다. 때때로 우리는 그 순수한 마음에 도달하기 위해 "내게 있는 불쾌한 생각이나 감정을 모조리 없애야 한다"는 식의 조치를 생각한다. '명료함'을 찾고, '완성감'을 추구하고, '상충되는 생각을 깨끗이 정리' 하기 위해 노력하는 과정에서 거슬리는 생각이 계속 떠올라 도무지 진전하지 못한다.

맑은 마음은 근거 없는 믿음이다. 우리 마음은 잡다한 이미지와 생각이 가득한 만화경에 가까우며, 그런 생각의 대부분은 말이 안 된다. 맑은 마음을 추구하다가는 결국 당신이 생각하는 바람직한 방식으로 작동하지 않는 이유를 반추하게 된다.

이제 마음에 대한 다른 접근법을 시도해보라. 우리 모두가 약간씩은 이상하다고 가정해보자. 우리는 모두 비이성적이고, 모순으로 가득하며, 마음이 우리에게 보내는 혼란과 소음, 답이 없는 질문들을 헤쳐나가려고 노력한다. 우리의 진정한 과제는 맑은 마음이 아니라 무엇에 주의를 기울일지 결정하는 것이다. 시끄러운 마음속에서 계속 명료함만을 찾으면 빈손만이 남게 된다.

한 가지 대안은 시끄러운 마음을 제쳐두고, 과도한 생각에서 한 발 물러서 가치 있는 행동에 집중하는 것이다. 예를 들어, 운동을 하거나, 프로젝트에 공을 들이거나, 아끼는 사람에게 애정을 표현하거나, 고양이나 개를 쓰다듬거나, 하늘에 떠다니는 구름을 바라볼 수도 있다.

5. 불확실성과 마무리되지 않은 일을 받아들인다

반추와 후회는 과거의 결정이라는 마무리되지 않은 일을 끝내려고 노력하는 것과 같다. "이제 확실히 알겠어"라는 확신을 얻으려는 시도인 것이다. 하지만 그것이 정말 될까? 당신은 그저 반추에게 계속 먹이를 주고 있었던 것이다.

당신은 반추를 해서 무엇을 얻고자 하는가? 좌절감을 주는 이런 시도의 기저에는 불확실한 세상에서 확실성을 얻고자 하는 마음, 항상 우리와 함께 하는 과거를 마무리하려는 마음이 있다. 중요한 것은 무엇에 집중하느냐이다. 삶을 사는 데 집중하면 현재의 순간과 당신이 가치를 두는 목표에 집중하게 된다. 과거를 마무리 짓고 확실성을 얻으려는 허공을 쫓지 않게 된다.

불확실성을 견디지 못하는 것은 걱정과 반추의 핵심 요인 중 하나다. 그것이 미래에 대해 걱정하는 사람들이 내가 "구글-병Google-itis"이라고 부르는 병을 앓곤 하는 이유다. 그들은 일어날 수 있는 모든 두려운 일을 찾아보고, 가능한 모든 해결책을 고려하고, 이후 절대적인 확신이 없다는 이유로 그 모든 해결책을 거부한다. 반추하는 동안 얻으려는 것은 과거 또는 지금 당신이 느끼는 것에 대한 확실한 지식이다. 당신은 모른다는 것, 통제력이 없다는 것을 받아들일 수 없는 것이다.

불확실성을 받아들이는 생각을 해보라. 나는 아내와 빗속에서 자전거를 타던 일이 기억난다. 우리는 집에서 한 시간 정도 떨어진 곳에 있었다. 비가 내렸는데 우산이나 우비가 없어서 비에 흠뻑 젖었다. 아내와 나는 "싱잉 인 더 레인Singng in the Rain"을 부르며 흥겹게 자전거를 탔다. 아내는 자전거에서 내려 물웅덩이에서 탭댄스를 췄다. 탭댄스를 못 추는 나는 웃는 것밖에 할 수 없었다. 정말 재미있는 경험이었다. 우리의 수용 덕분에 비바람은 옛날 영화의 한 장면을 흉내 내는 장난으로 바뀌었다.

수용은 "나는 이것을 있는 그대로 받아들이고 인정한다"고 말하는 것을 의미한다. 좋아한다거나, 공정하다고 생각하거나, 훌륭하다고 생각한다는 뜻이 아니다. 단순히 어떤 일이 왜 일어났는지 지금은 모르고, 더 나아가 영원히 모를 수도 있음을 받아들이는 것이다.

특정한 어떤 것에 대한 영구적인 '무지'를 받아들인다면 지금 할 수 있는 일을 생각해보라. 지식의 부족을 현실의 삶으로 이어지는 문으로 받아들여라. 그것은 "내가 왜 이런 생각에 갇혀 있는지 알아내려고 애쓰면서 계속 거기에 갇혀 있을 수도 있고, 저 문으로 나가 내 삶을 살 수도 있다"고 말하는 것과 같다. 무지에 대한 수용을 더 나은 삶을 위한 도약으로 사용하라. 사람들에게 "나는 많은 것을 모른다는 사실을 받아들임으로써 내 인생이 훨씬 더 나아졌다"고 말할 수 있을 것이다. 아는 것과 사는 것은 존재의 서로 다른 방식이다. 사는 것을 선택하라. 후회가 없을 것이다.

"충만한 삶을 산 것을 후회한다"고 말하는 사람은 없다. 도리어 "여러 가지를 후회하고 그것들에 대해 생각하느라 세월을 낭비했다"고 말하는 사람은 흔히 본다.

다시 캐롤라인의 이야기로 돌아가보자. 나는 캐롤라인에게 여행, 오락, 새로운 사람들과의 만남, 새로운 프로젝트의 착수 등 그녀가 불확실성을 받아들인 경험에 대해 질문했다. 그녀는 자신이 이미 불확실성을 어느 정도 받아들이고 있다고 깨달았지만, 재정적인 실수는 계속 그녀를 압도하는 듯 보였다.

투자에 대한 부정적인 경험 때문에 캐롤라인은 돈을 이자가 거의 없는 안전한 현금 계좌로 옮겼다. 그녀는 투자에서 확실성을 추구하느라 돈으로 수익을 낼 수 있는 기회가 제한적이라고 생각했다. 어느 정도의 불확실성을 받아들이되 위험과 기회를 추구하는 균형 잡힌 접근 방식도 생각해야 한다는 것을 깨달았다. 이후 몇 달 동안 더 깊이 생각한 캐롤라인은 합리적인 위험을 다소 감수하도록 투자 균형을 재조정했고, 그 결과 수익은 증가했다. 이처럼 불확실성은 종종 기회를 얻기 위해 지불하는 대가가 되기도 한다.

6. 반추를 위한 시간을 정한다

걱정과 반추의 문제 중 하나는 이런 사고 패턴이 삶의 많은 부분을 장악해버릴 수 있다는 점이다. 어느 연구에서 사람들이 저녁 시간에 반추를 더 많이 하며 반추가 수면을 방해한다고 보여준다. 반추가 많은 사람은 온종일 이런 생각에 장악되어 자신에게 통제력이 없다고, 반추에서 절대 벗어날 수 없다고 생각한다.

반추를 위한 시간을 따로 마련하는 것이 유용한 기법이 될 수 있다. 10분이라는 시간을 정해두고, 그 시간 동안만 반추에 집중하는 것이다. 여기서 설명하는 여러 도구들도 사용할 수 있다. 처음 환자들에게 이 아이디어들을 제시하면, 의심하고 불가능하다고 주장한다. 그러면 나는 환자들이 다른 일에 정신을 빼앗길 때 이미 반추를 제쳐둔 것이라고 지적한다. 하지만 환자들은 여전히 불가능하다고 주장한다. 따라서 나는 이 방법을 일주일 동안 실험하기를 제안한다.

"오후에 여유 시간이 있을 때 10분 정도를 할애해서 반추하고 지금까지 배운 도구들을 사용해보세요. 다른 시간에 반추할 거리가 떠오른다면 적어두고 반추하는 시간까지 미뤄두세요"라고 말했더니, 처음에 캐롤라인은 이것을 말이 안 되는 방법이라고 생각했다. 그녀는 "이런 생각들이 머릿속을 가득 채우고 나를 온통 장악하기 때문에 도저히 그 방법을 실천할 수 없어요"라고 말했다. 그리고 "전 반추를 멈추려고 노력하는데 저에게 반추를 하라고 말씀하시는 거잖아요. 도무지 이해가 안 돼요"라고 덧붙였다.

나는 이것을 그녀의 문제가 온종일 이어지지 않도록 구획을 나누어보라고 제안했다. 그렇게 하면 '반추의 시간'이 왔을 때만 다양한 기술로 무장하고 반추를 다루는 데 최선을 다할 수 있을 것이라고 말이다. 그녀는 기꺼이 이 방법을 시도했다. 첫 주에 실험 후 다시 만난 그녀는 어느 정도 반추를 '지연'시킬 수 있다는 데 매우 놀란 상태였다. 나는 "반추를 마음에서 완전히 없애려고 하는 것은 맑은 마음이라는 근거 없는 믿음의 일부입니다. 우리는 그저 삶에 대한 통제권을 좀 더 되찾을 수 있도록 노력할 뿐입니다"라고 말했다.

7. 소중하게 생각하는 행동과 목표에 집중한다

마음은 한 번에 한 곳에만 집중할 수 있다. 다른 일에 몹시 집중할 때 걱정과 잡념이 사라지는 것을 보면 바로 알 수 있다. 정기적으로 다양한 표적 행동과 목표를 두는 것이 중요하다. 여기에는 다음과 같은 것이 포함된다.

- 신체적, 정신적 건강을 위한 가치 있는 행동: 운동, 식단, 수면, 휴식, 명상
- 관계 목표: 더 나은 친구, 배우자, 부모, 형제자매 되기
- 업무 목표: 더 나은 업무 성과, 팀워크 구축, 새로운 기술을 배우기
- 휴식과 취미: 음악, 스포츠, 독서, 미술, 교양, 재미있는 일
- 커뮤니티의 일원 되기: 봉사, 기부, 좋은 시민 되기, 좋은 이웃이 되기

여기 제안한 것은 가치 있는 목표의 일부에 불과하며, 무엇이든 자신에게 맞는 목표를 정할 수 있다. 중요한 것은 이런 목표에 집중할 때 반추에서 벗어날 수 있다는 점이다.

캐롤라인은 자신에게 선택권이 있다고 깨달았다. 그녀는 잃은 돈에 대해 반추할 수도, 운동을 하거나 친구를 만나거나 영화를 보거

나 반려견을 산책시키거나 마음챙김 명상을 하거나 음악을 들을 수도 있다. 중요한 것은 자신에게 "지금 반추를 할 수도, 그 외에 유용하고 의미 있는 일을 할 수도 있다"고 말하는 것이다. 반추를 멈추고 반추에서 벗어나는 것이 유용하다고 스스로에게 말하는 것은 반추에서 벗어나는 중요한 단계다. 반추에서 벗어나는 활동을 시도해보라. 과도한 생각 대신 활동에 나서라.

8. 놓아준다

낚시를 하던 사람이 낚싯줄을 던졌고 당신이 다가가서 미끼를 물었다고 상상해보라. 반추도 비슷하다. 생각이 떠오르면 그것을 꽉 물고 놓아주지 않는다. 당신은 물고기처럼 미끼를 물고 끌려간다. 이제 하루 동안 일어나는 온갖 일 중에 당신이 크게 신경을 쓰지 않는 일을 생각해보라. 뉴욕에 한동안 살면 소음, 교통체증, 인파에 그리 신경을 쓰지 않게 된다. 그것들은 배경 소음이 된다. 당신은 거기에 무관심해진다. 반추와 후회도 당신은 걸려들지 않는 배경 소음이라고 생각하면 어떨까?

미끼를 놓아주는 데 사용할 수 있는 많은 다른 기법들이 있다(그중 대부분은 심리학자 애드리안 웰스와 나를 포함한 다른 사람들이 개발한 것이다).

먼저 자신을 '참여자'가 아닌 '관찰자'라고 생각해보라. 반추하는 생각이 당신이 관찰하는 것이라고, 당신은 한 발 떨어진 외부에 있다고 상상해보라.

- 그 생각을 텔레마케팅 전화로 생각해보라. 참여하지 않는다고 말하거나 때로는 받지도 않는 전화로 말이다. "아, 저건 내게 쓸데없는 물건을 팔려는 광고 전화야. 그냥 받지 말아야지"라고 생각한다.
- 반추 사고를 스팸 메일로 생각하라. "1억 달러 상금에 당첨되셨습니다"라는 솔깃한 제목이 붙어 있지만, 당신은 말도 안 된다는 것을 알기에 무시해버린다.
- 번잡한 기차역 승강장에 서서 소중한 목표와 연관된 5번 열차를 기다리고 있다고 상상해보라. 4번, 10번, 12번 열차가 들어오지만 당신은 그 열차를 타지 않는다. 그들은 반추 열차다. 당신이 타야 할 열차는 5번 열차다. 5번 열차는 아직 오지 않았다. 그러니 다른 열차는 그냥 지나보내자.
- 반추가 놓을 수 있는 풍선이라고 상상해보라. 풍선을 날아가지 않도록 꼭 붙잡고 있던 당신은 이내 "놓아주자"고 결심한다. 이제 풍선이 하늘로 떠오른다. 당신은 멀리 떠가는 풍선을 바라본다. 당신은 그들을 놓아주고 있다. 당신은 자유롭다.

캐롤라인은 반추하는 생각을 텔레마케팅 전화로 생각하는 방법을 좋아했다. 이런 성가신 후회가 텔레마케팅 전화처럼 사생활을 침해한다고 생각했기 때문이다. 그녀는 마음속으로 "아, 저건 나한테 뭔가를 팔려는 텔레마케팅 전화야. 안 받을 거야"라고 생각했다. 그녀는 그저 지켜보기만 하면 되었다. 풍선이라고 생각하는 아이디어도 좋아했다. 떠도는 생각을 그녀가 붙잡으려 하는 것을 시각화할 수 있었기 때문이다. 그녀는 풍선들을 놓아주는 느낌을 즐기기 시작했다.

9. 두려워하는 생각으로 머릿속을 가득 채운다(지루함 기법)

같은 이야기를 반복해서 듣다가 지루해졌던 경험이 있는가? 일주일 동안 매일 저녁 같은 요리를 먹으면 그 음식이 매력을 잃지 않는가? 무언가를 계속 반복하면 계속 주의를 쏟기가 힘들다. 심리학자들은 이를 '습관화Habituation'라고 부른다. 자극에 반복적 노출만으로도 힘이 약해져 각성과 주의를 끌기 힘들다. 너무 지루해서 결국 잠들기도 한다. 여기 아이러니가 있다. 당신은 반추가 떠오르면 답을 찾고, 정보를 검색하고, 문제를 해결하고, 마무리를 지으려 노력한다. 이런 정신노동에 기진맥진하는 것은 조금도 이상할 것이 없다.

이 기술은 정말 간단하다. 엘리베이터를 타는 것을 무서워한다고 상상해보자. 내가 당신과 함께 엘리베이터를 타고 계속 오르락내리락한다. 처음 몇 번은 겁을 먹지만, 규칙적으로 엘리베이터로 오르내리면서 불안감이 줄어든다. 결국에 당신은 "됐습니다. 이제 내립시다"라고 말한다. 하지만 나는 엘리베이터를 더 타야한다고 고집한다. 당신은 지루해진다. 반복적인 노출은 지루함으로 이어진다.

나는 이것을 '지루함 기법Boredom technique'이라고 부른다. 놀라울 정도로 많은 사람들이 이 기법이 대단히 효과적이라고 말한다. 이것은 자신이 얼마나 좋은 사람인지 긍정하거나 부정하는 것과는 큰 차이가 있다. 이 방법은 오히려 부정 생각을 불러들이고, 반복한다. 아무것도 하지 않으면서 지루함으로 이런 생각들을 약화시키는 것이다. 이 기법은 하루에 한 번 사용할 수 있다. 자신이 한 일에 대해 죄책감을 느끼고 있다면 10분 동안 반복해서 그 생각을 함으로써 지루함으로 그 생각을 약화시켜보라. "나는 내가 한 일에 대해 죄책감을 느낀다"라는 생각을 반복하면 결국 다른 생각, 당신을 죄책감에 대한 생각에서 해방시키는 생각이 떠오를 것이다.

캐롤라인은 처음에 내가 제정신이 아니라고 생각했다. 하지만 지루함 기법을 기꺼이 시도했다. 나는 진료 시간에 그녀에게 10분 동안 "나는 잘못된 투자를 한 것에 대해 죄책감을 느낀다"라는 말을 반복해보라고 요청했다. 눈을 감고 이 말을 큰 목소리로 반복하는 그녀의 표정이 변하는 것이 보였다. 처음에는 약간 긴장한 듯 했고, 이 생각이 약간 혐오스러운 듯 보였지만 계속 진행하면서 표정이 바뀌었다. 몇 분 후, 그녀는 웃어 보였다. 활동이 끝나고 그녀에게 무슨 생각을 했느냐고 물어보았다.

"지루하네요."

지루함과 무관심은 불안, 죄책감, 후회에 대한 궁극의 치료제다. 후회와 죄책감이 마음을 장악할 때 이 기법을 사용할 수 있다. 10분 동안 다른 모든 일을 멈추고, 눈을 감고, 혼자 조용히 그 생각을 반복한다. 대답하지 말고 그 생각이 증발하는 것을 관찰하라.

10. 인생의 다음 챕터를 쓰고 그것을 실현한다

후회와 죄책감을 당신이 지금 챕터라고 생각해보자. 하지만 인생은 더 긴 이야기이기에 당신은 다음 챕터가 어떻게 될지 생각할 수 있다. 당신이 서른두 살이고 열두 살 때 한 행동에 죄책감을 느낀다고 가정해보자. 서른두 살인 당신은 10챕터를 살고 있고 열두 살 때의 삶은 3챕터였다. 이전 챕터로 돌아가서 그 챕터를 계속 반복하기를 원하는가? 후회와 죄책감이 가득하다면 그럴 수도 있을 것이다. 하지만 인생의 다음 챕터로 넘어가고 싶다면? 당신이 그 챕터를 쓰는 작가라면? 당신은 어떤 글을 쓰겠는가?

인생 스토리의 저자가 된다는 은유의 장점은 책의 앞부분에서 나쁜 일이 일어났을 수도 있다는 점을 인정하는 데 있다. 실수와 후회는 이전에 있었고 당신은 앞으로 나아가고 있다. 어쨌든 이야기는 계속된다. 당신은 책 한 권을 써야 한다. 이전 장에서 어리석고 비윤리적이고 어쩌면 역겨운 일을 했다는 사실도 인정해보자.

당신의 삶을 소설로 쓰는 것이라면 이것을 '캐릭터 개발'로 이용할 수 있다. 이 캐릭터는 어떻게 변화할까? 이 캐릭터는 죄책감을 느끼는 행동을 하는 데에서 삶을 더 낫게 만드는 일로 어떻게 진전할까? 이 캐릭터는 어떻게 성장할까? 어쩌면 이 캐릭터는 과거를 돌이켜보며 이렇게 말하고 있지 않을까?

"그 일을 할 때의 나는 충동적이었어. 후회가 돼. 하지만 이제 나는 다음 챕터에 있고 여기에서는 과거의 경험을 통해 성장하고 있어. 나는 자신을 변화시키고 있어."

당신이 그 책의 작가라면 다음 챕터가 어떻게 될지도 당신이 결정할 수 있다. 인생의 다음 챕터에서 어떤 일이 일어났으면 하는지 200단어 정도로 글을 써보라.

당신의 가치관, 목표, 당신이 되고자 하는 종류의 사람, 죄책감과 후회로부터 어떤 것을 배우고 성장하고 싶은지, 진정으로 하고 싶은 일이 무엇인지 생각해보라. 그리고 그것이 실현되게 해보라. 다음 챕터로 넘어가면서 매주 이 내용을 떠올려보라. 작가는 당신이다.

과거를 지울 수 없고 과거의 결정을 잊을 수 없지만 자신이 원하는 방식으로 삶을 만들어나갈 수 있다. 죄책감과 후회에 매이기보다 훨씬 나은 방법이다. 나는 이것은 '생산적인 후회'라고 부른다.

후회의 심리학

+ 과거를 반추하는 데 많은 시간을 할애하는 동안 현재에서 놓친 것은 무엇일까?

+ 한 발 물러서 자신의 반추를 가리키며 "저기 또 반추가 있네"라고 말한다.

+ 반추가 문제 해결에 도움을 주었나? 삶을 변화시키기 위해 반추에 의존하는 일을 멈추었다면 지금 당신은 어떤 모습일까?

+ 시끄러운 마음속에서 명료함을 찾는 대신 어디에 주의를 기울일지 의식적으로 선택을 한다면 그 대상은 무엇일까?

+ 우리 모두는 시끄러운 마음과 함께 사는 법을 배워야 한다.

+ 기대대로 되지 않은 일을 반추하는 것을 멈추었다면 과거의 끔찍한 경험은 어떤 긍정적인 경험으로 바뀌었을까?

+ 반추를 정해진 하루 15분의 시간에만 한다면, 나머지 자유 시간에 무엇을 하겠는가?

+ 놓아주는 것은 후회의 반대이다.

+ 후회로부터 어떤 것을 배우고 성장하고 싶은가? 당신 인생의 작가는 당신이다. 다음 챕터를 쓰고 그것을 실현하라.

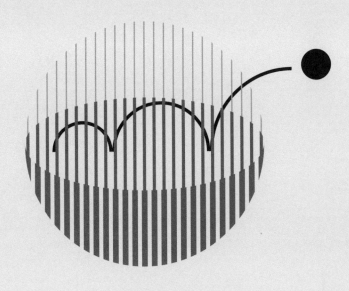

9장

"죄책감으로부터 배운다"

_자기용서

후회의 파편, 죄책감

죄책감은 후회와 어떤 관련이 있을까? 나와 이야기를 나누던 동료는 후회와 죄책감이 같다고 주장했다. 후회에 종종 회한과 자기비난이 수반된다. 하지만 모든 후회가 자기징벌은 아니다. 예를 들어, 운전 중 특정 경로를 택했다고 후회할 수는 있지만 죄책감을 느끼지는 않는다. 마찬가지로 연애가 잘 풀리지 않아서 후회하고 실망과 슬픔을 느끼면서도 자기를 비난하지는 않을 수 있다.

하지만 많은 경우, 후회에 죄책감이 따르기 때문에 동료의 지적은 타당하다. 예를 들어, 이혼이 자녀에게 미치는 부정적인 영향을 후회하기 때문에 이혼에 대한 죄책감을 느낄 수 있다. 또 다른 누군가는 가족을 재정적으로 궁핍한 환경에 처하게 한 것을 후회해서 실직에 대한 죄책감을 느낄 수 있다. 후회와 죄책감은 종종 얽혀 있다.

후회가 항상 죄책감을 의미하지는 않지만, 죄책감은 항상 후회를 의미한다.

그렇다면 죄책감은 어떻게 이해해야 할까? 죄책감에는 도덕적 또는 윤리적 규범을 지키지 못한 것과 관련된다. 예를 들어, 살인과 강간은 거의 모든 사람의 도덕규범을 위반하는 '나쁜 행동'이다. 죄책감은 해를 끼치려는 악의적인 의도, 합의를 지키지 않은 것, 이성적인 사람이라면 마땅히 해야 할 일에 대한 태만과 관련이 있다.

죄책감은 나쁜 결과를 초래한 원인과 책임이 자신에게 있음을 암시한다. 하지만 우리는 중범죄만큼 악랄한 것이 아닌 많은 행동에 대해서도 죄책감을 느낀다. 우리는 배우자에게 냉담한 태도를 보이고, 시험에서 부정행위를 하고, 애인이 있으면서 다른 사람과 정신적 또는 성적으로 외도하고, 도움이 필요한 친구에게 힘을 주지 못하고, 자녀에게 감정이 상할 만한 말을 한 일에 죄책감을 느낀다.

수치심과
죄책감의 혼동

우리는 종종 수치심과 죄책감을 혼동한다. 수치심은 누군가가 알면 창피하기 때문에 다른 사람으로부터 숨고 싶은 감정에 가깝다. 수치심은 꼭 해를 끼치거나 윤리적 규칙을 위반한 것과 관련되지는 않고, 다른 사람들이 자신을 판단하고 외면한다는 느낌(판단하고 외면할 것이라는 상상)에 더 가깝다. 예를 들어, 많은 사람들은 일반적인 도덕규범을 위반하거나 다른 사람에게 해를 끼치지 않는데도 자신의 성적활동에 대해 수치심을 느낀다.

이 장에서 특히 죄책감에 초점을 맞추는 이유는, 죄책감은 수치심보다 후회의 일부일 가능성이 높기 때문이다. 다음의 아이디어들은 수치심에 적용되지만 복잡함을 피하기 위해 죄책감에 집중하기로 한다.

죄책감에도
이점이 있을까?

죄책감은 자신이 내린 부정적인 결과에 반응하는 중요한 반응이다. 자기비판, 더 많은 반추, 수치심, 회피, 경우에 따라서는 자살로도 이어질 수 있다. 다른 감정들만큼 복잡한 감정이지만, 이 책의 목적에 맞추어 나는 죄책감을 좀 더 과장된 형태의 후회라고 본다.

죄책감은 후회를 다음 단계로 발전시킨다. 자신이 한 행동이 비도덕하거나 비윤리라고 생각하거나 사람들이 자신을 낮게 평가하고 비난할 것이라고 생각한다. 그런 다음 스스로에게 낙인을 찍는다. 때로는 스스로를 정말 나쁜 사람이라고 강하게 비난하기도 한다.

후회와 마찬가지로 죄책감에도 부정적인 측면과 긍정적인 측면이 있다. 우리가 느끼는 죄책감은 자신이 저지른 일에 비해 불균형하게 크거나 모든 책임을 자신에게 돌리는 오류가 많이 포함된다. 이 두 가지 반응 모두 끝없는 반추로 이어질 수 있다. 따라서 이 장에서는 죄책감을 현실적으로 다루는 몇 가지 기법을 알아볼 것이다. 이 기법은 불필요한 자기비판을 줄이고, 인간의 불완전성을 인정하며,

현실적인 책임을 인정하고, 고통을 줄이는 데 도움을 줄 것이다. 후회는 죄책감과 얽혀 있기 때문에 죄책감을 잘 처리하면 후회도 잘 다룰 수 있다.

긍정적인 측면에서는, 죄책감이 왜 그렇게 보편적인지 살펴봐야 한다. 죄책감에는 어떤 이점이 있을까? 후회가 생산적일 수 있듯 죄책감은 더 나은 관계를 구축하고, 자제력을 키우고, 실수로부터 배움을 얻는 능력을 키우는 데 도움을 줄 수 있다. 이 장에서는 언제, 얼마나 오래, 어느 정도까지 죄책감을 느껴야 적절한지 탐구한다.

때때로 후회는 극단적인 죄책감과 수치심으로 이어지며, 죄책감을 느끼는 선택이 먼 과거에 있는데도 죄책감에서 벗어나고 놓아주는 데 어려움을 겪기도 한다. 죄책감은 쉽게 유용성을 압도한다. 나는 과거의 결정에 불필요하거나 극단적인 죄책감을 줄이기 위해 자문할 수 있는 다양한 질문을 제시하고 그것을 논의할 것이다. 자기교정, 학습, 용서, 사과, 수용으로 이어질 수 있는 합리적이고 적절한 정도의 유용한 죄책감과 결코 달아나지 못하는 압도적인 죄책감으로 자신을 괴롭히는 일은 완전히 별개의 문제다.

다시 말하지만, 긍정적인 측면에서 죄책감은 때로 관계에 신뢰를 향상시킬 수 있다. 진화론적 관점에서 본다면 죄책감, 수치심, 발각에 대한 두려움을 보여주는 집단은 속임수와 부정행위가 계속되는 집단보다 생존 가능성이 높았다. 죄책감은 자기통제와 자기교정으로 이어질 수 있다. 용서를 구하고 신뢰를 구축하는 데 생산적인 죄책감이 될 수 있다. 우리는 이것을 합리적이고, 생산적이며, 사회적으로 적절한 죄책감이라고 본다. 앞으로 죄책감을 우리 삶과 인간관계를 향상시킬 수 있는 방식으로 이용할 방법도 살펴볼 것이다.

죄책감을 생산적으로 이용하는 방법을 배우기 위해서, 죄책감의 장점이 무엇이며 죄책감이 왜 강력한지, 보편적인 감정으로 진화한 이유는 무엇인지 알아보기로 하자.

죄책감은
신뢰를 낳는다

당신이 독신이고 진지하게 만날 상대를 찾는다고 상상해보자. 지적이고 흥미롭고 매력적인 상대를 발견했다. 공유하는 관심사가 많은 부분 일치한다. 그런데 어느 날, 그 사람이 당신에게 "말하고 싶은 게 있어요. 전 다른 사람들과 달리 죄책감이나 수치심을 느끼지 못해요. 그런 감정을 느낀다니 상상조차 못해요"라고 말한다. 이 사람과 친밀한 관계로 발전할 수 있는가? 살다가 어려움에 직면했을 때 이 상대에게 의지할 수 있을까?

죄책감이라는 감정은 옳은 일을 하려는 성향을 나타낼 수 있다. 즉, 죄책감을 느끼는 사람이라면 신뢰할 수 있다. 상대의 신뢰를 저버렸을 때 죄책감을 느끼면 매우 불쾌하기 때문에 그런 행동을 피할 가능성이 높다. 우리는 자신의 행동을 통제할 수 있는 사람을 신뢰할 가능성이 높으며, 죄책감을 느끼는 능력은 자제력을 나타내는 지표일 수 있다.

죄책감은 또한 다른 사람에게 해를 끼치거나 기분을 상하게 할 수 있는 행동을 하고, 그로 인해 처벌을 받거나 창피를 당하는 일을 막아준다. 예를 들어, 범죄로 간주될 만한 물건을 훔쳤을 때 죄책감을 예상하면, 충동을 억제해 물건을 훔치지 않을 것이다. 죄책감은 처벌을 예상하고 자제력을 발휘함으로써 그런 일을 피하도록 돕는 '사회정서기술'이다. 따라서 죄책감을 느끼는 능력은 후회를 예상하는 능력과 비슷하다. 배우자에게 상처를 주는 말을 하거나 과음으로 자제력을 잃거나 직장에서 책임을 완수하지 못했을 때의 부정적인 결과를 상상하는 것과 같은 능력과 관련된다. 이것이 후회에서 당신이 상상할 수 있는 부분이다. 죄책감은 정말 나쁜 감정을 느끼는 이상의 단계로, 자책하고 후회하고 슬퍼하는 감정이다. 예상되는 후회와 함께 죄책감은 "이렇게 하면 벌을 받게 될까, 기분이 나빠질까, 어떻게 하면 그렇게 하지 않을까?"와 같은 생각을 수반한다.

죄책감이 너무 적으면 현명치 못한 충동 행동을 할 수 있고, 죄책감이 너무 많으면 잘못했다면서 자신을 책망하고 오랜 시간 후회에 빠지게 된다. 항상 무엇이 합리적인지, 생산적인지, 적절한 균형인지가 중요하다.

'생존자 죄책감(비슷한 상황에 처했던 다른 사람들이 고통을 겪은 반면 자신은 이득을 보았다는 믿음)'의 척도에서 높은 점수를 받는 사람은, 보통 집단에서 다른 사람들과 원활하게 협력한다. 아마도 죄책감은 집단 내에서 공동 방어를 위해 협력하고, 식량 자원을 나누고, 어린아이를 돌볼 가능성이 더 높았기 때문에 진화했을지도 모른다.

흥미롭게도 죄책감을 쉽게 느끼는 직원은 결근할 확률이 낮다. 아마도 집단이나 책임보다 자신의 욕망이나 욕구가 우선하기 때문일 것이다. 이를 설명하는 요인 중 하나가 죄책감을 잘 느끼는 사람이 자신의 이익뿐만 아니라 타인의 관점(자신의 이해관계뿐 아니라)을 더 잘 이해하고 고려한다는 점이다. 죄책감은 강하고 불쾌한 감정이지만, 어떤 면에서는 우리를 결속시키기도 한다.

우리의 마음을
움직일 수 있다

진심 어린 사과는 해로운 행동으로 손상된 관계를 복구하는 데 도움이 된다. 가해자에게 피해가 해결되었다는 느낌을 줌으로써 후회에 대한 반추를 멈추는 효과도 있다. 이 시점부터 손상된 관계 회복으로 전환된다.

물론 사과가 얼마나 효과적이느냐에는 여러 요인이 관여한다. 효과적인 사과는 양방향이다. 수신자가 사과를 진심으로 느끼는지, 사과를 한 사람과 좋은 관계였는지, 사과한 사람이 선의였다고 생각하는지, 사과한 사람에게 긍정적인 개선의 여지가 있다고 믿는지에 따라 달라진다.

효과적인 사과는 다음과 같다.

- 책임을 지겠다는 의사를 전달해야 한다.
- 자신이 저지른 잘못에 대해서 기꺼이 보상할 의사가 있음을 표현해야 한다.
- 다시는 그런 잘못이 일어나지 않을 것이라고 명시해야 한다 (다시 한 번 설득력 있게).

다음은 효과적이지 못한 사과의 예다.

- "미안해. 그러니까 이제 그 얘긴 그만하자."
- "미안해요. 그런데 당신도 전에 그렇게 했잖아요."
- "미안합니다. 장담하건대, 곧 잊어버리실 거예요."
- "미안해요. 하지만, 내 입장이라면 다른 많은 사람들도 똑같이, 아니 더 심하게 했을 걸요."
- "제가 잘못했다는 느낌을 받으셨다니 유감이군요."

죄책감이 특정 상황에서 어떻게 도움이 되는지 알아봤으니, 이제 죄책감의 어두운 면으로 돌아가보자.

불필요한 죄책감에서 벗어나기

행동이나 피해에 비해 과도한 죄책감은 불필요한 죄책감이다. 불필요한 죄책감은 극심한 자기비판이나 자기혐오와 관련되며 사람들이 합리적이라고 생각하는 것보다 훨씬 오래 지속된다. 불필요한 죄책감은 과도한 반추, 죄책감을 유발할 수 있는 회피, 저항으로 보통 이어진다. 불균형적인 죄책감은 더 나은 사람이 되는 데 도움이 안 된다. 그런 죄책감은 당신을 비참한 사람으로 만들 뿐이다.

하지만 감정, 특히 죄책감을 바라보는 다른 방식이 있다. 감정을 일시적으로, 더 나아가 적응 학습과 기능의 과정 중 첫 단계라고 생각하면 어떨까? 절대 죄책감을 느껴서는 안 된다는 말이 아니다. 다만 죄책감이 그렇게 오래 지속되어야 하는지, 그렇게 강렬해야 하는지, 압도적인 자기혐오로 가득 차야 하는지, 일상생활을 방해해야 하는지 생각해보자. 죄책감을 배움, 화해, 회복을 향한 하나의 단계로 생각하면 어떨까?

죄책감에 의문을 제기할 수 있는 방법, 불완전한 세상에서 결함 있는 인간으로 사는 당신에게 도움을 주는 여러 방법이 존재한다. 지속적인 후회, 반추, 죄책감, 심지어 자기혐오에 시달린다면, 죄책감을 진단해보고 해답을 얻을 수 있는지 알아보도록 하라.

미셸의 사례를 살펴보자. 40대 중반의 미셸은 사랑 없는 결혼생활 끝에 남편 모리스와 이혼하기로 결정했다. 미셸에 따르면 모리스는 아들에게는 좋은 아버지였지만, 그녀에게 비판적이었고, 종종 성관계를 피하고, 자주 소리를 질렀다. 그녀는 열 살 난 아들 자말을 사랑하지만 결혼생활의 갈등과 어려움을 더 이상 견딜 수 없었다. 그녀는 이혼으로 아들에게 씻을 수 없는 상처를 준다는 죄책감에 시달렸다.

미셸은 이혼, 자기회의, 죄책감과 고투하다가 나를 찾아왔다. 내 목표는 그녀가 어느 정도 책임을 받아들이는 동시에 지속적인 죄책감과 반추를 줄일 수 있도록 돕는 것이었다. 다음의 몇 가지 질문을 이용해 자신의 죄책감에 도전해보라.

1. 실제로 한 일, 하지 않은 일은 무엇인가?

미셸의 경우, 12년의 결혼생활 동안 모리스와의 갈등으로 인해 비참한 기분을 느꼈다. 그녀는 관계 개선을 위해 개인 치료와 부부 치료를 시도했고, 좋은 엄마가 되려고 노력했지만 모두 효과가 없었다. 그녀는 모리스를 더 다정하게 대하고, 결혼생활을 유지하기 위해 더 노력했다. 하지만 모리스는 따로 아파트를 얻어 집을 나갔고, 그녀는 아들 자말이 아버지를 자주 만나지 못해서 걱정했다. 실제로 그녀가 한 일은 길고 힘든 관계 끝에 별거와 이혼을 요청한 것이었다.

2. 실제 피해는 어떤 것인가?

이혼이 아이들에게 미치는 영향을 경시해서는 안 된다. 하지만 어른이든 아이든 우리는 생각보다 회복력이 훨씬 더 강하다. 처음에 미셸은 아들이 이혼에서 받은 상처가 영원할 것이라고 생각했다. 아들 자말은 분노와 슬픔을 경험했지만 결국은 상당히 잘 적응했다. 미셸과 모리스는 서로를 비난하지 않고, 자말에게 두 사람이 아들을 사랑하며, 정기적으로 만날 것이고, 학교와 친구들에 변함이 없을 것이란 확신을 심어주는 데 공동 목표를 세웠다.

3. 권리를 행사하고 있었나?

죄책감은 우리가 당시 자신의 권리를 어떻게 보느냐와 관련이 깊다. 예를 들어, 나는 이웃의 차를 훔칠 권리가 없기 때문에 만약 차를 훔치면 죄책감을 가질 가능성이 높다. 하지만 때로는 자신의 권리를 행사하고도, 즉 적절한 자기주장을 하고도 죄책감을 가질 수 있다. 미셸은 남편과 이혼할 권리가 있나? 물론 그렇다. 그런데도 다른 사람들이 미셸을 비난하기 때문에 정당한 권리를 행사하고도 죄책감을 느낀다.

하지만 행복과 안녕을 허용하지 않는 관계나 행동 방침을 계속할 의무가 없다. 권리를 행사할 때는 다른 사람들이 우리를 부정적으로 판단할 수 있다는 점을 받아들일 필요가 있다. 단, 여기에서 타인의 판단을 수용한다는 것은 우리가 다른 사람의 판단에 맞추어 자신을 희생해야 한다는 의미는 아니다.

4. 당시 실제로 알고 있었던 것은 무엇인가?

처음 결혼했을 때 미셸이 모리스에 대해 무엇을 알았는가? 그녀가 내게 해준 이야기에 따르면, 모리스는 친절하고, 재미있고, 미셸에게 관심이 많고, 지적이고, 같이 활동하는 것을 즐겼다고 한다. 하지만 시간이 흐르면서 남편이 자주 분노를 폭발시키고, 다른 사람들과 어울리지 않고 침잠하고, 과음하고, 성관계를 피할 것이라는 점은 미셸은 알지 못했다. 결혼생활이 어떻게 전개될지 모르는 채로 장기적인 관계에 발을 들인 것이다.

5. 당신의 의도는 어떤 것이었나?

처음에 미셸은 좋은 아내와 엄마가 되고자 노력했다. 이혼을 결심할 때 미셸의 의도는 애정 없는 결혼생활에서 벗어나 자신의 삶을 꾸리면서 자말에게 애정 어린 엄마가 되는 것이었다. 미셸은 두 사람 모두 상처 없이 이혼하기를 바랐다. 누군가에게 상처를 주지 않고 결혼생활에서 벗어나기를 바랐다.

6. 결과가 실제 드러난 것처럼 나쁘리라고 예상했나?

자신의 의도가 어땠는지 살피는 것과 더불어 어떤 것을 예상했는지도 생각해보자. 예를 들어, 미셸은 모리스와 평생 함께하며, 아이를 낳고, 서로에게 힘이 될 것이라고 예상했다. 그것이 그녀가 결혼한 이유였다. 미셸은 잦은 다툼, 남편의 침잠, 사랑과 애정의 상실은 예상하지 못했다. 즉 결혼생활의 붕괴는 예측할 수 없었다.

7. 도발에 의해 선택했나?

누군가 나를 밀어서 나도 그를 밀쳤다면 도발을 당한 나에게는 폭행죄가 성립하지 않는다. 도발은 자유에 대한 또 다른 제한이다. 내 행동은 자유로운 선택에 따른 것이 아니었다. 미셸은 자신이 모리스를 도발한 때도 있었다고 인정하지만, 대부분의 경우 모리스가 도발했다고 말했다. 어떤 의미에서, 도발은 우리 행동의 원인이 '자유 의지'나 '선택'이 아닌 외부 자극이었음을 암시한다. 도발은 우리 행동에 대한 제약이다. 제약이 많을수록 내 책임은 줄어든다.

8. 달리 행동의 자유를 제한하는 요인이 있었나?

어떤 행동을 선택할 때는 자유를 제한할 만한 요인이 무엇인지도 고려해야 한다. 예를 들어, "술, 생활에서의 스트레스 요인으로 인해 내 선택의 자유가 제한되었는가?", "내가 행동할 때, 다른 사람들로부터의 큰 압력은 없었나?"라는 질문을 던져보라.

선택의 제한은 당신의 책임을 던다. 미셸도 모리스가 훨씬 크고, 심하게 그녀를 위협했기 때문에 모리스의 반감을 자극하지 않는 결혼생활을 유지해야 했다. 미셸은 행동할 자유를 완벽하게 누리지 못했다. 겁을 먹은 그녀는 자기주장을 펴기가 어려웠다. 미셸은 남편의 행동에 대한 책임이 없었다.

9. 시대에 뒤떨어진 문화적 관습이나 집단의 관습을 따랐나?

많은 사람들이 무엇이 옳고 그른지 부모와 종교 지도자들의 이야기를 들으며 성장한다. 예를 들어, 이혼, 다른 인종과의 결혼 등은 문화적 금기가 존재했었다. 하지만 우리는 이런 규칙이 합리적이고 공정한지에 대해 의문을 제기할 수 있다. 예를 들어, 미셸은 이혼을 선택한 다른 사람을 재단하지는 않지만, 어린 시절부터 이혼에 반대하는 종교적 신념을 품고 있었다. 그러나 여러 요인을 검토하는 과정에서 그녀는 이혼한 다른 사람을 나쁘게 보지 않는 자신이 스스로는 재단하는 것이 공정치 못함을 깨달았다.

10. 지금의 나쁜 결과에 다른 사람들이 기여했나?

우리의 행동은 외부와 단절된 상태에서 존재하지 않는다. 다른 사람들과 책임을 나눠진다면, 문제에 대한 당신의 기여도는 몇 퍼센트이고 다른 사람들의 기여도는 몇 퍼센트인가? 미셸은 이를 검토하면서 자신이 모리스를 화나게 할 만한 부정적인 말이나 행동을 자주 한다는 점을 인정했다. 하지만 관계의 붕괴라는 측면에서는 "그의 기여도를 80, 나의 기여도를 20으로 하겠다"고 말했다.

11. 같은 행동을 한 다른 사람을 어떻게 판단할까?

누구나 실수를 한다. 완벽한 사람은 없다. 그러나 실수를 인정한다는 것이 스스로에게 가혹해야 한다는 의미는 아니다. 미셸은 공정한 사람이었고, 이혼을 선택한 친구를 결코 비난하지 않을 것이라고 말했다. 그런데 왜 스스로에게는 그렇게 가혹할까?

12. 당신이 느끼는 죄책감이 피해에 비례하는가?

앞서 언급했듯이, 죄책감이 적절한 감정일 때도 있다. 문제는 죄책감의 정도다. 미셸의 죄책감은 90퍼센트에 가까웠지만, 그녀는 이혼의 이유를 검토하는 과정에서 자신의 죄책감이 사실과 불균형함을 깨달았다. 예를 들어, 그녀는 자말이 부모를 모두 볼 수 있으며, 심각한 피해를 입히지 않았고, 자신은 위협을 받았으며, 모리스와 자말은 이혼 후에도 계속 만날 수 있음을 깨달았다. 이런 사실 때문에 그녀는 죄책감을 재검토하고 10퍼센트 정도가 적절하다는 판단을 내렸다. 감정은 완전히 꺼버리는 것이 아니라 적절하게 조절해야 할 때가 있다.

13. 죄책감에도 공소시효가 있을까?

오래전에 내린 결정을 후회하고 죄책감을 느끼면서 평생을 보내는 사람들이 있다. 후회와 죄책감에 고통받는 시간은 얼마가 되어야 할까? 나는 50년 전에 한 행동에 아직도 후회와 죄책감을 느끼는 80대 노인도 보았다. 이것이 합리적일까? 이미 공소시효가 지났다. 내려놓도록 하자.

14. 죄책감에 집중하기보다 더 나은 사람이 되는 데 집중할 수 있을까?

실수에서 배움을 얻지 못한다면 실수를 낭비하는 안타까운 일이다. 책임을 인정하고 자신을 더 나은 사람으로 만들 동기로 실수를 사용하면 어떨까? 미셸은 결혼생활에서 분노를 느낄 때 모리스와 다르지 않게 행동함을 깨닫고 죄책감을 느꼈다. 우리는 이것을 학습 경험으로 보았다. 그녀는 분노를 다스리고 입에서 나가는 말을 통제하는 법을 배워야 했다. 이렇게 문제에 대한 죄책감과 주인의식, 변화에 대한 의지는 더 나은 삶으로 이끈다.

검증 모드로, 진심을 다하여

당신이 저지른 일에 어느 정도의 죄책감은 정당한 것으로 보인다고 가정해보자. 예를 들어, 한 쪽이 불륜을 저질러 나에게 왔다. 내가 관찰한 바에 따르면, 한 쪽이 일반적으로 후회한다 해도, 그것만으로 관계를 회복하는 데 충분치 않은 것이 보통이다. 물론 관계를 재건하려면 외도라는 결과에 후회가 선행되어야겠지만, 거기에 더해 진정한 죄책감과 자책도 필요하다. 앞부분에서 설명했듯이, 진정한 죄책감은 외도한 상대방에 대한 신뢰를 야기할 수 있다. 신뢰는 상대에게 당신을 믿을 만한 이유를 주는 것이다. 단순히 비난에서 벗어나기 위해서가 아니다. 죄책감은 자신이 경험에서 배운 바가 있으며 과거의 행동을 후회한다는 마음을 보여주는 것이다.

마르코의 예를 들어보자. 그는 외도를 아내에게 들키자 바람을 피우는 남자가 수없이 많다고 주장하고, 상황을 모면하기 위해 미지근한 사과를 했다. 아내가 의미 없는 사과를 하며 책임을 인정하지 않으려는 그를 비난하자, 마르코는 오히려 그런 아내에게 적의를 드러냈다.

또 다른 사례의 주인공, 헨리를 보자. 헨리는 자신이 저지른 외도에 큰 죄책감을 느꼈다. 자신을 변호하지 않고, 아내의 고통과 불신을 인정하고, 아내의 분노를 받아들였다. 잃고 싶지 않은 부부관계를 회복하기 위해 노력을 기울였다. 이런 반응은 배움의 기회를 향한 문을 열어주었다. 아내가 온전한 신뢰를 회복할 수 있을지 의심스럽다고 말했을 때 '검증 모드Validation mode'를 유지할 수 있게 해주었다. 검증 모드란 아내가 겪은 불신과 고통을 진심으로 경청하고 이해하며 그녀의 신뢰와 존경을 위태롭게 했다는 사실을 인정하는 단계다. 그는 아내가 자신을 다시 믿기 힘든 것이 당연하다고 인정함으로써 관계 회복을 시작할 수 있었다.

이 두 남성의 차이는 생산적인 후회(헨리)로 가는 단계와 비생산적인 죄책감(마르코)으로 가는 단계의 차이를 드러낸다. 이런 단계들은 다음 다이어그램에 묘사되어 있다.

첫 번째 단계는 실제 행동이며, 앞의 예에서 실제 행동은 외도다. 당신은 외도로 이어진 스스로를 평가한다. 이런 자신과 자신의 행동에 대한 평가가 두 번째 단계다.

세 번째 단계는 잘못이라고 생각하는 행동에 대한 죄책감 또는 자책이다. 이 경험은 슬픔, 혼란, 수치심, 불안, 때로는 자신이 저지른 실수를 바로잡을 수 없다는 무력감을 특징으로 한다.

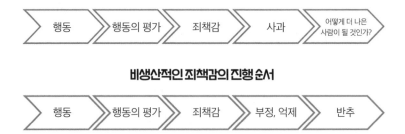

생산적인 죄책감의 진행 순서

| 행동 | 행동의 평가 | 죄책감 | 사과 | 어떻게 더 나은 사람이 될 것인가? |

비생산적인 죄책감의 진행 순서

| 행동 | 행동의 평가 | 죄책감 | 부정, 억제 | 반추 |

네 번째 단계는 상처받은 사람을 향한 사과다. 마지막 다섯 번째 단계는 죄책감이 이어지는 곳이다. 자기수정과 학습으로 이어지는 가, 아니면 지속적인 죄책감으로 이어지는가? 더 나은 사람이 되는 데 도움이 되는가, 아니면 실수를 통한 배움에서 더 멀어지는가? 여기에서의 가장 중요한 것은 죄책감에 대한 당신의 반응이다.

비생산적인 죄책감은 다른 경로를 따른다. 여기에서도 자신의 행동에 대한 죄책감을 느끼는 것은 같다. 하지만 사건 이후의 선택, 사고, 전략은 당신을 더 큰 문제로 이끌 수 있다. 예를 들어, 행동이 잘못되었음을 인식하고 죄책감을 느끼지만 그 감정을 받아들이기 힘듦을 깨닫고 부정하거나 최소화하거나 억누르려고 할 수 있다.

마르코처럼 자신을 방어하거나 반격하거나 술을 사용해 죄책감을 '처리'할 수도 있다. 사과를 하더라도 근본적인 죄책감은 건설적인 방식으로 해결되지 않은 채 자기혐오, 반추, 대인기피로 이어질 수 있다. 마르코는 그런 식으로 대응해 가정을 잃었다. 그뿐만 아니라, 실수를 인정하고 책임지고 가책을 표현해야 피해 회복에 도움이 된다는 것을 배우지 못했다. 마르코는 자신이 무슨 일이든 할 자격이 있고 아내는 그저 받아들여야 한다고 생각했다. 이런 경향은 결혼생활의 종말을 의미했다.

죄책감은 필수적인 첫 단계이지만 그것만으로는 아무것도 할 수 없다. 더 나은 관계라는 결과를 위해서는 그 이후에 쌓인 신뢰, 의식적인 경청, 검증이 필요하다. 실제로 헨리와 그의 아내는 외도 이후 몇 개월 동안 의사소통이 더욱 솔직하고 진실해졌다.

어떻게 하면 우리가 저지른 과거의 실수와 경험으로부터 배움을 얻을 수 있을까? 첫 번째 단계는 자신의 실수를 인정하고 적절한 죄책감을 갖는 것이다. 문제를 카펫 밑으로 밀어 넣어버리면 그 문제가 다시 찾아와 당신을 괴롭힐 것이다. 사회적 의식이 높아진 오늘날 우리는 수백만 명의 사람들이 성차별, 인종차별을 비롯한 여러 편견에 상처를 입었다는 것을 인정한다. 우리는 집단으로서의 우리가 저지른 실수와 피해를 반드시 인식해야 한다. 편견에서 자유로운 사람은 거의 없다. 하지만 그것이 성장하고 변화할 수 없다는 뜻은 아니다.

자신이 문제의 일부라는(또는 문제의 일부였다는) 것을 인정하더라도 '잘못만을 지적하는 것'으로는 충분치 않다. 단순히 누가 잘못인지 가리는 것만으로는 상황을 바로잡을 수 없다. 예를 들어보자. 내 대학 동기 중 한 명은 노골적인 인종 차별주의자였다. 그는 오만하고 무례하고 음란했다. 하지만 군대에서 여러 인종의 전우들을 구출하기도 하고 그들이 주변에서 죽어가는 것을 목격하며 태도를 바꾸었다. 이후 그는 사회사업가가 되어 전 세계 난민을 위해 일했다. 과거에 그가 한 인종차별 발언은 주변 사람들에게 상처를 주었고, 그의 오만함은 눈살을 찌푸리게 했다. 하지만 그는 세월이 흐르고 겸손하고 관대하며 공감력이 뛰어난 사람으로 변했다. 그를 만났을 때 나는 그가 자신이 저지른 잘못과 죄책감을 넘어 성장했음을 알았다. 그는 문제를 바로잡고 더 나은 사람이 되었다.

자기비판자를
무찌른다

자기비판은 많은 사람이 후회에 대응하는 방법이다. 특히 실망스러운 결과를 두고 자신을 탓하고, 후회에 이르게 만든 여러 잘못을 두고 자신을 탓한다. 게다가 후회에 죄책감이 더해지면 더 큰 자기비판으로 이어질 수 있다. 불필요한 죄책감을 줄이지 못하는 사람은 결국 스스로에게 무가치한 사람이란 낙인을 찍게 된다. 후회에 비효율적으로 대처했을 때 추진력을 잃고 삶에 갇히게 된다. 죄책감까지 더해졌을 때는 어떤 일이 벌어질까? 다행히도 상황을 현실적으로 바라보면서 자존감을 회복하는 데 쓸 몇 가지 기술이 있다. 죄책감으로 인한 자기비판은 다음과 같다.

"나는 끔찍한 사람이야."
"내가 하는 일은 잘 되는 게 없어."
"나는 나쁜 엄마/아빠야."
"나는 무능하고 멍청해."

죄책감은 부정적인 자기대화로 이어진다. 이런 감정은 당신을 한층 더 우울하고 비판적으로 만들어 일상생활을 감당할 수 없게 한다. 다행히, 상황을 더 공정하고 현실적으로 바라보는 데 사용할 수 있는 많은 도구들이 있다. 다음과 같은 질문으로 생각해보자.

1. 자신에게 어떤 부정적인 생각을 품는가?

미셸은 자신을 나쁜 엄마, 실패자, 상황을 바꿀 수 없는 무력한 사람으로 보았다. 이런 종류의 자기대화는 후회, 죄책감, 우울증을 악화시킨다. 기분이 우울할 때마다 이렇게 자문해보라.

"내가 나에게 하고 있는 어떤 말이 이런 기분이 들게 하는 것일까?"

행동뿐만 아니라 스스로에게 하는 '말'도 문제가 된다. 거기에 변화를 줄 수 있는지 없는지는 당신에게 달려 있다.

2. 스스로에게 낙인을 찍고 있는가?

낙인은 '나쁜 엄마', '실패자', '쓸모없는 인간'처럼 부정적인 관점으로 자신이나 타인을 바라보는 것이다. 하지만 사람은 그런 한 마디 말로 정의할 수 없는 복잡한 존재다. 스스로에게 낙인을 찍을 때, 우리는 종종 행동과 사람 전체를 혼동한다. 사람 전체보다는 행동을 판단하는 것이 더 현실적이다. 예를 들어, "나는 나쁜 부모다"라고 말하기보다는 "그 행동은 이 상황에서는 효과가 없었다"라고 말하는 것이 좋다. 사람 전체가 아닌 행동에 대해 이야기하라.

3. 이 생각을 얼마나 신뢰하는가? 그 생각에 어떤 감정이
따라오는가?

어떤 생각에 대한 신뢰도를 0에서 100까지 평가해보라. 100은 절대적인 확신을 나타낸다. 미셸은 기분이 우울할 때 자신이 나쁜 엄마(80), 실패자(80), 쓸모없는 사람(75)이라고 믿었다. 그녀는 슬펐다(90). 그녀의 생각은 부정적인 감정과 연관되어 있었다. 이런 부정적인 생각을 덜 신뢰한다면 어떤 생각과 감정이 들까? 미셸은 더 희망적인 태도로 현재에 충실하면서 일상을 잘 즐길 수 있다는 사실을 깨달았다. 그녀는 자신이 느끼는 방식을 바꿀 수 있음을 깨달았고, 이런 깨달음은 부정적인 믿음에 도전하고 깰 수 있는 동기를 부여했다.

4. 이런 낙인을 구체적으로 정의한다면?

우리는 낙인을 찍을 때 그 단어의 의미가 정확하다고 생각한다. 하지만 그렇지 않다. 예를 들어, '나쁜 엄마', '실패자', '쓸모없는 인간'이 의미하는 바는 무엇일까? 미셸은 "나쁜 엄마는 아이가 필요로 하는 것에 신경을 쓰지 않거나 아이에게 못되게 구는 엄마", "실패자는 인생에서 아무것도 성취하지 못하는 사람", "쓸모없는 사람은 아무것도 할 수 없는 사람"이라고 말했다. 나는 이렇게 단어를 정의하면서 그녀의 생각이 바뀌는 것을 알아차렸다. 용어를 정의하고 나면 스스로를 그런 용어로 보기가 힘들어진다.

5. 자신을 이분법적 관점에서 보지는 않는가?

낙인을 찍는 일은 모든 일을 흑백으로, 모 아니면 도로 보는 시각에서 비롯된다. 하지만 인생은 그렇게 단순하지 않다. 당신의 테니스 실력이 형편없다고 가정해보자. 우리는 당신이라는 사람을 전적으로 테니스 실력을 통해 평가하기로 결정한다. 이것이 공정하거나 합리적인 판단인가? 불안하거나 우울할 때 우리는 종종 이런 이분법적 사고방식을 사용한다. 사고 과정이 심각하게 단순해지다 못해 부정확해지는 것이다. 미셸이 그랬다. 그녀는 "나는 아무것도 제대로 할 수 없다"는 식의 이분법적 사고를 많이 사용하고 있었다.

6. 이 낙인을 지지하는 증거와 반대하는 증거는 어떤 것인가?

우리는 우울함을 느낄 때면 부정적인 면에만 집중한다. 미셸은 결혼생활을 유지할 수 없는 것, 이혼으로 아들에게 상처 준 것, 모리스의 비난을 자신의 부정적 특성에 대한 증거로 삼았다. 하지만 이것은 대단히 선택적이고 편향된 시각이다.

우리는 그녀가 좋은 엄마라는 증거를 찾았고, 아들을 사랑하고, 학교 공부를 도와주고, 함께 놀아주고, 그에게 멋진 아들이라고 말해준다는 점을 증거로 꼽았다. 자신에게 낙담했을 때 우리는 검찰의 말만 듣고 유죄라는 결론을 내린다. 하지만 변호인도 발언권을 가져야 한다. 이런 자기비판에 자신을 어떻게 방어하겠는가?

7. 자신의 행동 중 이 부정적인 낙인과 일치하지 않는 것은 몇 퍼센트인가?

상황을 좀 더 균형 잡힌 관점에서 바라볼 필요가 있다. 미셸의 경우, 그녀의 행동 중 몇 퍼센트가 긍정적일까? 지난 한 해를 돌아본다면 몇 퍼센트가 좋은 육아, 성공, 업무와 목표에서의 진전에 해당할까? 이런 식으로 자기 행동을 검토한 미셸은 90퍼센트 이상이 긍정적인 방향이었음을 깨달았다. 이로써 그녀는 자기의심과 자기비판을 객관적인 시각에서 보게 되었다.

8. 다른 사람을 가혹하게 판단하는가? 왜 그렇게 하지 않는가?

이중 잣대 기법은 자신에 대한 부정적인 시각에서 벗어나 다른 사람의 관점에서 상황을 보는 데 도움이 되기 때문에 다시 한 번 살펴보기로 하자. 우리는 종종 우리 자신보다는 다른 사람에게(심지어 낯선 사람에게도) 더 공정한 경우가 많다. 예를 들어, 미셸은 자신이 비슷한 경험을 가진 친구를 비교적 긍정적인 시각으로 보고 그들을 지지한다는 것을 깨달았다.

9. 자신에게 공감과 연민의 접근법을 적용한다면?

상황을 논리적으로, 공정하게 바라보는 시선에 더해, 자비로운 마음으로 보기로 선택할 수 있다. 영국의 심리학자 폴 길버트가 개발한 이 방법은 '자비중심치료Compassion-focused therapy'라고 불린다. 불교 사상을 기반으로 한 자비중심치료는 우울증, 불안 특히 자기비판적 사고를 효과적으로 감소시킨다.

먼저 연민과 애정이 넘치는 목소리(따뜻하고 수용적이며 비판적이지 않고 애정이 가득했던 과거의 누군가)를 상상하는 것부터 시작한다. 다음으로, 이 자비로운 목소리가 당신에게 말을 건네는 것을 상상한다. 미셸의 경우 친절하고 따뜻하며 온화하고 이해심 많은 어머니의 목소리였다. 미셸은 눈을 감고 어머니가 부드럽게 "나는 널 사랑해. 항상 널 응원한다. 넌 좋은 사람이야. 넌 옳은 일을 하기 위해 노력하지. 엄마는 네가 행복하고 인정받고 이해받는다고 느끼길 바란다"라고 말하는 어머니의 모습을 상상했다. 미셸은 종종 이 자비로운 이미지를 떠올리며 고통을 달래고 위로받고 자신에게 더 수용적인 태도를 갖게 되었다.

10. 관점을 어떻게 수정하겠는가?

자신에 대한 감정과 생각은 끊임없이 변한다. 어느 날은 우울했다가 다음 날은 밝아진다. 미셸과 나는 매주 만나 스스로에 대한 생각과 감정이 어떻게 변하는지 검토했다. 이런 기법을 사용하면서 미셸은 자기생각을 수정했다. 예를 들어, "나는 나쁜 엄마야"라고 생각하는 대신 "나는 불완전한 인간이야. 실수하는 게 당연해. 하지만 아들을 위해 좋은 일도 정말 많이 하지. 정말 어려운 상황에서도 말이야"라고 생각했다. 그녀는 완벽한 사람이어야 한다는 생각을 버리고 열심히 노력하는 사람, 때로는 성공하고 때로는 실패하는 사람, 건전한 성장이 필요한 사람으로 보게 된 것이다. 자신과 타인에 대해 공감하면서(자비심이라는 관점에서 자신과 주변 사람들을 바라보려고 노력하면서) 미셸은 더 수용적인 태도로 현실에 더 잘 적응할 수 있었다.

심한 죄책감으로 끊임없는 자기비판의 상태로 산다면 미셸처럼 해보라. 앞의 도전 과제에 있는 질문에 답을 기록하고, 부정적인 생각을 수정하고, 자신을 받아들이고, 자비로 대하고, 우리에게 주어진 불완전한 세상에서 살아가는 법을 배워보라.

자기용서를 향한 노력

책임 회피와 자기용서는 구분하기 어려운 때가 많다. "그래, 내가 실수했어. 미안해. 그러니까 이제 그 얘긴 그만 하자"라고 말하는 사람은 책임과 죄책감 수용을 거부하고 자신이 저지른 실수로부터 배우는 일을 거절하는 사람이다. 자신을 용서하는 일은 자유통행권을 얻는, 곤경에서 벗어나는 일이 아니다. 실수에 얽매이는 일도 아니다. 인생의 다음 챕터로 향하는 문을 통과하는 것이다. 그 이야기는 실수에서 어떻게 성장했는지에 대한 이야기일까, 아니면 이전 챕터를 반복하는 이야기일까?

다른 사람을 용서할 때 우리는 그가 한 일이 잘못되었음을 인정하면서도 그 실수를 영원히 비난하지 않는다. 언젠가 아내는 나에게 "당신은 나보다 관대한 것 같다"라고 말했다. 나는 잠시 생각하다가

"내가 사람들을 용서하지 않으면, 친구가 몇 남지 않을 테니까"라고 말했다. 그리고 이렇게 덧붙였다.

"입장이 바뀌어서 내가 실수하면 친구들도 나를 용서해주었으면 좋겠어."

우리는 죄책감을 표현하지 않은 사람, 심지어 오래 전에 죽은 사람마저도 용서할 수 있다. 이런 용서는 분한 마음을 놓아주고, 더 이상 끊임없는 분노와 비난을 걸머지지 않겠다는 마음을 받아들이는 태도다. 상대방이 사과하지 않았더라도, 비록 그들이 세상을 떠났더라도 내려놓는 것이다. 분노는 너무 무거운 짐이기에 우리는 그런 감정들을 내려놓는다. 원망을 내려놓는 편이 더 나은 삶을 향한 첫걸음이 될 수 있다.

나는 내 인생에서 이 점을 인식했다. 알코올 중독자였던 아버지는 어머니에게 상처를 줬다. 아버지가 폭력을 행사하자, 어머니는 우리 형제를 보호하려고 버지니아에서 뉴헤이븐으로 이사했다. 나는 고작 두 살이었다. 아버지는 평생 내게 선물을 보내지 않았다. 나는 아버지를 원망하며 성장했고, 아버지는 만성적인 알코올 남용으로 일찍 돌아가셨다. 성인이 된 나는 아버지에게 문제가 있었음을 깨달았다. 우울증이라는 병을 앓고 있었던 것이다. 내 환자였다면 나는 판단이 아닌 연민으로 그에게 다가갔을 것이다. 판단보다는 이해하는 마음으로 그를 대하는 편이 내게 도움이 됨을 알게 되었다.

그의 행동을 바꿀 수 있다고 생각한 것이 아니라, 그를 용서함으로써 내가 변할 수 있었다. 또한 나는 알코올 중독의 문제를 직접 목격했기 때문에 절대로 음주 문제를 일으키지 않겠다고 다짐했다. 나는 한 잔 이상 마시는 일은 거의 없다.

내가 심리학자가 된 이유는 내 아버지 때문인지도 모른다. 어떤 사람, 즉 그의 고통과 한계가 당사자를 포함해 관련된 모두를 힘겹게 할 때, 그 사람을 용서하는 것보다 고통을 초월하는 더 나은 방법이 있을까?

다른 사람이나 자신에게 상처를 준 행동을 스스로 용서하는 것 역시 마찬가지다. 하지만 자기용서는 책임에서 벗어날 수 있는 무료 통행권이 아니다. 자기비판자를 물리치는 것에서 한 발 더 나아간 단계다. 자신의 실수에서 배움을 얻을 만큼 진지하게 생각하고, 더 나은 사람이 되어 당신이 끼친 피해를 치유하기 위한 기회로 삼는 것이다. 자기용서는 잘못한 일을 진지하게 받아들이되, 처벌을 면하는 측면이 아니라 연민, 책임감, 용서를 삶의 새로운 방향으로 삼는 것이다. 이것이 책임의 시작이다. 스스로에게 "내가 잘못한 일을 후회하고 그것에 대해 죄책감을 느낀다. 하지만 나는 거기에 매몰되지 않고 더 건전한 결정을 내리고 (가능하다면) 고치고 사과하는 더 나은 삶을 살려고 노력할 것이다"라고 말하는 것이다.

다른 사람에게 용서를 구할 때는 상대방이 꼭 살아 있을 필요는 없다. 세상을 떠난 당신 삶 속의 어떤 이에게 이렇게 말한다고 상상해보라.

"그런 행동을 해서 정말 죄송합니다. 당신이 여기 계시고 저를

용서한다면 좋겠지만, 그게 아니더라도 나 자신을 용서하기 위
해 최선을 다해 노력하겠습니다."

　　지금까지 죄책감의 긍정적이고 부정적인 면, 죄책감의 가치, 파
열된 관계의 치유에 있어서 사과의 가치를 논의했다. 다음 장부터는
후회를 생산적으로 사용하는 방법을 제시해 실망감이 앞으로 더 나
은 결정을 내리는 데 도움이 되는 방식을 알려줄 것이다.

+ 죄책감을 강력한 후회로 생각하라.

+ 효과적이지 못한 사과는 줄이려 시도한 후회에 오히려 갇히게 만든다.

+ 자신의 권리 행사로 죄책감을 느끼는가? 아니면 힘을 얻었다고 느끼는 가?

+ 존재한다는 것을 알지 못하는 문제는 고칠 수가 없다.

+ 당신이 문제의 일부가 아니라면, 어떻게 해법의 일부가 될 수 있겠는가?

+ 배움이 없다면 문제가 무슨 소용일까? 문제는 적절하게 사용한다면 기 회가 된다.

+ 어떻게 하면 자신으로부터 자신을 구할 수 있을까?

+ 당신은 당신의 인생이라는 스토리의 작가이다.

+ 죄책감은 미완의 용서다.

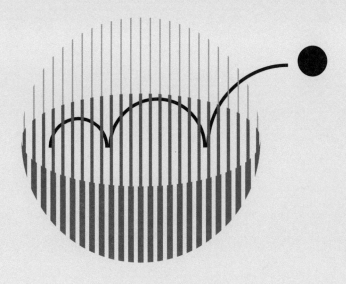

10장

"후회하며 성장한다"
_후회의 힘

실패에서 배우는 성공

감정은 유용하다. 하지만 항상 그렇지는 않다. 슬픔은 가망 없는 것은 포기하고 멀어지라고 충고하고, 두려움은 피하는 것이 현명하다고 알려준다. 분노는 자신을 방어하고 가족을 보호하는 데 도움을 준다. 다른 감정이나 사고 패턴과 마찬가지로 후회도 조상들에게 유용했기 때문에 진화했다. 후회를 예측하는 능력은 문제 있는 선택의 가능성을 마음속으로 미리 준비하고 실제로는 그런 선택을 피할 수 있게 돕는다. 예를 들어, 훨씬 더 강한 상대와의 싸움에서 패배할 것을 예상해서 일부 조상들은 공격을 피해 살아남고 유전자를 전달할 가능성을 높였다.

과거에 저지른 실수의 경험(쓸모없는 싸움에 휘말렸다가 운 좋게 살아남은)이 불쾌했던 조상들은 장래에 그런 실수를 피할 가능성이 더 높다. 미래를 위해 식량을 저장하지 않았던 조상들은 극심한 굶주림을 경험했을 것이고, 운 좋게 살아남았다면 그때의 후회를 기반으로 다른 날을 위해 식량을 비축했을 것이다. 후회를 예상하는 능력은 오늘날에도 우리 유전자의 생존을 보장하는 역할을 한다. 후회는 곧 '생존 전략'일 수 있다.

이 책에서는 해로운 후회를 유용한 학습 도구로 바꾸도록 했다. 비생산적인 후회로 이어지는 생각과 행동 습관에 도전할 수 있는 많은 전략도 제시했다. 이번에는 생산적 후회를 이용하는 방법에 집중할 것이다. 여기서는 실수와 후회의 가치를 검토한다. 생산적인 '후회의 힘'을 활용해 삶을 더 낫게 만들고 앞으로 더 나은 결정을 내릴 수 있도록 돕는다. 또한 실수로부터 배움을 얻기 어려운 이유와 어떻게 하면 실수를 낭비하지 않고 솔직하고 현실적이 되는 능력을 개발할지도 알아본다.

합리적으로 예측하고 실수로부터 배우는 것이 생산적인 후회의 핵심이다. 실제로 디자인, 엔지니어링, 투자 분야의 전문가들은 상황을 개선하고 불필요한 위험을 피하기 위해 실패의 조건을 미리 식별한다.

생산적 후회,
비생산적 후회

실패를 예상하고 검토하는 일은 모든 설계 전략과 책임 있는 투자 전략의 일부다. 더 넓게 보면, 실패 예상은 비즈니스에서 이루어지는 모든 프로젝트 관리의 일부다. 실패는 발전의 도약대다. 디자이너, 엔지니어, 군사 전략가, 투자 전문가들은 실패를 어떻게 이용해 더 나은 결과를 만들어낼까?

역사학자 헨리 페트로스키가 쓴 『실패를 통한 성공: 디자인의 역설 Success through Failure: The Paradox of Design』이라는 책에서는 우주 왕복선, 교량, 보안 침해 등의 기술 분야에서 설계 오류로부터 배움을 얻은 역사를 확인할 수 있다. 엔지니어와 디자이너가 과거의 실패를 조사해 설계를 더 낫게 만드는 방법을 살필 수 있다. 또한 교량이나 건물 설계에서, 투자 회사에서의 테스트가 당신이 건널 다리, 사무실 건물, 노후 대비를 위한 투자 펀드의 붕괴를 막는 데 어떻게 도움이 되는지도 알아볼 수 있다. 이처럼 실패는 훌륭한 학습 경험이다. 실패를 낭비해서는 안 된다.

실패를 대하는 방법 중 하나는 실패를 한계를 위한 시험으로 생각하는 것이다. 아이폰이 어떻게 진화해왔는지 생각해보라. 2007년 1월 스티브 잡스가 처음 선보인 이래, 아이폰은 매년 더 강력하고, 더 많은 애플리케이션을 처리하고, 메모리를 키우고, 속도를 높이는 수정을 거쳤다. 각 버전의 아이폰을 테스트하는 엔지니어들은 그 한계가 어디인지 파악하고 이 한계를 향후 설계의 목표로 이용했다. 그들은 한계를 실수로 생각지 않았다. 완벽한 디자인은 존재하지 않기 때문이다. 디자이너들은 특정 기능을 수행하지 못하는 것을 현 디자인의 한계로, 더 중요하게는 다음의 개선된 디자인의 시작으로 본다.

이런 과정은 군사 전략에서도 등장한다. 전략가가 얼마나 상세한 계획을 세우든 실제 전장에서는 한계에 직면하게 될 가능성이 높다. 노련한 전략가들은 전략이 성공하더라도 어떻게 성공으로 이어졌는지, 어디에서 실패했는지를 검토한다. 군사 작전 성공에는 항상 실패가 한몫을 한다.

1944년 6월 6일 디데이에 펼쳐진 제2차 세계대전 최대 규모의 상륙작전, 프랑스 노르망디 상륙작전도 마찬가지였다. 결국 전세를 뒤집는 데는 성공했지만, 이 작전에는 초기부터 비극적인 실수들이 있었다. 상륙정이 해안에 도착하지 못하는 경우가 많았고, 상륙하던 병사들이 익사했으며, 해변에서 수천 명이 죽음을 맞았고, 통신이 두절되었으며, 해안에 도착한 많은 탱크가 제 기능을 못했다. 그럼에도 이 작전은 유럽을 히틀러의 손아귀에서 벗어나게 하는 데 성공했다.

이런 극적인 사건과는 거리가 먼, 내 개인적인 이야기를 해보자면, 나는 윈드서핑을 무척 즐겼었다. 윈드서핑을 할 때면 나는 종종 넘어지지 않고 바람에 최대한 가깝게 다가가며 내 한계를 시험하곤 했다. 이것은 의도적인 '실패의 추구'였다. 바람이 세게 불 때 배를 더 잘 조종할 수 있는 능력, 어려운 조건에서 균형을 잡는 능력을 키울 수 있다고 생각했던 것이다.

실수, 실패, 실망도 학습과 성장의 경험으로 보면 어떨까? 마음속에서 실수, 실패, 실망을 성장의 대가라고 해석하면 어떨까? 실패와 실수는 인생의 일부이자, 온전한 삶의 불가피한 부분이다.

생산적 후회는 이전의 행동이 피할 수 있었고, 그 행동으로 이어진 선택을 안 했더라면 더 나았을 것이라는 생각에서 출발한다. 하지만 생산적 후회는 단순히 자신을 비판하거나 과거의 실수를 반추하는 대신, 경험에서 배우도록 우리를 인도한다.

생산적 후회는 행동을 바꿔야 한다는 점을 인지하고 변화에 대한 집중적이고 일관된 헌신을 보여준다. 비생산적 후회는 과거의 결정과 행동에 대해 나쁜 감정, 과도한 자기비판과 반추, 그 결정과 행동의 중요성을 축소시킨다. 비생산적인 후회는 실수로부터 교훈을 얻지 못하고 실수를 계속 반복하는 결과를 낳는다. 이런 자기비판과 반성은 우울증으로 이어져 우리에게 상당한 대가를 치르게 한다.

다음의 표는 생산적인 후회와 비생산적인 후회의 몇 가지 중요한 차이를 비교한다. 지금까지 비생산적인 후회에 내재된 문제를 해결하는 전략을 배웠다. 하지만 여전히 실수를 인정하고 거기에서 배움을 얻는 일은 쉽지 않을 것이다.

이 장에서는 실수로부터 배우는 능력을 더 넓은 영역으로 확장하고 후회를 파괴가 아닌 발전의 발판으로 이용하기 위해 노력할 것이다.

실수의
가치

누구나 실수한다. 실수나 후회 없이 인생을 끝낼 수는 없다. 그런데 많은 사람들이 실수에 나쁜 이름을 붙인다. 우리는 실수를 결함, 성격상의 결손, 부끄러워할 일, 영구적으로 우리에게 좋지 않은 일, 부정할 일로 생각하곤 한다. 실수를 이런 부정적인 방식으로 생각하는 것은 실수를 생산적으로 활용하지 않겠다는 뜻이다.

생산적 후회와 비생산적 후회

생산적 후회	비생산적 후회
과거에 내가 한 결정에 대한 실망감	과거에 내가 한 결정에 대한 실망감
나쁜 결정을 내린 것이 온전한 인생의 일부라는 것을 깨닫는다	나쁜 결정을 내린 것이 온전한 인생의 일부라는 수용의 부족
자기비판없이 그것이 실수였음을 인정하는 능력	실수로부터 배우기보다는 자기비판에 집중
반추를 반성과 실수로부터 배우는 능력으로 대체	실수에 대한 반추
배운 것을 기반으로 행동을 변화시키는데 헌신	과거의 실수를 기반으로 행동을 변화시키려는 의지의 부족
적절한 경우 사과를 하고 영향을 받은 사람들에게 내 실수를 인정하는 능력	변명을 만들고 다른 사람들에 대한 나의 책임을 인정하지 않음

자신이 저지른 실수를 생각해보라. 아끼는 사람에게 불쾌한 말을 했을 수도 있고, 과음이나 과식을 했을 수도 있고, 일을 제 시간에 끝내지 못했을 수도 있고, 위험한 벤처에 충동적으로 돈을 투자했을 수도 있다. 이제 당신은 실수에 '투자'를 한 셈이다. 나쁜 결과라는 대가를 치른 것이다. 따라서 이제는 실수를 유리하게 활용할지 여부를 결정해야 한다.

그냥 실수를 무시하고 넘어간다면 어떨까? 혹시 이런 과정이 자기비판과 우울증으로 이어질까? 그렇지 않다. 오히려 실수를 새로운 방식으로 바라보고 학습 경험, 실험, 성장의 기회로 삼는다면 우울증과는 정반대의 결과를 낳을 것이다. 이 단계들을 실제 실수를 잘 활용하기 위한 자기진단으로, 솔직한 자기대화로 생각한다면 낙관적인 느낌을 받고 역량을 강화시킬 수 있을 것이다.

다음은 실수로부터 배움을 얻는 여섯 단계다.

1단계: 누구나 실수함을 깨닫고 정상으로 받아들인다.
2단계: 잘못보다는 배울 수 있는 것에 집중한다.
3단계: 결정을 내릴 때 무슨 생각했는지 자문한다.
4단계: 실수했을 때 무시했던 것이 무엇인지 자문한다.
5단계: 수집한 정보를 어떻게 활용할 수 있는지 자문한다.
6단계: 앞으로 이런 실수를 피하려면 어떻게 해야 할지 자문한다.

우리 모두가 저지르는 실수, 즉 기름지고 자극적인 음식을 많이 먹는 실수와 배우자와의 다툼을 예로 들어 보자.

1단계: 누구나 가끔 실수를 한다는 점을 기억하라. 실수는 온전한 삶의 일부이며, 당신만 저지르는 것이 아니다.
2단계: 무엇을 배울 수 있을까? 소화불량이란 결과를 얻었을 수 있다. 그만한 가치가 있었나? 그렇게 생각할 수도 있지만, 좀 더 가벼운 식사를 하는 게 낫다는 것을 배울 수도 있다. 중요한 것은 무엇을 배우는지이다. 자신을 비판하는 법, 당신을 우울하게 만드는 그런 방법을 배우는가? 아니면 먹는 것을 조절하는 법을 배우는가?
3단계: 내가 무엇을 생각하는지, 또는 생각하지 않았는지 검토한다. 아무 생각이 없었을 수도 있다. 주의를 기울이지 않고, 결과를 생각하지 않고, 대안을 고려하지 않은 것이다. '무심한 먹기'라고나 할까? 눈앞에 것에 반응하고 즉각적인 식욕과 욕구에 이끌린다. 또는 "내가 감당할 수 있어", "조금만 먹을 거야", "다들 이렇게 먹는데"처럼 생각했을 수도 있다. 안타깝게도 당신 위장은 다르다. 이번에는 사랑하는 배우자를 퉁명스럽게, 심지어 적대적으로 대하는 태도가 당신의 문제 행동이라고 가정해보자. 아마도 "도발한 건 내가 아냐" 또는 "참을 수 없어"라고 생각하면서 자신의 좋지 못한 행동을 정당화할 것이다. "당신이 그렇게 하면 신경이 쓰여" 또는 "앞으로는 그렇게 말고 달리 하면 안 될까?"처럼 더 나은 대안을 생각하지 않는 것이다.

4단계: 실수했을 때 무엇을 무시했는지 생각해보라. 가장 명백한 용의자는 이용할 수 있는 정보를 생각하지 않는 것이다. 확인하지 못했거나 확인하고 싶지 않았을 수도 있다. 기름지고 자극적인 음식을 향한 끊임없는 식욕을 예로 들면, 이런 기름진 식사가 소화시키기 어렵다는 사실을 무시하는 것이다. 당신은 믹서기가 아니다. 당신은 샐러드처럼 소화기관에 부담을 덜 주는 음식을 먹을 수 있다는 사실을 무시한 것이다.

5단계: 어떻게 하면 삶을 더 낫게 만들 수 있을까? 배우자에게 날카롭게 반응했던 경험을 예로 들어보자. 지배와 통제에서 만족감을 얻으려는 자아의 충동이 배우자의 감정을 상하게 해서 이후의 불필요한 갈등의 여파에 대응할 만큼의 가치가 없다고 깨닫는다면 삶을 더 낫게 만들 수 있다. 앞으로 일어날 수 있는 갈등을 예상하고, 말을 가려 하고, 일이 항상 바람대로 돌아가지 않음을 받아들이고, 상황을 균형 있는 시각에서 바라본다면 더 나은 삶을 만들 수 있다. 배우자의 말이 그렇게 큰 문제가 아니었을 수도 있다. 과거 도발이라고 생각했던 것을 이제는 초연하게 넘길 수 있을지도 모른다.

6단계: 마지막으로 "어떻게 하면 앞으로 이런 실수를 피할 수 있을까?"라고 자문하면서 배운 것을 정리해본다. 이것이 생산적인 후회의 특징이다. 당신은 유용한 것을 배우고 있다. 적대적인 남편을 예로 들어 보자. 그가 항상 적대적인 것은 아니다. 하지만 그는 가끔 나중에 후회할 말을 한다. 아내는 화를 내고, 그는 죄책감을 느끼며, 그렇게 세워진 감정의 벽을 누구도 한동안 넘으려 하지 않는다. 어떻게 하면 앞으로 이런 실수를 피할 수 있을까? 상황이 악화되기 전에 문제를 예측하고 해결할 방법은 없을까?

실수는 배움으로
이어질 수 있다

여섯 번째 단계의 질문에 대한 답이 모든 실수의 요점이다. 생산적인 후회의 핵심은 실수에서 배우고 계획을 세우는 것이다.

다음은 내가 적대적인 남편에게 제시한 계획이다.

'적대적인 태도를 취하는 실수를 저질렀다는 사실을 인정한다. 도발에 반응하게 된 내면의 과정을 분석한다. 이런 일이 다시 일어날 수 있다는 점을 인식한다. 분노를 느끼는 것과 적대적인 방식으로 행동하는 것을 구분한다. 분노의 감정에서 한 발 물러선다. 적대적인 태도를 보였을 때의 부정적인 결과(후회)에 대해 생각한다. 모든 것을 인신공격으로 받아들이려는 태도를 버린다. 상황을 균형 있는 시각에서 파악한다. 두 사람 모두 실수할 수 있음을 받아들인다. 마음챙김 호흡을 연습하고 적대적인 행동을 하지 않으면 그 순간이 더 빨리 지나간다는 것을 관찰한다.'

한 번의 실수에 복잡한 단계의 큰 계획이 뒤따른다. 그것이 바로 실수의 좋은 점이다. 실수는 문제를 해결하고, 앞으로의 삶을 더 낫게 만들어준다. 실수를 잘 활용할지 낭비할지는 당신의 결정에 달려 있다. 다시 말하지만, 실수를 낭비해서는 안 된다.

여기에서 연습을 하나 소개해보려 한다. 당신이 이를 통해 깨달음을 얻을 수 있기를 바란다. 과거에 내린 결정이나 행동 중 후회하지만 교훈을 얻은 세 가지를 생각해보라. 당신이 한 것, 또는 하지 않는 것 중에 후회하는 것은 무엇인가? 글로 쓰는 것이 유용하겠다는 생각이 든다면 적어보라. 당신이 배운 것은 구체적으로 무엇인가? 원한다면 배운 내용도 적어보라.

이제 내 인생의 사례를 몇 가지 들어보겠다. 대학 시절 나는 그리 성실한 학생이 아니었다. 친구들과 당구를 치고, 밤늦게까지 놀러 다니고, 즐거운 시간을 보내곤 했다. 더 많은 것을 배울 수도 있었을 텐데 말이다. 나는 여기에서 자제력을 키우고 자신의 일을 진지하게 받아들이는 것이 중요함을 배웠다. 다른 짝을 찾아나서는 일조차 귀찮아서 만족감을 주지 못할 관계를 계속 이어가기도 했다. 하지만 의미 없어 보이는 관계는 버리는 것이 더 나은 전략임을 깨달았다. 어쨌든 나는 살아남았고, 이런 결정이나 행동 중 어떤 것도 나에게 영구적인 영향을 미치지 않았다. 나는 다른 사람들도 잘못된 방향으로 자신의 삶을 끌고 간 일을 후회함을 알고 있다.

후회하고 후회로부터 배움을 얻을 수 있는 결정에는 다음과 같은 예가 있다. 알리는 친구들과 폭음을 자주 하곤 했다. 그는 내게 어떤 술자리에서 자신이 한 말과 행동에 당혹감과 수치심을 느꼈다고 말했다. 수치심 때문에 자살까지 생각했다. 우리는 이것을 학습 경험으로 보고 후회와 수치심에서 얻을 수 있는 것이 무엇인지 검토했다. 이렇게 알리는 금주를 향한 여정을 시작했다.

그는 후회하기보다는 자신을 개선하는 데 집중했다. 나는 그가 미래까지 포기하고 싶을 정도의 결과를 낳았던 기억을 잊지 않기를 바랐다. 그렇게 최고의 모습을 이끌어내려고, 집중적인 운동 요법, 식단 관리, 금주를 이어갔다. 이제, 알리는 금주 4년 차에 접어들었고 올바른 길을 찾아가고 있다. 알리는 후회를 생산적이고 현명한 방법으로 사용했다. 후회의 경험이 없었다면 그는 자신에게 필요한 동인을 얻지 못했을지도 모른다.

반대의 경우도 있다. 래리의 음주 습관과 행동은 더 심각했다. 폭음과 과음이 일주일에도 몇 번씩 이어졌다. 숙취와 피로로 어지럽고 머리가 무거운 상태에서 깨어날 때면 술에 취해 아내에게 했던 말에 죄책감을 느끼곤 했다. 래리는 그런 행동에 대한 이성적인 반응은 후회임을 인식하면서도, 그 결과를 과소평가하고 음주를 통제할 수 있는 자신의 능력을 과대평가했다. 그 결과 래리는 나중에 후회할 행동을 더 많이 하게 되었다. 래리는 자신의 한계를 인정하는 데 문제가 있었다.

나의 한계점을
찾는 여정

후회에서 얻을 수 있는 최고의 교훈은 자신의 한계를 현실적으로 파악하는 것이다. 나는 몇 년 전 너무 많은 일을 맡고 나서야 내 한계를 깨달았다. 기꺼이 강연 초대에 응하고, 글을 쓰고, 더 많은 환자를 보고, 저널의 편집자 역할을 맡았다. 이렇게 늘어난 과제는 장기적으로 나에게 득이 되지 않았다. 나는 내 자신의 한계에 현실적이되어야겠다고 생각했다. 항상 일에 매달리는 것은 내가 원하는 삶이 아니었다. 한계를 알고 나니 거절이 더 수월하게 느껴졌다. 이후에는 거절에 대해 후회한 기억이 없다.

우리는 여러 이유로 실수로부터 배움을 얻는데 실패한다. 첫째, 문제 행동을 정상으로 취급한다. 래리는 자신의 음주 문제는 많은 사람들과 마찬가지라고 생각했다. 그의 친구들이 술을 많이 마시는 것이 사실일 수 있다. 하지만 그것이 최선의 지침이 될 수는 없다.

둘째, 우리는 종종 결과를 과소평가한다. 래리는 심각한 음주 문제에도 계속 생산적으로 일할 수 있었다. 이에 대해 생각하는 한 가지 방법은 내가 문제를 과소평가하는지 다른 사람에게 묻는 것이다. 자녀가 성인이 되어 같은 행동을 한다면 그것이 자녀에게 좋은 행동 방침이라고 생각할지 자문해보라.

셋째, 우리는 종종 자신의 문제 처리 능력을 과대평가한다. 우리는 종종 "다시는 이런 일을 하지 않겠다"처럼 다짐만 하면 정말 다시는 그 일을 하지 않는다고 생각한다. 자제력의 과대평가는 나중에 후회할 문제 행동을 하는 사람들에게 큰 위험이 될 수 있다. 미래의 자기 행동을 통제할 능력을 과대평가하는가? 그런 경향이 나중에 후회할 행동으로 이어지지는 않는가?

이제 후회하는 것과 배운 것에 대한 질문으로 돌아가보자. 위에서 선택한 후회되는 결정 세 가지를 돌이켜 생각하되, 이번에는 그 결정에서 무엇을 배우지 못했는지 생각해보라. 자신에게 솔직한 태도로 임한다면, 배우지 못한 것을 찾을 수 있다. 당신은 이 실수에서 지금 가장 중요한 교훈을 얻을지도 모른다.

이제 가치 있는 실수로부터 배움을 얻지 못한 이유를 살펴보자.

후회를 반복하지 않고 나아가려면

어떤 사람들이 실수로부터 배우지 못하는 이유 중에는 원하는 것에 너무 집중해서 그 목표를 포기하지 않기 때문이다. 이는 과소비, 도박, 안전치 못한 성관계 등 문제가 있는 행동 습관을 가진 사람들에게 뚜렷이 나타나는 문제다. 이들은 행동에 대한 욕구와 행동에 수반되는 감정이 너무 강한 나머지 이 행동이 후회로 이어진다는 판단을 무시한다. "몹시 원하니 장기적인 결과는 무시하겠다"고 말하는 셈이다. 결과에 대한 이런 고의적인 부정은 후회를 더하고 반복된 실수로 이어진다.

이런 기만적 사고의 문제점은 결과가 나타나지 않으리란 당신의 믿음이 얼마나 강하든 결국 결과가 뒤따른다는 것이다. 욕구에 대한 이런 집착은 우리 삶에서 강력한 힘을 발휘한다. 후회와 부정적인 결과는 당신이 원하는 것이 아니지 않은가?

때로 결과는 당신이 '믿는 것("내가 감당할 수 있어")'과 다르다. 그것은 현실, 실제로 일어나는 일이다. 기만과 과신은 더 큰 실수와 후회라는 결과를 낳는다. 아이러니하게도 실수로부터 배움을 얻는 능력을 잃게 만든다.

실수를
반복하는 이유

"하고 싶은 것은 해야 한다"는 믿음을 자세히 살펴보자. 맞는 말일 수도 있다. 그렇다면 원하는 것을 당장 얻지 못했을 때는 어떤 일이 일어날까? 과음하는 사람은 술을 많이 마시기를 원한다. 하지만 그만큼 못 마시면 무슨 일이 일어날까? 원하는 것이 무엇이든, 원하는 만큼 충분히 못했을 때 무슨 일이 일어날지 잘 생각해 보라. 좌절감을 느낄 수도 있고, 불안해질 수도 있고, 짜증이 날 수도 있다. 하지만 당장 원하는 것이 있지만 그것을 얻지 못하는 것이 더 나을 수도 있다는 점을 인식하는 것이 지혜다. 현명한 사람은 차분하고 깊은 관점으로 결정한다. 미래의 나는 어떤 말을 할까?

우리가 실수로부터 배우지 못하는 데에는 많은 이유가 있다. 다음에 제시하는 것은 몇 가지 흔한 이유다.

- 실수를 정상이라고 여기고 피할 수 없었다고 생각한다.
- 자신의 행동을 다른 사람 탓으로 돌린다.

- 자신과 타인에게 초래한 결과를 과소평가한다.
- 계속해서 원하는 것을 얻는 데에만 집중한다.
- 자신을 변화가 불가능한 무력한 사람으로 생각한다.
- 자존심이 학습을 방해한다.
- 변화할 필요가 없다고 생각한다.

실수로부터 배우지 못하는 이유 중 하나라도 당신에게 해당된다면 그런 태도 뒤에 어떤 논리가 있는지 따져보면 좋다. 실수로부터 배우지 못한다면 경험의 혜택을 놓쳤음을 명심하라. 실수로부터 배우지 않으면 실수를 반복할 가능성이 높고 후회를 가중시킬 것이다.

베르나르도는 종종 아내 사라에게 성질을 부리며 소리를 질렀고, 사라는 화를 냈다. 베르나르도는 사라에게 소리를 지른 것이 실수였다는 사실을 인정하기 힘들어 했다. 그는 사라가 자신의 기대대로 행동하지 않았다면서 자신의 행동을 정당화했다. 베르나르도는 거의 모든 일에서 자신이 옳다는 것을 매우 중요하게 여겼다. '모든 것에 대해 자신이 옳다고 여기는 태도'의 문제는 틀렸을 때 배움을 통해서 혜택을 볼 수 없다는 것이다.

후회(와 실수)를 생산적으로 사용하려면, 자신의 행동을 '외부'에서 보려고 노력해야 한다. 아내(혹은 중립적인 위치에 있는 낯선 사람)의 관점에서 자신의 행동을 바라보라는 요청을 받은 베르나르도는 다른 사람들에게는 그의 행동이 부적절하고 부당하게 보임을 깨달았다. 나는 베르나르도에게 실수를 바로잡는 첫 번째 단계는 '실수를 인정하는 것'이라고 이야기했다. 이것은 자신을 비난하고 죄책감에 매몰된다는 뜻이 아니다. 현실을 받아들여서 그것을 앞으로 더 낫게 바꿀 수 있게 하는 것이다.

피할 수 없는 실수였는가? 우리의 결정이 효과를 발휘하지 못할 때가 있고, 그 원인이 저지른 실수 때문일 때가 있다. 그런데도 실수를 정상이라고 여기고 싶은 유혹이 든다. "누구라도 그렇게 했을 거야"라고 말하는 것이다. 예를 들어, 베르나르도는 아내에 대한 자신의 반응이 다른 사람들의 반응과 비슷하다고 주장하곤 했다. 물론 다른 사람들이 아내에게 적대적으로 반응할 수도 있다. 하지만 그것이 그의 행동을 정당화하지 않는다. 문제는 다른 사람들도 당신과 같은 행동을 하느냐가 아니라 더 나은 대안이 있느냐이다. 아내에게 소리를 지르는 것에 더 나은 대안은 없을까?

베르나르도는 자신의 적대적인 행동의 책임을 아내에게 돌리곤 했다. 아내가 분노 버튼을 눌렀다는 듯이 말이다. 자신은 실수에 대한 책임이 없고 모든 일의 원인이 사라라고 믿는 경향은 그를 더 화나게 하고 더 적대적으로 만들었다. 그는 그렇게 같은 실수를 반복했다. 나는 베르나르도에게 살면서 다른 사람에게 심한 분노를 느끼고 적대적인 행동을 하고 싶은 충동을 느꼈지만 실제로는 적대적인 행동을 하지 않은 경험이 있는지 물었다. 베르나르도는 동료나 상사에게 화가 났지만 자제했다고 말했다. 나는 베르나르도에게 실수를 남의 탓으로 돌린다면 통제력이 없다고 주장하는 것이며, 그 행동이 바뀔 가능성이 없다는 뜻이라고 말해주었다. 이어 분노가 적대적인 행동으로 이어지도록 놔두어서 관계가 더욱 악화된다면 결혼생활에 어떤 결과가 초래될지 생각해야 한다고 말했다.

결과를
과소평가한다

베르나르도는 사라가 '잊어버릴 것'이라거나 그녀에게 물리적인 폭력은 행사하지 않는다는 등의 말을 하곤 했다. 그는 마음속으로 아내에게 소리를 지르는 행동의 결과를 축소하고 있었다. 실수의 결과를 축소했을 때, 어떤 결과가 발생할까? 그는 자신의 고함이나 언어폭력이 사라와 자녀들에게도, 자신의 분노를 강화하는 데에도, 거의 영향을 미치지 않는다고 생각했다. 누구나 자신이 옳다고 믿고 싶어 한다. 하지만, 때로는 자신이 틀렸음을 인정하는 것이 이득이다.

나는 베르나르도에게 부부 사이에 바람직한 관계를 설명해보라고 했다. 그는 다툼이 적고, 서로를 더 많이 이해하고, 더 많은 애정을 보이는 것이라고 말했다. 나는 베르나르도에게 그것을 목표로 삼아 노력할 수 있겠느냐고 물었고, 그는 동의했다. 이후 나는 언어폭력의 영향을 과소평가하는 것이 이 목표에 이르는 데 어떤 영향을 미치는지 고려해보라고 제안했다.

자신의 방식을 고집하는가? 당신은 자신이 원하는 것을 얻거나 일이 자신의 방식대로 진행되어야 한다고 주장하며 거기에 상당히 큰 중요성을 부여할 수도 있다. 다른 사람들이 자신과 의견을 같이해주기를 요구하거나, 주변 사람들이 항상 올바른 방식으로 일하기를 요구할 수도 있다. 베르나르도의 분노는 진행되는 상황을 유연하게 받아들이기보다는 자신의 방식대로 일을 처리하려는 욕구에서 비롯되었다. 유연성과 적응력을 키우는 데에는 다른 사람의 관점과 요구를 이해하고 존중하는 것이 중요하다.

나는 "베르나르도에게 세상은 우리 방식대로 모든 욕구를 충족시키도록 만들어져 있지 않습니다"라고 말했다. 그에게 주변 사람들이 모두 그런 식으로 생각하고 행동하며 자신이 원하는 것을 얻어야 한다고 고집한다면 어떻게 될지 물었다. 베르나르도는 "이 세상은 살기 매우 힘든 세상이 될 것이며, 관련된 모든 사람이 많은 갈등에 노출되고 불행해지겠죠"라고 답했다. 그는 종종 자신이 원하는 것에만 매달려 이런 요구를 했음을 깨달았다.

하지만 나는 거기에서 멈추지 않고, 원하는 것을 얻지 못한다는 뜻은 어떤 의미인지 더 자세히 물었다. 나는 "사라에게 원하는 것을 얻지 못했을 때 어떤 생각을 합니까?"라고 물었다. 베르나르도는 "내가 중요한 사람이 아니고, 그녀가 나를 존중하지 않고, 나는 겁쟁이고, 원하는 것을 결코 얻지 못할 것이라는 생각을 하게 됩니다"라고 답했다. 나는 베르나르도에게 원하는 것을 다 가진 사람을 아느냐고 물었고, 그는 죄책감을 드러내는 표정으로 없다고 했다. 그들은 나약한 겁쟁이일까, 아니면 그저 현실 세계를 살아가는 인간일까?

나는 관계(그리고 인생의 다른 것들 거의 모두)에 대해 생각하는 한 가지 방식을 제안했다. 자신이 원하는 것을 일부 얻고, 다른 사람이 원하는 것을 일부 얻는 균형을 찾는 것이다. 이는 자신도 다른 사람도 실수할 수 있음을 인정하면서 그 가운데 공통점을 찾아 협상할 수 있는 유연성을 의미한다. 나는 베르나르도에게 직장에서 계약과 같은 거래에서 합의를 도출할 때 사람들을 어떻게 대했는지 생각해보라고 했다. 그는 항상 주는 것이 있으면 받는 것이 있고, 원하는 것을 모두 얻는 사람은 없다고 인정했다. 나는 그가 사라를 대할 때도 똑같이 그녀가 원하는 것을 파악하고, 그녀가 자기 생각을 자유롭게 표현할 수 있도록 놔두고, 그녀의 욕구를 존중하고, 두 사람 모두 양보하고 무언가를 포기할 수 있는 중간 지점에 도달하도록 제안했다.

베르나르도는 아내에게 적대감을 표현하는 동안 자신의 사고방식을 검토하고, 자신에게 여러 사고 편향이 있음을 깨달았다. 아내가 자신을 존중하지 않는다고 믿고, 아내의 행동이나 말을 부정적으로 해석했다. 그에게는 그녀가 자신에게 말하는 방식, 말하는 내용에 대한 일련의 규칙이 있다. 그는 아내에 대한 분노를 조기에 포착하고, 사물을 바라보는 대안을 고려하며, 적대감을 줄일 수 있음을 알게 되었다.

자존심이 방해가 되는가? 자존심은 종종 변화의 걸림돌이다. 교만할 때는 자신이 옳고 다른 사람보다 우월하다고 느끼는 감정에 투자하게 된다. 다른 사람보다 더 낫고 똑똑하다는 자부심에 지나치게 집착하는 사람은 실수를 인정하기 어렵다. 자기도취에 빠져 자신은 다른 사람이 따르는 규칙을 따를 필요가 없다고 여기는 사람들에게서 자주 나타난다. 실수를 인정하지 않는 것은 변화의 능력을 손상시킬 수 있다. 자존심 때문에 실수를 인정하고 실수로부터 배우지 못한다면 당신의 잠재력은 결코 발휘될 수 없다. 실수를 인정하는 것은 더 나은 자신에게 이르는 사다리를 올라타는 일이다.

후회를 동기로
성장하려는 노력

자신이 도덕적으로 우월하다고 생각하는 사람과 대화할 때 어떤 기분이 드는지 생각해보라. 그 사람의 의견에 동의하지 않거나 요청에 응하지 않는 것이 편안하게 느껴지는가? 도덕적 독선은 분노를 유발하고 현실에 적응하기 위해 자아를 변화시키는 데 저항하게 만든다. 도덕적으로 독선적인 태도를 가질 때의 충돌하는 모든 의견을 우리 도덕 체계에 대한 공격으로 보며, 융통성을 발휘하지 못해 상황에 유연하게 대응하지 못한다.

우리는 실수가 유용할 수 있으며 후회가 동기가 되어 배우고 성장하며 미래의 실수를 피할 수 있음을 살펴보았다. 하지만 거기에서 배움을 깨닫기 위해 후회에 사로잡힐 필요는 없다.

후회의 심리학

+ 실수가 낭비되게 하지 말라. 실수로부터 배워라.

+ 실수를 곱씹는 대신 계획을 세우고 문제를 해결하라.

+ 실패를 겪어본 적이 없는 것처럼 행동하지 않았다면 인생의 몇 가지 영역에서 더 빨리 성공할 수 있지 않았을까?

+ 정확히 내가 원하는 것을 얻어내야 한다고 고집하는 데 그렇게 많은 시간을 보내지 않았다면 나는 지금 어디에 있을까?

+ 자신의 한계를 인식하는 데 실패해서 후회하게 된 결정이 있는가?

+ 지혜는 당신이 가진 한계 내에서 할 수 있는 최선을 다하는 것을 의미한다.

+ 항상 옳을 수는 없다. 하지만 틀렸을 때 그 실수를 이용한다면 분명 큰 혜택을 볼 수 있다.

+ 자신이 항상 옳아야 한다는 욕구는 사람을 잘못된 것에 집착하게 만들곤 한다.

맑은 마음은 없다

많은 사람들이 후회가 부정 감정이라고 생각한다. 하지만 우리는 다른 모든 감정과 마찬가지로 후회도 특정한 상황에서 적응하기 위해 진화되었다. 사실 후회는 실수로부터 배우고, 행동을 취하기 전에 실수를 예상하고, 관계의 파열을 치유하기 위한 후천적 기술이다. 하지만 후회는 우리를 장악해 자기비판, 우울증, 우유부단, 과거에 갇힌 느낌으로 끌고 갈 수도 있다. 다행히 후회에 대한 균형 잡힌 접근법을 배우면, 생산적일 때는 후회를 활용하고 당신을 비참하게 만들기만 할 때는 버릴 수 있다.

우리의 의사결정 방식은 후회에 대한 취약성과 연관되며, 실제로 일부 의사결정 방식은 주로 후회를 피하는 데 집중한다. 절대적인 최고를 추구해야 한다는 가정에 기반을 두는 '극대화주의 스타일'은 우유부단, 지속적인 정보 요구, 미루기, 불만족, 후회의 증가와 같은 결과를 낳는다. 완벽에 못 미치는 것을 수용하는 대안적 방식도 있다. 이 '만족형 스타일'은 세상에는 확실성이 없다고 인정하고, 절충안을 받아들이며, 결과가 나온 뒤에는 더 나은 결과를 상상하며 끊임없이 비교하지 않는다. 현실을 살려면 타협하며 완벽하지 않은 것에 만족해야 한다. 도리어 완벽에 못 미치는 것이 최선인 경우가 많다.

이기기 위해 플레이를 하는 사람이 있고, 지지 않기 위해 플레이를 하는 사람도 있다. 가장 균형 잡힌 접근 방식은 이들 양극단 사이에 있는 것이다. 지나친 위험을 감수하는 사람은 후회를 예상하는 방법을 배우는 데에서 혜택을 볼 것이다. 반대로 망설임이 많은 사람은 행동을 취하기보다 행동을 취하지 않는 것을 후회할 가능성이 더 높음을 배울 것이다. 간단한 공식이나 모든 문제를 해결해주는 방법은 존재하지 않는다. 모든 일에는 나름의 결과가 따른다. 후회는 그중 하나일 뿐이다.

'감정적 완벽주의'와 '실존적 완벽주의'의 문제도 불만과 후회의 원인이 된다. 감정이 항상 평온하고 즐거워야 한다는 생각은 삶이 보람되고 훌륭하며 갈등이 없어야 한다는 근거 없는 믿음을 강화한다. 행복이 가치 기준이 될 수는 있지만 항상 현실이 될 수는 없다. 회복탄력성이 좋은 사람은 삶에 다양한 감정을 이해하며 항상 '좋은 기분'이어야 한다고 고집하지 않고 '다양한 것을 느끼는 현실'을 받아들인다.

우리는 후회를 더하는 이런 완벽주의적 요구와 함께 맑은 마음, 즉 갈등, 양면적 감정, 의심이 없는 상태를 이루는 것이 불가능한 목표라는 점도 살펴보았다. 우리의 마음은 잡음, 모순, 답이 없는 질문으로 가득하다. 불가피한 마음의 불협화음을 받아들이면 우선순위를 어떻게 정해야 할지, 어떤 행동을 추구하고 싶은지, 최선에 못 미치는 상황을 최대한 이용할 방법이 무엇인지 판단할 수 있게 된다.

다시 강조하지만, 절대 어떤 것도 후회하지 않는 것이 목표라면 결정을 내리기가 힘들다. 후회는 현실을 살아가고 결정을 내리는 대가이기 때문이다. 후회의 회피를 기반으로 하면, 확인을 구하거나 군중을 따르거나 다른 사람에게 대신 선택하는 책임을 떠넘기려 노력한다. 이런 방식은 당신을 후회로부터 해방시키지 못한다. 이성적이고 현실적인 세상을 선택하기 위해서는 후회라는 대가를 받아들여야 한다. 당신이 필요하다고 생각하는 것은 융통성 없는 기대(현명하다면 바꿀 수 있는)인 경우가 많다. 결국 기대는 현실이 아니라 생각일 뿐이다. 그런 기대를 현실에 맞게 조정하면 지금 가진 것에 만족하며 살아갈 수 있다.

후회는 종종 우리를 과거의 늪(다르게 할 수 있었다고 생각하는 것)으로 가라앉히는 닻이 되기도 한다. 후회가 결정을 내린 후의 첫 번째 감정일 수는 있지만, 그것이 유일한 감정이나 마지막 감정일 필요는 없다. 선택, 결과, 후회는 선택지들이 있는 세상에서 살아가는 일의 첫 번째 단계다. 그렇다면 후회가 생긴 후에는 어떻게 해야 할까? 후회에도 공소시효가 있을까? 후회를 계속 반추해야 할까? 아니면 후회는 그저 해변으로 밀려드는 하나의 파도에 불과함을 인정하고 잊어버린 뒤 인생의 다른 일로 넘어가야 할까?

파도는 계속해서 기회를 실어다주지만, 후회는 이런 새로운 기회를 받아들이지 못하게 우리를 가라앉히는 닻이 될 수 있다.

물론 후회를 모두 없앨 수는 없지만 후회를 받아들이고, 놓아주고, 다음 챕터에 집중하면 의미 있는 삶을 만들어갈 수 있다. 작가는 당신이다. 다음 챕터에는 무슨 이야기를 쓸 생각인가?

후회로부터의 자유가 후회가 전혀 없다는 의미는 아니다. 후회가 다시 찾아와서 문을 두드리며 상황이 더 나아질 수도 있었다는 것을 상기시키는 일이 절대 생기지 않는다는 의미도 아니다. 후회로부터의 자유는 후회의 목소리를 듣고, 후회가 무언가를 배우는 데 도움이 될 수 있다면 그것을 활용하고, 그 뒤에는 놓아주는 데 집중해야 함을 의미한다. 연은 당신을 끌어당길 수 있지만, 그건 당신이 연을 붙잡고 있을 때에만 가능하다. 후회가 영향을 줄 수 있지만 후회에 매달리느냐 아니냐는 당신의 몫인 것이다.

우리가 후회를 보장하는 방식으로 결정에 대해 생각하는 경우가 얼마나 많은지 기억하는가? 잊어버렸을 경우를 대비해 다음에 목록을 두고 우리가 배운 몇 가지 사실을 다시 살펴보자.

1. 자신의 삶을 되돌아보고 다르게 살았더라면 형편이 얼마나 더 나아졌을지 생각한다. 놓친 기회를 이런 식으로 이상화하는 일은 왜곡되고 편향된 사고방식일 뿐만 아니라 당신을 비참하게 만들기도 한다. 온전한 삶을 살기 위한 열쇠는 지금 가진 것을 최대한 활용하는 것이다. 상황은 언제나 더 나아질 수도, 훨씬 더 나빠질 수도 있다. 우리는 절대 알지 못했던 것을 이상화하곤 한다. 대안을 택했다면 상황이 훨씬 더 나아졌

을지, 아무도 모른다. 과거를 돌아보기보다는 현재의 삶을 살면서 더 나은 미래를 만들도록 하라. 과거에 대한 선택권은 없지만 미래에 대한 선택권은 있다. 미래는 바로 지금부터다.

2. 경험한 모든 부정적인 것을 곱씹고 모든 긍정적인 것은 무시한다. 이것은 또 다른 왜곡된 자기 패배적 사고방식이다. 물론 부정적인 일도 있었지만 긍정적인 일도 있었고 지금도 그렇다. 마음은 한 번에 한 곳에만 있을 수 있다. '모든 부정적인 것'이란 제목의 파일을 열면 당신은 비참해질 것이다. 굳이 왜 거기에 신경을 쓰는가? 인생이 얼마나 좋아질 수 있었든, 부정적인 일이 존재한다는 이유만으로 모든 긍정적인 일을 무시한다면 인생은 악화될 것이다. 건강과 관련해 심각한 공포(암 진단과 같은)를 경험한 사람들과 이야기를 나눠본 나는 살 수 있다는 사실을 깨달았을 때 그들의 마음속을 채운 것이 후회는 아님을 잘 알고 있다. 그들의 마음은 감사로 가득 차 있었다. 감사는 살아 있다는 것, 누군가와 가깝다는 느낌, 지금 당장 살 수 있다는 것 등 아주 단순한 것을 향한다. 완벽이 아닌 회복력과 대처에 집중하라. 충만한 삶을 살려면 후회에 집착하기보다는 현재에 적극적으로 참여해야 한다. 인생은 짧다는 것을 기억하라.

3. 하지 않은 선택을 이상화한다. 현실의 삶은 모든 것이 완벽한 유토피아적 낙원이 아니다. 당신이 존경하거나 부러워하

는 사람들도 실망하고 비참한 기분을 느끼며 산다. 이상적인 배우자를 바란다면, 모든 관계에는 문제가 있음을 명심하라. 이상적인 삶은 극히 드물다. 적어도 나는 이상적인 삶을 사는 사람을 만나보지 못했다. 당신은 그런 사람을 만나보았는가? 이상형은 잘못된 믿음이다. 이상적인 것은 존재하지 않는다.

4. "더 잘 알았어야 했다"고 주장한다. 전지전능하다면 얼마나 좋을까? 하지만 그것은 신에게 한정된 이야기다. 우리 모두에게는 한계가 있다. 모르는 것을 알 수는 없다. "더 잘 알았어야 했다"는 말에는 사후확증편향이 가득하다. 누구나 어제 일어난 일을 예측하는 데는 뛰어나다. 하지만 내일 일어날 일을 예측하는 데 능숙한 사람은 아무도 없다. 우리는 우리가 원하는 만큼, 또는 생각하는 만큼 똑똑하지가 못하다.

5. 그런 다음 더 잘 알지 못한 자신을 비판한다. 자기비판이 무슨 소용인가? 자기비판을 하기보다는 실수나 후회를 학습 경험으로 생각하라. 자신을 어떻게 고칠지 생각해보라. 실수를 저질렀다면 자녀를 대하는 듯 자신을 대하라. 자기비판을 수용, 배움, 연민으로 대체하라. 당신은 자신보다 낯선 사람에게 더 친절하다.

6. 상상할 수 있는 최선의 결과를 선택의 잣대로 삼는다. 그게 타당한가? 우리는 극대화주의자, 삶의 방식에 대한 완벽주의

자가 될 때 후회와 불행이 이어짐을 알고 있다. 만족을 목표로 하고, 자신이 가진 것을 최대한 활용하고, 가치를 인정하고 감사하는 데 집중하고, 겸손을 미덕으로 삼는다면, 삶의 의미와 즐거움을 강화할 수 있다. 계속해서 '더 많은 것'을 요구한다면 지속적인 박탈감 속에 살게 됨을 명심하라. 많은 사람들이 부족한 것에 집중하고 끊임없이 더 많은 것을 추구한다. 더 많은 것을 추구하면 더 적은 것을 얻게 된다.

7. 절대로 절충안을 받아들이지 않는다. 인생은 일련의 비용과 혜택 속에서 균형을 잡는 일이다. 공짜 점심은 존재하지 않으며, 모든 결정을 위해서는 어느 정도의 불확실성과 타협을 수용해야 한다. 당신의 방식에 꼭 맞아야만 만족을 찾을 수 있는 것은 아니다. 공짜 점심은 없으며, 완벽한 결정은 수학책에나 존재하고 현실에는 존재하지 않는다. 타협은 진전으로 이어지지만, 모든 것을 내 방식에 맞출 것을 고집하면 불만족으로 이어진다. 현실의 세계에서 가능한 최고의 삶을 살기 위해서는 있는 그대로를 받아들일 줄 알아야 한다.

8. 선택을 고려할 때는 결정 전에 모든 것을 확실히 알아야 한다고 고집한다. 불확실한 세상에는 확실한 것이 없다. 결정하기 전이든 결정한 후이든 모든 것을 알 수는 없다. 결정을 마치 게임이나 내기를 하듯 생각하고 확률이 자신에게 유리하기를 바랄 뿐이다. 최종성과 확실성을 끊임없이 추구하는 것은 불

확실성에 대한 과민증을 더할 뿐이다. 최선의 합리적 추측을 한 뒤에는 결과에 대처하는 방법을 배워라. 정보가 많다는 것이 항상 관련성이 높은 정보를 의미하는 것은 아니다.

우리는 극대화를 추구하는 노력이 어떻게 우유부단, 후회, 반추, 불만으로 끝나는지 지켜봤다. 정점에 도달하고, 최고의 성공을 거두고, 이상적인 삶을 사는 데 동기 부여가 대단히 많다. 하지만 현실을 받아들이고, 균형을 찾고, 진가를 인식하고, 감사함을 느끼고, 일상을 살아가는 이야기는 찾아보기 힘들다.

죽음을 앞두었을 때 삶을 되돌아보면서 무엇을 떠올릴까? 일상적인 것, 평범한 것, 당신이 사랑하고 당신을 사랑하는 사람들의 목소리, 종종 간과되는 소박한 것이 아닐까? 지금 이 순간에 내 주위에 있는 것을 둘러보고 열린 마음으로 받아들이라. 후회는 당신이 지금 가진 것과 당신의 지금 모습으로부터 멀어지게 하고, 존재하지도 않았고 결코 존재할 수도 없었던 허구의 세계에 가둬둘 뿐이다.

자책에 빠진 나를 건져줄 긍정 심리학

후회의 힘

인쇄일 2025년 1월 7일
발행일 2025년 1월 20일

지은이 로버트 L. 리히
옮긴이 이영래

펴낸곳 소용
펴낸이 박지혜

등록번호 제2023-000121호
전화 070-4533-7043 **팩스** 0504-430-0692
이메일 soyongbook@naver.com
인스타그램 instagram.com/soyong.book

ISBN 979-11-987114-6-5(03180)